바젤III와 글로벌 금융규제의 개혁

바젤III와 글로벌 금융규제의 개혁

지은이_정신동 | 발행인_김윤태 | 발행처_도서출판 선 | 디자인_전순미

등록번호_15-201 | 등록날짜_1995년 3월 27일 | 초판발행_2011년 11월 25일 | 주소_서울시 종로구 낙원동 58-1
종로오피스텔 1409호 | 전화_02)762-3335, 010-4416-0945, Fax 02)762-3371

값 18,000원 | ISBN 978-89-6312-051-5   93320

● 김소진(표지그림 작가)_1976년 강원도 삼척에서 태어난 김소진은 독일 브라운슈바이크 조형예술대학에서 디플
롬과 마스터를 졸업하고, 현재 스위스와 독일에서 살면서 화가로 활동하고 있다. 홈페이지: www.so-jin-kim.com

정신동 지음

바젤 III 와
글로벌 금융규제의
개혁

| 君子 終日乾乾 自强不息 |

군자는 종일토록 부지런히 힘쓰고

스스로 굳세어지기를 게을리하지 않는다

● 추천의 글 ●

은행업에 있어 자기자본은 손실흡수를 통해 개별 은행의 지급능력을 보장하고, 나아가 금융시스템의 안정성을 확보하는 중요한 기능을 수행합니다. 과거 수많은 은행위기 사례는 자본충실도의 저하가 위기 발생의 직·간접적인 원인으로 작용하였다는 점을 잘 말해 주고 있습니다. 따라서 국제사회는 은행의 손실흡수능력을 유지하고 위험추구행위를 제한하기 위한 핵심적 규제수단으로서 자본규제를 실시하여 왔습니다.

은행업에 관한 국제규제기준 제정기구인 바젤은행감독위원회는 1988년 신용리스크에 대한 자기자본 보유의무를 규정한 자기자본비율규제(일명 바젤Ⅰ)를 처음으로 도입하였으며, 2006년에는 신용등급에 따라 위험가중치를 차등화하고 리스크의 인식범위를 운영리스크까지 확장한 신자기자본비율규제(바젤Ⅱ)를 도입하는 등 자본규제기준의 개선·강화를 위해 지속적으로 노력하여 왔습니다.

그러나 주지하다시피 2007년 미국 서브프라임 모기지 부실로부터 촉발된 글로벌 금융위기는 자본규제를 포함하여 기존 금융규제의 한계를 노정하였습니다. 이에 따라 국제사회는 금융위기의 재발 방지를 위한 광범위하고도 포괄적인 금융규제개혁을 추진하였으며, 그 일환으로 바젤은행감독위원회는 기존의 자본규제체계를 전면 개편한 새로운 자본규제체계, 즉 바젤Ⅲ를 도입하게 되었습니다.

바젤Ⅲ는 기존 바젤Ⅱ 자본규제체계와는 몇 가지 점에서 차이가 있습니다. 우선, 진정한 손실흡수능력을 갖는 자본은 바로 보통주자본임을 명시하고, 이에 관한 규제비율을 새로이 도입하였습니다. 또한 경기순응성과 쏠림현상 등 미시건전성 규제가 가지는 문제점을 완화하기 위해 완충자본, 레버리지비율 등 거시건전성 목적의 규제수단을 새로이 도입하였습니다. 그리고 은행의 유동성리스크 관리를 획기적으로 강화하기 위한 단기 및 중장기 유동성비율규제를 도입하였습니다. 마지막으로 글로벌 금융위기의 주범인 시스템적으로 중요한 대형 금융그룹에 대하여 추가자본규제를 포함한 감독강화 방안을 마련하였습니다.

바젤Ⅲ 규제체계는 지난 2010년 11월 G20 서울 정상회의에서 최종 승인·확정되었으며, 따라서 이제 남겨진 과제는 각국 감독 당국이 바젤Ⅲ를 충실히 이행하는 것이라고 하겠습니다. 바젤Ⅲ 자본규제는 2013년부터 단계적으로, 그리고 유동성비율규제는 2015년부터 본격 시행될 예정으로 있습니다. 이에 따라 구미의 선진 각국은 바젤Ⅲ 규제기준을 자국 법규에 반영함과 아울러 자국 은행들에 대하여 자본 및 유동성을 선제적으로 확충토록 적극 독려하는 등 바젤Ⅲ 이행에 만전을 기하고 있습니다. 앞으로는 바젤Ⅲ 규제기준의 충족 여부가 은행의 건전성과 국제경쟁력을 측량하는 잣대가 될 것이라는 점을 고려할 때 우리나라도 바젤Ⅲ의 도입을 위한 고삐를 늦출 수 없다고 하겠습니다.

이러한 배경에서 금융감독원의 정신동 박사가 바젤Ⅲ 해설서를 발간한 것은 무척 시의적절하고도 의미있는 일이라고 할 수 있겠습니

다. 이 책은 바젤Ⅲ의 전반적인 내용을 체계적으로 정리하고 있을 뿐
만 아니라 저자가 바젤은행감독위원회의 사무국에서 근무한 경험을
토대로 바젤Ⅲ의 제정배경과 논의과정을 생생하게 그려내고 있어 규
제당국과 금융회사의 실무자는 물론 학계의 바젤Ⅲ 연구자에게도 큰
도움이 될 것으로 생각됩니다. 모쪼록 이 책이 바젤Ⅲ 이해를 위한
길잡이가 되어 우리나라에서 바젤Ⅲ의 도입과 이행이 원활히 이루어
지는 데 일조할 수 있기를 기대합니다.

2011년 10월
금융감독원 부원장 주재성

2007년 글로벌 금융위기의 발생과 이를 수습하는 과정에서 G20를 비롯한 국제사회는 새로운 글로벌 금융규제 개혁안 마련이라는 목표를 위해 이해당사국 간 득실을 조정하기 위한 치열한 논의를 진행하였다. 그 논의의 범주는 외환정책이나 대외경상수지 흑자폭 규제로부터 은행 부문의 규제개혁에 이르기까지 광범위하였으며, 후자에 해당하는 주요 합의가 바젤Ⅲ라는 새로운 은행규제 패러다임으로 2010년 말에 공표되어 2019년까지 단계적으로 도입될 예정으로 있음은 주지의 사실이다.

바젤Ⅲ가 국제금융질서의 붕괴라는 절박한 상황 하에서 바젤Ⅱ에 비해 상대적으로 짧은 시간의 집중적 논의를 거쳐 합의에 이른 가시적 성과물이라는 데는 이의가 없다. 그러나 그 핵심요소들은 1998~2004년 기간 중 합의된 바젤Ⅱ에 이미 포함이 되어 있었다고 볼 수 있다. 예를 들어 바젤Ⅱ의 필라 2는 스트레스 상황 하에서의 추가 자본버퍼나 유동성리스크, 신용편중위험 등 필라 1의 미비된 요소에 대해 감독 당국이 규제하도록 하는 내용을 포함하고 있다. 이는 바젤Ⅱ의 기안자들이 현실상황과 크게 괴리가 있을 수 있는 "정규분포사회(society of normal distribution)"의 외적상황으로 발생할 수 있는 요인들을 필라 1이 충분히 커버하지 못할 수 있음을 고려한 결과라 할 수 있다.

그러나 그 내용이 다분히 선언적이고 구체성을 결여하여 정규분포에 충실한 국내외 은행들과 감독 당국들에게 명백한 현재의 위험(clear and present danger)으로 간주되지 않았으며, 결국 세계 경제는 글로벌 금융위기를 통해 혹독한 대가를 치렀다고 볼 수 있다. 따라서 바젤Ⅲ를 이해하는 하나의 방법은 바젤Ⅲ를 필라 2의 구체화임과 동시에 금융개혁이 정규분포사회 밖으로 시야를 넓히기 시작한 시금석으로 보는 것이다.

대부분 계량경제학자들에게 이상적인 세상은 선형이며 푸른색(BLUE)이나 현실은 그렇지 못한 것이 사실이다. 그럼에도 불구하고 비선형이나 다른 색깔의 세상에 대한 논의가 부족한 것은 그 외연이 너무 넓기 때문이다. 선형이 아닌 것은 모두 비선형이기 때문이다. 따라서 탈정규분포사회의 시초에 해당하는 바젤Ⅲ는 아직 이론적으로 실증적으로 검증단계에 있으며 정책당국이나 은행산업에 도전적인 영역일 수밖에 없다.

이러한 문제의식 하에서 금번 정신동 박사의 저서는 현재까지 진행된 탈정규분포사회 영역에 대한 초기 탐구결과를 일목요연하게 정리한 귀중한 자료라고 생각한다. 저서의 참고문헌에서 보듯이 1년 반여 기간 동안 출간된 수많은 보고서를 모두 읽고 소화해서 확신에 찬 문장으로 표현한다는 것은 쉽지 않은 작업이다. 국제학술지에 논문을 게재할 수 있을 정도의 학문적 능력과 감독 당국자로서의 경험이 없이는 사실상 불가능한 일일 것이다.

저자는 마침 최근 1년 4개월간 바젤위원회 사무국에서 근무하며 치열한 논의의 현장을 직접 체험하고 바젤Ⅲ 내용을 꼼꼼히 확인할 수 있었던 경험이 저술에 크게 유용하였다고 말하고 있다. 필자 또한 2011년 1월 논문발표를 위해 바젤본부를 방문했을 때 저자의 탁월한 국제적 감각과 해박한 지식을 느낄 수 있었는데 아마 업무와 본서 집필을 병행하면서 얻은 자신감과 즐거움 때문이 아니었을까 생각이 든다.

우리나라 은행들이 글로벌은행 수준이 아니어서 바젤Ⅲ의 절박함이 다소 덜하다는 견해가 있을 수도 있지만 2010년 규제영향평가(QIS)에 참여한 대형은행 그룹(Group 1) 94개 중에 5개 국내 대형은행이 포함되어 있으며 레버리지비율이나 단기유용성비율(LCR) 등의 그룹 평균 비교에서 보듯이 아직 보완해야 할 과제들이 많이 있는 것으로 나타나고 있다. 영국 그레샴대학 명예교수인 Avinash Persaud는 워렌 버핏의 금언 — "썰물이 되어야 누가 발가벗고 헤엄치고 있는지 볼 수 있다." — 을 문제은행들이 썰물(금융위기)의 주범이라기보다는 썰물 때 노출된다는 의미로 해석하고, 경제상황이 좋을 때 방심하고 있을 것이 아니라 리스크관리를 강화해야 한다고 강조하였다.

요컨대 금융기관과 감독 당국은 부단히 리스크 전문가를 양성 유지하기 위한 노력을 계속하여야 하는 것이다. 모쪼록 본서가 국내 은행의 리스크관리를 선진화하고 바젤Ⅲ 이행에 대비하는 데 훌륭한 지침서로 활용되기를 기대한다.

2011년 10월
한양대학교 경제금융대학 김명직

2010년은 바젤은행감독위원회(이하 바젤위원회) 역사상 가장 드라마틱하면서도 치열한 한 해였다. 글로벌 금융위기를 계기로 강도 높은 금융규제개혁을 추진할 필요성을 인식한 G20는 바젤위원회에 대하여 2010년 말 서울 정상회의 시까지 은행 부문에 대한 규제개혁, 즉 바젤규제체계를 전면적으로 개편할 것을 요구하였다. G20의 이러한 요구에 대응하여 바젤위원회는 짧은 시한 내에 규제개혁을 마무리하기 위하여 높은 긴장감 속에서 치열한 논의를 거듭하였으며, 시한 내 규제개혁이 불가능할 것이라는 시장과 회원국 내부의 회의적인 시각을 물리치고 바젤Ⅲ 규제개혁을 성공적으로 마무리할 수 있었다.

저자는 바젤Ⅲ 규제개혁이 한창 진행중이던 2010년에 바젤위원회 사무국에서 근무하면서 바젤위원회의 생생한 논의과정을 현장에서 경험할 기회를 갖게 되었다. 이러한 경험을 통해 저자는 바젤Ⅲ의 제정 배경과 주요 이슈에 대한 이해를 높였을 뿐만 아니라 국제기준이 제정되는 과정과 국제사회의 작용원리에 대한 안목을 크게 키울 수 있었다. 저자가 무엇보다 인상 깊게 느낀 것은 논의과정에서 바젤위원회 회원(각국의 은행감독 담당 임원급)들이 보여 준 전문성(expertise), 그리고 기여(contribution)와 타협(compromise)의 정신이다.

회원들은 은행감독 분야에서의 오랜 근무경험을 바탕으로 은행업과 감독업무에 대한 높은 전문성을 갖고 감독정책의 기본 방향에서부터 규제기준의 세밀한 부분에 이르기까지 심도있게 논의하였다. 그리고 모든 회원들은 수백 페이지에 달하는 방대하고도 전문적인 내용의 회의자료를 숙지하고, 무흠결의 보다 나은 규제기준을 만들기 위하여 조그마한 아이디어라도 보태려고 노력하는 자세를 보였다. 국제기준의 제정에 무임승차하기보다는 적극적으로 참여하고 기여함으로써 국제기준의 제정기구인 바젤위원회 일원으로서 책임과 권한을 다하고자 한 것이다.

바젤위원회 회원들은 때로는 극명한 의견의 대립을 보이기도 하였다. 모든 회원들은 각각 자국의 이익을 대변하는 만큼 조금이라도 자국의 은행업에 유리하도록 규제기준을 만들어야 한다는 책무를 가지고 회의장에 들어오기 때문이다. 그러나 고수익을 위해 종종 과도한 위험을 무릅쓰는 은행업의 반대편에서 글로벌 은행시스템의 안전성을 보장하는 공통의 사명을 완수하기 위하여 회원들은 양보와 타협을 주저하지 않았다. 바젤규제기준을 자세히 들여다보면 회원들의 이러한 타협의 정신이 곳곳에 반영되어 있는 것을 알 수 있다.

우리나라는 금융감독원과 한국은행이 2009년 3월에 중국, 러시아 등 여타 신흥국과 함께 바젤위원회 회원국으로 가입하였다. 우리나라는 신입 회원국으로서 국제기준 제정과정에의 참여경험이 거의 없다는 불리한 여건에도 불구하고 바젤위원회와 각종 하위그룹에 적극적으로 참여하여 한국의 입장을 반영하고 규제기준의 질적 향상을 위해 노력하였다. 특히 2010년 11월 G20 서울 정상회의의 주최국으로서 2010년 말까지 바젤Ⅲ 규제개혁이 마무리될 수 있도록 적극 독려하는 등 선도적인 역할을 수행하였다.

그러나 바젤위원회와 하위의 실무 작업그룹이 대부분 영미계 등 선진국에 의해 주도되고 있으며, 아직까지 한국을 비롯한 신흥국의 역할이 제한적인 것이 사실이다. 이는 비단 언어상의 문제만이 아니라 국제기준의 제정 필요성이 상이한 데 근본 이유가 있는 것이다. 영미와 유럽의 선진은행들은 국경을 초월하여 글로벌 금융시장을 대상으로 영업을 하고 있기 때문에 이들 국가에서 국제기준의 제정은 당면한 현실과제라고 할 수 있다. 그러나 우리나라를 비롯한 신흥국들은 은행의 글로벌화가 더뎌 아직까지 국제기준의 제정을 선도해 나가야 할 필요성이 절실하지 않는 상황이다. 따라서 우리나라가 국제기준 제정의 선도자로 거듭나는 것은 규제 당국의 적극적인 노력과 함께 국내 금융산업이 세계 금융시장에 우뚝서는 글로벌화의 진행이 밑받침되어야 할 것이다.

이 책은 저자가 1년 4개월 동안 바젤위원회 사무국에 근무하면서 바젤Ⅲ에 대하여 보고, 배운 것을 기록으로 정리한 보고서이다. 따라서 이 책은 누구보다 저자 자신을 위해 쓰여졌다는 점을 고백한다. 그러나 이 책은 바젤Ⅲ의 제정 배경과 논의과정에서 제기된 주요 이슈들을 정리하고 있기 때문에 은행업에 종사하거나 바젤Ⅲ에 관심을 가진 이들이 참고할 수 있는 자료가 될 것으로 기대한다. 오늘날 은행업의 본질은 리스크관리에 있으며, 바젤규제기준은 리스크관리의 총화이고 정수라고 할 수 있다. 따라서 바젤Ⅲ에 대한 이해는 현대 은행업의 본질을 파악하는 열쇠를 제공해 줄 것이다.

이 자리를 빌어 저자에게 국제은행감독의 총본산인 바젤위원회 사무국에서 귀중한 경험을 쌓을 기회를 갖게 해 주신 모든 분들께 감사의 말씀을 드린다. 2009년 3월 이후에 바젤위원회 회원으로 가입한 14개 국가의 직원 중에서는 처음으로 한국인인 저자가 사무국에서 근무하게 된 것은 무엇보다 금융감독원 경영진의 적극적인 지원이 있었기 때문에 가능한 것이었다. 또한 바젤위원회 사무국의 관계자에게도 감사의 마음을 전하고 싶다. 특히 부사무총장인 빌 코엔(Bill Coen)은 매니저이자 친구로서 저자가 사무국에 잘 적응할 수 있도록 세심한 배려를 아끼지 않았다. 빌은 세련된 국제매너와 친절하고도 사려 깊은 태도로서 저자에게 깊은 감명을 주었다. 앞으로 한국과 빌의 좋은 인연이 계속되기를 기대해 본다.

이 책이 나오기까지 많은 분들의 도움이 있었다. 자료 확인 등 귀찮을 수도 있는 저자의 부탁을 바쁜 가운데에서도 싫은 내색을 하지 않고 들어준 금융감독원 동료, 선후배에게 감사드린다. 특히 바젤규제기준의 전문가인 고일용 팀장, 황태식 수석, 곽범준 선임은 책의 오류를 바로 잡는 데 많은 조언을 주었다. 이 책의 5장과 8장은 각각 황태식 수석과 한신대학교 이건범 교수와 공동으로 작업하여 국내 학술지 등에 발표한 것을 일부 수정한 것이다. 이 기회를 빌어 두 분 공저자에게 감사드린다. 그럼에도 불구하고 이 책에 남겨진 모든 오류는 저자의 몫이다. 세계경제에 대한 안목과 거시건전성 감독의 중요성을 일깨워 주신 박동순 전 거시감독국장(현 국민은행 감사) 님께도 감사의 마음을 전하고 싶다. 이 책의 9장은 거시감독국에 근무하면서 배우고 느낀 점을 토대로 작성한 것이다.

저자의 오랜 지인인 선출판사 김윤태 사장님은 졸고를 책으로 펴내는 데 선뜻 동의해 주셨다. 서툰 원고를 훌륭한 책으로 편집해 주신 사장님과 김창현 편집장님, 전순미 실장님에게 감사드린다. 그리고 시간과 열정이야말로 가장 중요하고 큰 자산이라는 지혜를 깨닫게 해 주신 김태규 선생님께도 이 기회를 빌어 감사드리고 싶다. 이 책은 저자에게 주어진 시간을 가치 있고도 열정적인 방식으로 쓰고자 한 노력의 결과이다. 사무국에서 주어지는 업무와 별도로 시간을 쪼개어 책을 쓰는 것은 저자에게 결의와 열정을 요구하는 일이었다.

마지막으로 두 딸과 아내에게도 고마운 마음을 표현하고 싶다. 늦은 시간까지 저녁을 기다려 주고 주말에 사무실에 나가 공부할 수 있도록 허락해 준 가족의 뒷받침과 후원이 없었더라면 이 책은 쓰여지기 어려웠을 것이다. 바젤위원회 사무국이 위치한 타워빌딩의 10층에서 바라보던 바젤시의 아름답고도 평화로운 전경이 아련하기만 하다.

2011년 10월 신정동 자택 서재에서 저자 씀

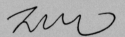

| 차 례 |

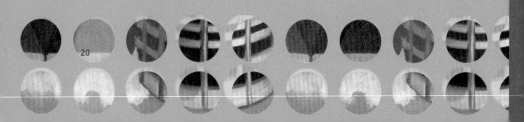

● 바젤 시내와 바젤위원회 사무국이 위치한 BIS 타워 빌딩 전경을 그린 그림.

제1장

바젤 III의 개요와
경제적 영향

I. 머리말

2007년 여름부터 시작된 글로벌 금융위기는 금융자율화와 규제 완화의 원칙에 기반한 기존의 금융규제체계에 대한 반성의 계기를 제공하였다. 기존의 금융규제체계로는 급격한 금융혁신과 과도한 위험추구로부터 비롯되는 시스템적 불안 요인에 효과적으로 대응할 수 없다는 각성이 일어난 것이다. 이에 따라 금융위기를 계기로 세계경제의 새로운 최고 논의기구로 등장한 G20는 금융규제개혁을 핵심의제의 하나로 포함하였다. G20는 2008년 11월 워싱턴에서 개최된 제 1차 정상회의에서 금융규제체계 개편의 기본방향을 제시[1]하였으며, 2009년 4월 런던 정상회의에서는 은행 부문에 대한 규제 강화에 합의하였다. 그리고 2009년 9월 피츠버그 정상회의에서는 은행 규제자본의 질적·양적 강화, 과도한 레버리지 억제 및 금융기관의 유동성 강화를 위한 국제기준을 2010년 말까지 마련하고, 금융상황 개선 및 경제회복 정도를 고려하여 2012년 말까지 이를 도입토록 하는 것에 합의하였다.

G20의 이러한 요구에 대응하여 바젤은행감독위원회[2](Basel Committee of Banking Supervision: 이하 바젤위원회)는 2009년 12월 은행 부

1_금융 부문의 개혁을 위한 5개 원칙(투명성 및 책임성 강화, 금융감독규제 개선, 금융시장 신뢰성 제고, 국제적인 협력 강화, 국제금융기구 개혁)에 합의하고 실천과제를 제시하였다.

문의 복원력 강화와 유동성리스크 관리강화를 위한 종합적인 규제개혁방안(이하 공개초안[3])을 발표하였다. 그리고 은행업계로부터의 의견 수렴과 바젤위원회 내부적인 규제영향평가(QIS: Qunatative Impact Study), 그리고 회원국 간 치열한 논의 등을 거쳐 2010년 7월 '중앙은행총재 및 감독기구 수장회의'(GHOS: Group of Central Bank Governors and Heads of Supervision)에서 자본 및 유동성 규제개혁 방안에 대한 개략적인 합의가 이루어졌다. 또한 2010년 9월의 GHOS 회의에서는 최저자본비율 등에 대한 규제수준(calibration)과 새로운 규제기준의 이행기간에 대한 합의가 이루어졌다. 바젤위원회는 2010년 11월 G20 서울 정상회의의 승인을 거쳐 2010년 12월 공개초안을 전면적으로 수정한 '바젤III[4]: 자본 및 유동성 규제기준(rule text)[5]'을

2_바젤위원회는 1974년 독일 Herstatt 은행의 파산을 계기로 은행 감독, 리스크관리 등에 대한 국제기준 제정 및 이행권고, 은행 감독 당국간 협력 증진 등을 목적으로 설립되었다. 당초 10개 회원국으로 출발하였으나 2009년 신규 회원의 대거 영입으로 현재 27개국의 중앙은행 및 감독기구가 회원으로 참여하고 있다. 우리나라는 한국은행과 금융감독원이 2009년 3월 회원으로 가입하였다. 바젤위원회의 상위 조직이며 실질적인 의사결정 주체로서 '중앙은행총재 및 감독기구 수장회의'(GHOS: Group of Central Bank Governors and Heads of Supervision)가 있다.

3_두 개의 consultative document, 즉 "Strengthening the resilience of the banking sector"와 "International framework for liquidity risk measurement, standards and monitoring"를 지칭한다.

4_바젤III라는 용어는 이번의 자본 및 유동성 규제개혁이 바젤II에 비견될 정도로 근본적이고 포괄적으로 이루어졌다는 의미에서 은행업계 등에서 사용하기 시작한 것으로서, 바젤위원회가 이를 바젤III 기준서에 공식적으로 도입한 것이다.

5_"Basel III: A global regulatory framework for more resilent banks and banking systems" 및 "Basel III: International framework for liquidity rsk management, standards and monitoring"

최종 발표하였다. 이로써 G20 런던 정상회의로부터 약 1년 반이라는 짧은 기간 내에 은행 부문에 대한 종합적인 규제개혁 방안이 마무리된 것이다.[6]

바젤III는 금융위기 이후 진행된 글로벌 금융규제개혁의 핵심적인 부분을 차지하고 있다. G20를 비롯한 글로벌 규제 당국은 자금 중개기능의 핵심 중추임과 동시에 유동성 공급자인 은행 부문에 대한 신뢰 상실이 글로벌 금융위기의 심화와 실물경제의 동반 침체를 초래한 주요 원인이었으며, 은행 부문에 대한 신뢰 회복 없이는 글로벌 금융시스템의 안정 확보와 실물경제의 회복을 도모할 수 없다는 점을 인식하였다. 이에 따라 G20는 바젤위원회에 기존 규제자본체계의 개편과 함께 레버리지 규제, 유동성 규제, 거시건전성 규제 등 새로운 감독 규제 수단의 도입을 내용으로 하는 바젤규제체계의 광범위한 개혁을 요구하였던 것이다. 따라서 바젤III는 기존 규제의 단순한 개선이나 개정이 아닌 규제체계의 전면적인 개편이라는 의미를 갖는다고 하겠다. 바젤협약은 기존 자본 중심의 규제체계에서 벗어나 보다 광범위한 규제수단을 포괄하는 규제체계로 확대 개편된 것이다.

6_바젤II 규제개혁이 1998년 시작하여 2004년 마무리된 점을 감안하면, 1년 반 동안 종합적인 규제개혁이 마무리된 것은 상당히 이례적이라 할 수 있다. 은행업계는 물론 바젤위원회 회원국 내에서도 G20가 요구한 시한 내에 규제개혁을 마무리할 수 없을 것이라는 시각이 많았으나 회원국 간의 치열한 논쟁과 극적인 타협, 그리고 2010년 11월 G20 정상회의 의장국인 한국의 적극적인 독려 등으로 시한 내에 규제개혁안이 마무리될 수 있었다.

II. 바젤Ⅲ의 개요

바젤Ⅲ 규제개혁 내용은 크게 개별 금융회사의 건전성 제고를 목적으로 하는 미시건전성 규제체계와 시스템적 리스크의 완화를 목적으로 하는 거시건전성 규제체계로 구분할 수 있다.[7] 미시건전성 규제체계는 규제자본의 질, 일관성 및 투명성 강화, 규제자본의 위험인식 범위 확대, 레버리지비율 규제의 도입, 글로벌유동성 기준 도입 등을 포함한다. 그리고 거시건전성 규제체계는 경기대응완충자본의 도입, 시스템적 중요 은행에 대한 규제 강화, 레버리지비율 규제의 도입 등을 포함한다. 바젤Ⅲ의 내용을 개략적으로 살펴보면 다음과 같다.

우선, 바젤위원회는 자본의 조달 비용을 낮추기 위한 각종 금융혁신으로 인해 자본의 질적 수준이 과거보다 크게 저하된 것이 지난 금융 위기 과정에서 은행에 대한 시장신뢰가 무너진 근본원인이라는 인식에 따라 규제자본의 질, 일관성 및 투명성을 크게 강화하고자 하였다. 이를 위해 바젤위원회는 보통주자본(common equity Tier 1)이라는 개념을 신설하고 이에 대한 규제비율을 새로이 마련하였다. 바젤II 에서 기본자본비율(x=4%)과 총자본비율(y=8%)로 구성되었던 최저자본비율체계는 바젤Ⅲ에서는 보통주자본비율(x=4.5%), 기본자본비율(y=6%) 및 총자본비율(z=8%)로 개편되었다. 또한 보통주자본, 기본자

7_이와 같은 분류는 Stefan Walter(2010.11월)에 따른 것이다.

본 및 보완자본 등 규제자본의 인정기준을 대폭 강화하였으며, 규제자본의 손실흡수능력 강화를 위해 부실 시점에서 규제자본의 상각/보통주전환을 의무화하는 조건부자본제도를 새로이 도입하였다. 그리고 종전에 기본자본 또는 보완자본에 대해 적용하던 공제항목을 바젤Ⅲ에서는 보통주자본에 대하여 적용하도록 하는 등 자본공제 관련 기준을 대폭 강화하였다.

둘째, 바젤Ⅱ는 정교한 리스크관리기법을 규제자본체계에 도입하였음에도 위험의 인식에 있어 일부 허점을 드러내었으며, 이는 은행 등 시장 참가자의 규제회피거래를 조장하고 금융시스템의 리스크를 증가시키는 요인으로 작용하였다. 이에 따라 바젤위원회는 규제자본의 위험 인식 범위를 확충하기 위한 조치들을 바젤Ⅲ에 포함하였다. 우선, 장외파생상품, 증권금융거래 등과 관련한 거래상대방 신용위험에 대한 자본규제를 대폭 강화하는 한편, 중앙청산소 제도의 이용을 촉진함으로써 거래상대방 위험을 획기적으로 낮추고자 하였다. 또한 G20를 중심으로 추진되고 있는 신용평가제도 개혁의 일환으로 규제자본 산출에 있어 외부신용등급에 대한 과도한 의존도를 완화하기 위한 방안을 마련하였다. 한편, 바젤위원회는 트레이딩계정에 대한 자본부과 강화를 위해 2009년에 스트레스드(stressed) VaR 도입, 재유동화 익스포져에 대한 위험가중치 상향 등의 조치를 단행한 바 있다.

셋째, 자본버퍼(capital buffer), 즉 완충자본의 개념을 새로이 도입하였다. 완충자본은 위기 기간 동안 은행이 손실을 흡수하거나 신용공급 기능을 지속하면서도 최저규제비율 수준 이상으로 자본비율을 유지하기에 충분한 자본량을 의미하는 것으로 정의되었다. 여기에서 완충자본이 그 목적 및 특성에 있어 최저규제자본과는 상이함을 주목할 필요가 있다. 최저규제자본이 은행이 계속기업으로서 존속하기 위해 필요한 최소한의 자본으로 정의되며 동 규제 위반시 적기시정 조치 등 감독상의 제재가 부과되는 데 반하여, 완충자본은 최저규제 자본에 대한 보완장치로서 이를 미충족할 경우에는 이익금의 처분(배당금·자사주재매입·임직원 보너스 등)에 대한 제한만이 부과된다는 것이다. 완충자본은 손실흡수를 목적으로 하는 자본보전완충자본(capital conservation buffer)과 신용팽창기에 자본을 적립하여 경기침체기에 사용토록 함으로써 경기순응성의 완화를 목적으로 하는 경기대응완충자본(countercyclical capital buffer)으로 구분된다.

넷째, 바젤위원회는 레버리지의 과도한 증가가 금융 위기의 주요한 배경으로 작용한다는 인식에 따라 레버리지비율규제를 새로이 도입하였다. 레버리지비율은 기본자본을 익스포져로 나눈 값으로 정의된다. 새로운 규제수단인 레버리지비율은 개별 은행의 자본확충을 목적으로 하는 미시건전성 감독수단임과 동시에 은행시스템의 경기순응성을 완화하기 위한 거시건전성 감독수단으로서의 성격을 동시에 갖는다. 또한 레버리지비율은 리스크기반의 자본규제체계의 결점을 보완하는 보완장치(backstop measure)로서의 의의를 가진다.

다섯째, 2000년대 들어 만기불일치 위험의 심화, 유동성 자산 비율의 하락, 단기금융시장에 대한 과도한 의존도 등으로 은행시스템 내의 유동성리스크가 크게 증가하였으며, 이는 2007년의 글로벌 금융위기를 확대, 심화시키는 주요 요인으로 작용하였다. 이를 계기로 바젤위원회는 자기자본비율이 은행의 지급능력과 유동성 문제를 동시에 해결할 것이라는 종래의 낙관론을 버리고 글로벌 유동성 규제기준의 도입 필요성을 인식하였다. 바젤Ⅲ 유동성 규제기준은 크게 세 부분으로 구성되어 있다. 단기 유동성 지표인 유동성커버리지비율(LCR: liquidity coverage ratio), 중장기 유동성 지표인 순안정조달비율(NSFR: net stabe funding ratio), 그리고 국제적인 규제기준으로 도입되지는 않았으나 각국 감독 당국이 재량적으로 관리할 수 있는 다양한 모니터링수단이 그것이다.

여섯째, 금융위기 이후 금융규제개혁의 핵심 이슈의 하나로 등장한 것이 시스템리스크를 유발할 수 있는 요소, 즉 '시스템적으로 중요한(systemically important)' 요소에 대한 감독규제 강화이다. 시스템적으로 중요한 요소란 금융기관, 상품 및 시장을 의미하며 이 중에서도 시스템적 중요 금융기관(SIFI: systemically important financial institutions) 또는 시스템적 중요은행(SIB: systemically important banks)에 대한 규제강화에 논의가 집중되고 있다. 바젤위원회는 SIB 규제강화의 핵심적 방안으로서 시스템적 중요도에 따라 차별적으로 시스템적 추가자본(systemic capital surcharge)을 부과하는 방안을 개발하였다. 동 제도는 특정 영업행위와 관련되지 않은 광의의 시스템적 추가자본을 SIB에 부과함으로써 SIB로 하여금 자산규모, 상호연계성 등 시스템적 중요성을 축소토록 유도하고 이를 통해 SIB 파산에 따른 파급영향을 줄이고자 한 것이다.

이상의 내용을 종합하면 t기 은행 i에 대한 바젤Ⅲ 규제자본은 다음과 같이 표현할 수 있다.

$$\text{규제자본}_{it} = \text{최저자기자본}_i + \text{자본보전완충자본}_i + \text{시스템적 추가자본}_i$$
$$+ \text{경기대응완충자본}_t$$

여기에서 최저자기자본과 자본보전완충자본은 전 세계 모든 은행에 대하여 동일하게 적용하고, 경기대응완충자본은 t기에서 특정 국가 내의 모든 은행에 대하여 동일하게 적용되며, 시스템적 추가자본은 SIB에 대하여 은행별로 시스템적 중요도에 따라 상이하게 적용된다.

바젤Ⅲ 규제체계의 개요

	규제 내용	세부 내용	미시 건전성	거시 건전성
규제 자본 체계 강화	자본의 정의 강화	−보통주자본비율(4.5%) 신설 −기본자본비율 상향(4.0% → 6%) −자본의 인정요건 요건 강화 −부실 시점 조건부자본 제도 도입 −공제항목 처리기준 강화 −공시기준 강화	○	
	리스크의 인식범위	−거래상대방 신용리스크 규제 강화 −외부신용등급에 대한 의존도 완화 −트레이딩계정 자본부과 강화	○	
	완충자본 제도	−자본보전완충자본비율(2.5%) −경기대응완충자본비율(0~2.5%)	○	△ ○
	시스템적 중요은행	−시스템적 중요은행의 선별 및 시스템적 추가자본 부과		○
	레버리지 비율규제	−기본자본/익스포저 비율(3.0%) 신규 도입	○	○
유동성 규제 기준 도입	유동성커버 리지비율	−고유동성자산/30일간순현금유출액 (100% 이상)	○	
	순안정 조달비율	−가용안정조달액/필요안정조달액 (100% 초과)	○	
	모니터링 수단	−계약상 만기불일치 −자금조달 편중도 −미담보제공 가용 자산 −중요 통화별 유동성커버리지비율 −시장정보를 통한 모니터링	○	

Ⅲ. 규제수준과 이행 일정

바젤위원회는 각 회원국이 2012년 말까지 새로운 바젤Ⅲ 규제기준을 각국의 법규에 반영하는 절차를 완료하고, 2013년부터 이를 단계적으로 도입하도록 하였다. 이에 따라 바젤Ⅲ의 모든 규제기준이 전면적으로 시행되는 것은 2019년 1월로 미루어지게 되었다. 바젤위원회가 이와 같이 새로운 자본규제의 이행기간을 대폭 늘려 잡은 것은 두 가지 이유에서 기인한다. 하나는 바젤위원회가 이행 일정을 다소 늦추더라도 규제기준(standards)과 규제수준(calibration)은 완화하지 않는다는 큰 원칙에 입각하여 규제자본체계 및 유동성 규제기준을 설계하였다는 데 있다. 다른 하나는 바젤위원회가 실시한 규제영향평가에서 글로벌 주요 대형 은행들이 후술하는 바와 같이 새로운 규제기준을 충족하기 위해 막대한 규모의 새로운 자본과 유동성을 조성할 필요가 있는 것으로 나타났기 때문이다. 이에 따라 글로벌 대형 은행들은 이행기간 동안 실물경제에 필요한 자금지원기능을 원활히 수행하면서도 이익유보, 신규자본조달, 유동성 확보 등을 통해 새로운 규제기준을 충족할 수 있을 것으로 기대되었다.

우선, 보통주자본비율은 기존 2% 수준에서 4.5%로 상향하고, 이를 2103년 1월부터 2015년 1월 사이에 단계적으로 충족토록 하였다. 여기에서 현행 기준에서는 공제항목을 적용하기 이전의 비율인 반면 새로운 기준에서는 엄격한 공제항목 적용 이후의 기준임을 주의할 필요가 있다.

둘째, 기본자본비율은 기존의 4%에서 6%로 상향 조정하고, 이를 보통주자본과 강화된 인정요건에 의한 기타 기본자본으로 충족토록 하였다. 여기에서 보통주자본이 기본자본의 75%를 차지하게 되어 보통주자본이 규제자본의 지배적 형태(predominant form)가 되도록 한 자본규제 강화의 큰 원칙과 부합한다는 사실을 알 수 있다. 기본자본비율도 보통주자본비율과 동일한 방식으로 2013년 1월부터 2015년 1월 사이에 단계적으로 충족토록 하였다. 한편, 총자본비율은 논의 끝에 종전의 8%로 유지하는 것으로 합의되었다.

셋째, 자본공제항목은 2014년 1월부터 2018년 1월까지 매년 20%씩 해당 규제자본에서 단계적으로 차감토록 하였으며, 기타 기본자본 및 보완자본의 인정요건을 충족하지 못하는 자본조달수단은 2013년 1월부터 10년 동안 매년 10%씩 단계적으로 차감되도록 하였다.

넷째, 자본보전완충자본비율은 2.5%로 결정하였으며, 이를 공제항목 적용 이후의 보통주자본으로 충족토록 하였다. 이에 따라 보통주자본비율과 자본보전완충자본비율을 합한 비율은 7%로 결정되었다. 이와 같은 규제수준은 시장의 예상과 대체로 일치하는 것이다. 주요 증권사의 애널리스트들은 은행들이 준수하여야 할 실질적인 보통주자본비율을 6~8% 수준으로 예상하였는데, 이는 최저규제비율 4%에 2~4%의 완충자본비율을 더한 것이다.[8] 여기에서 실질적인 보통주자본비율은 은행들이 배당 및 보상금 지급 등 이익금의 배분을

8_예를 들어 Merill Lynch(2010.1월)은 6~7%, Morgan Stanley (2010.1월)은 7.5~8%, Citi(2010.3월)은 8% 등으로 예상하였다.

자유롭게 할 수 있는 비율을 의미한다. 자본보전완충자본은 2016년부터 단계적으로 도입하여 2019년 1월부터는 완전한 형태로 시행되도록 하였다.

다섯째, 경기대응완충자본비율은 0~2.5%로 결정하였으며, 이를 보통주자본과 기타 손실흡수능력이 뛰어난 자본으로 충족토록 하였다. 여기에서 기타 손실흡수능력이 뛰어난 자본에 대한 정의는 바젤위원회에서 진행되고 있는 조건부자본(contingent capital)에 대한 논의 결과에 따를 것으로 예상된다. 경기대응완충자본의 이행일정은 자본보전완충자본과 동일하게 규정하였다.

여섯째, 글로벌 SIB에 대한 시스템적 추가자본은 시스템적 중요도에 따라 1~2.5%로 부과하기로 결정하였다. 구체적으로 시스템적 중요도가 가장 낮은 최하위 구간에 대하여는 1%의 추가자본을, 시스템적 중요도가 가장 높은 은행이 속한 구간(네 번째 구간)에 대하여는 2.5%의 추가자본을 부과하며, 3.5%의 추가자본이 부과되는 최상위 구간(다섯 번째 구간)은 공백으로 남겨 두었다. 시스템적 추가자본의 이행일정은 자본보전완충자본 및 경기대응완충자본과 동일하게 규정하였다.

일곱째, 레버리지비율의 최저수준은 3%로 결정되었다. 레버리지비율의 경우 새로이 도입되는 규제로서 그에 따른 파급효과 등을 예단하기 어렵다는 점 등을 고려하여 바젤위원회는 2011년부터 2017년까지의 상당히 긴 경과기간을 설정하였다. 경과기간은 조사표의 개발에 중점을 두는 감독상의 모니터링 기간과 레버리지비율의 시범적인 운용 기간인 병행운영 기간(parallel run period)으로 구성된다. 바젤위원회는 병행운용 기간 중의 운용결과를 바탕으로 2017년 상반기 중 레버리지비율의 정의와 규제수준에 대한 최종 조정을 실시하고, 2018년 1월부터 Pillar 1으로 전환하여 규제할 계획이다.

　여덟째, 유동성비율의 규제기준은 100%로 결정되었다. 구체적으로 LCR은 100% 이상, NSFR은 100%를 초과하는 수준을 유지하여야 한다. 유동성비율규제의 경우에도 제도 도입에 따른 부정적 영향에 대한 은행권 및 일부 회원국의 우려가 크고, 새로운 규제기준의 유효성이 아직 검증되지 않은 점 등을 감안하여 관찰 기간(observation period)을 도입하기로 하였다. 바젤위원회는 관찰 기간 동안 유동성 규제기준이 은행의 영업모델(소형/대형 은행, 소매/도매 영업모델, 상업/투자 은행모델 등)과 금융시장, 신용공급, 경제성장 등에 미칠 수 있는 부정적 영향을 정밀 모니터링하는 한편 규제영향평가를 추가적으로 실시하기로 하였다. 바젤위원회는 관찰 기간 동안의 추가 검토 등을 토대로 LCR은 2013년 중반까지 수정을 완료하여 2015년 1월부터 정식으로 도입하고, NSFR은 2016년 중반까지 수정을 완료하여 2018년 1월부터 정식으로 도입키로 하였다. 이와 같이 NSFR에 대하여 상대적으로 긴 관찰 기간과 이행 기간을 부여한 것은 NSFR에 대하여는 은행업계의 반발이 높고 회원국간 입장이 크게 달라 LCR과 동시에 시행하는 것이 매우 어렵다고 판단되었기 때문이다.

새로운 자본 및 유동성 규제의 이행일정[1]

(Phase-in arrangements)

(단위: %)

	2011	2012	2013	2014	2015	2016	2017	2018	2019
최저보통주 자본비율(A)			3.5	4.0	4.5	4.5	4.5	4.5	4.5
자본보전 완충 자본비율(B)						0.625	1.25	1.875	2.5
A+B			3.5	4.0	4.5	5.125	5.75	6.375	7.0
공제항목의 단계적 차감[2]				20	40	60	80	100	100
최저기본 자본비율			4.5	5.5	6.0	6.0	6.0	6.0	6.0
최저총 자본비율(C)			8.0	8.0	8.0	8.0	8.0	8.0	8.0
B+C			8.0	8.0	8.0	8.625	9.25	9.875	10.5
비적격 자본증권		10년간 매년 10%씩 인정대상에서 제외							
레버리지비율	감독 모니터링		병행운영기간 (2015년부터 공시)					Pillar 1 규제로 이동	
LCR	관찰기간			규제적용					
NSFR	관찰기간							규제적용	

자료: 바젤위원회(2010.12월)

1) 해당 연도의 각 1월임
2) DTA, MSRs, 중대한 보통주 투자관련 한도 초과금액 포함

Ⅳ. 바젤Ⅲ의 경제적 영향

1. 은행산업에 대한 영향

바젤위원회는 27개 회원국 중 23개 국가의 263개 은행을 대상으로 바젤Ⅲ의 도입이 자본, 레버리지 및 유동성비율에 미치는 영향평가(이하 규제영향평가)를 실시하였다. 규제영향평가 대상이 되는 은행들 중 기본자본 규모가 30억 유로를 초과하고 업무범위가 다양화되어 있으며 해외점포 등으로 국제업무를 활발히 수행하는 은행을 대형은행 그룹(Group 1)으로, 그렇지 않은 은행을 기타 은행 그룹(Group 2)으로 분류하였다. 대형 은행 그룹에는 94개 은행이, 기타 은행 그룹에는 169개 은행이 포함되었다. 우리나라는 8개 은행이 규제영향평가에 참여하였다.[9] 평가에 사용된 데이타는 연결기준에 의해 2009년 12월 말 기준으로 작성되었다.

규제영향평가에 따르면 23개국 대형 은행(Group 1)의 보통주자본비율은 평균 11.1%에서 5.7%로 크게 하락하는 것으로 나타났다. 주요 선진 은행들의 자본비율 하락이 크게 나타난 것은 영업권 등 바젤Ⅲ에서 더 이상 자본으로 인정되지 않는 공제항목들을 많이 보유하고 있는 데 주로 기인한 것이다.[10] 바젤Ⅲ 시행에 따른 23개국 대형 은

9_대형 은행 그룹에는 우리, 신한, 하나, 국민, 기업 등 5개 은행이 기타 은행 그룹에는 농협, 대구, 부산 등 3개 은행이 참여하였다.

행 그룹의 자본부족규모(자본보전완충자본 포함 기준)는 보통주자본 기준으로 5,770억 유로(880조 원 상당)에 이를 것으로 추정되었다. 이는 2009년 조사대상 은행의 배당 전 이익(2,090억 유로)의 2.8배 정도 수준에 해당하는 것이다.

반면, 국내 은행의 경우에는 바젤Ⅲ의 전면 시행을 가정하더라도 2009년 말 기준으로 보통주자본비율이 10.3%(대형 은행 기준)에 이르는 등 규제기준을 대부분 충족하고 있는 것으로 나타나고 있다. 국내 은행들의 자본비율이 상대적으로 양호하게 나타난 것은 국내 은행들이 외환위기를 계기로 증자 및 내부유보 증가 등 자본의 양적 확대와 함께 질적 수준 제고에도 노력하여 온 데 따른 것이다.[11] 따라서 바젤 Ⅲ의 본격 시행을 앞두고 국내 은행들은 선진 은행들과는 달리 대규모의 자본확충 부담은 거의 없다고 하겠다.

레버리지비율의 경우 23개국 대형 은행 평균 2.8%로 나타났으며, 조사대상의 42%가 규제수준에 미달하는 것으로 분석되었다. 이는 이들 은행들이 유가증권, 파생상품, 유동화증권 등을 중심으로 그 동안 레버리지를 크게 확대해 온 데 기인하는 것이다. 그러나 2015년부터는 은행들이 레버리지비율을 공시해야 하는 등 의무가 발생하므로 파생상품 등을 통한 레버리지 확장이 현재보다 제약될 것으로 예상된다. 반면, 국내 대형 은행의 경우 레버리지비율이 평균 4.2% 수준으

10_대형 은행 그룹의 경우 공제항목에 의한 보통주자본 감소비중은 41.3%로 나타났다.

11_예컨대 우리나라는 이연법인세 자산, 영업권 등 공제항목을 자본금에서 차감하는 등 일부 바젤Ⅲ의 규제기준을 이미 실시하고 있다.

로 규제수준(3.0%)을 크게 상회하고 있어 난내, 난외 자산을 통한 신용공급기능에 지장이 초래되지 않을 것으로 전망된다.

유동성비율의 경우 23개국 대형 은행의 단기유동성비율(LCR)은 83%, 중장기유동성비율(NSFR)은 93%로 규제수준(100%)을 하회하고 있는 것으로 나타났다. 이에 따라 이들 대형 은행들은 유동성비율의 충족을 위해 대규모의 유동성자금을 확보해야 하는 것으로 분석되었다. 구체적으로 대형 은행들은 LCR 충족을 위해서는 1.7조 유로(2,600조 원 상당)의 추가 유동성이 필요하며, NSFR 준수를 위해서는 2.9조 유로(4,430조 원 상당)의 안정자금이 필요한 것으로 나타났다.

국내 대형 은행의 경우 NSFR은 93%로 규제기준에 근접하고 있으나 LCR은 76%로 규제기준에 크게 미달하는 것으로 나타났다. 따라서 향후 국내 은행은 유동성비율의 충족을 위해 자금의 조달 및 운용전략의 점진적인 변경이 불가피할 것으로 보인다. 예컨대, 안정적 소매예금 확보 노력 강화, 국채 등 고유동성 자산 중심으로의 자산 포트폴리오 변화 등이 예상된다. 채권시장에서는 국공채나 우량등급(AA- 이상) 이상 회사채 투자 수요가 증가할 전망이다. 또한 현금 유출 요인 중 국내 은행이 상대적으로 큰 비중을 차지하는 난외 신용/유동성 공여 약정은 향후 축소될 것으로 전망된다.

바젤Ⅲ 규제영향평가 결과

(2009년 말 기준)

(단위: %)

		보통주자본 비율[1]	기본자본 비율[1]	총자본 비율[1]	레버리지 비율	LCR	NFSR
규제기준		7.0 ~ 9.5	8.5 ~ 11.0	10.5 ~ 13.0	3.0	100.0	100.0
대형 은행	23개국 평균	11.1 → 5.7	10.5 → 6.3	14.0 → 8.4	2.8	83	93
	국내 은행[2]	11.3 → 10.3	11.1 → 10.4	14.7 → 13.5	4.6	76	93
기타 은행	23개국 평균	10.7 → 7.9	9.8 → 8.1	12.8 → 10.3	3.8	98	99
	국내 은행[3]	10.4 → 9.7	10.7 → 10.0	15.3 → 13.4	5.1	75	99

자료: 바젤위원회(2010.12월)

1) 자본보전완충자본(2.5%) 및 경기대응완충자본(0~2.5%)를 포함한 기준임
2) 우리, 신한, 하나, 국민, 기업
3) 농협, 대구, 부산

2. 금융시스템 및 실물경제에 대한 영향

자본규제의 강화가 금융시스템의 안정성과 경제성장에 미치는 영향에 대해 은행업자와 규제 당국은 오랫동안 상반된 시각을 견지하여 왔다. 은행업자는 자본규제의 강화로 인해 자본조달비용이 상승하고 은행주주의 기대수익률이 상승할 것이라고 주장하였다. 이는 다시 은행의 리스크 추구 유인 증가와 비규제기관으로의 자원 이동, 즉 탈중개현상을 초래함으로써 궁극적으로 금융시스템의 안정성이 저하되고 경제성장에도 부정적인 영향이 초래될 것이라고 주장하였

다. 예컨대, 국제금융협회(IIF: International Institute of Finance)는 규제자본비율을 2%p 인상시킬 경우 2011~15년 중 미국, 유럽, 일본 등 세계 3개 경제권의 대출스프레드가 132bp 상승하고, GDP는 평균 3.1% 감소할 것이라고 발표하였다.[12]

그러나 바젤위원회는 바젤Ⅲ의 도입으로 자본 및 유동성의 양적 질적 확충이 이루어짐으로써 중장기적으로 은행시스템의 안전성이 제고될 것으로 예상하였다. 바젤위원회의 규제영향평가에서 나타났듯이 선진 은행들은 바젤Ⅲ의 충족을 위해 막대한 규모의 자본 및 유동성을 확보해야 하며, 이는 단기적으로 조달비용의 상승을 통해 은행산업의 수익성 악화를 초래할 수 있다. 그리고 이는 나아가서 대출금리 상승, 대출규모 축소 등을 통해 금융중개기능의 저하와 경제성장률의 하락으로 이어질 가능성이 있다. 그러나 중장기적으로는 금융위기의 발생 확률이 하락하고 은행산업의 안전성이 제고되어 자본 및 유동성의 조달비용이 하락하고 경제성장이 촉진되는 효과가 발생할 것으로 기대하였다. 바젤위원회는 규제자본비율(유형자기자본/위험가중자산비율)의 7% 상향과 중장기 유동성비율(NSFR) 규제의 도입은 대출스프레드 상승 및 대출규모 감소를 통해 GDP 추세선을 0.17% 하락시킬 것으로 추정하였다. 이에 반해 연간 금융위기 발생 확률이 역사적 평균인 4.5%에서 3.3%로 1.2%p 하락하게 되며, 이는 연간 GDP를 0.23~1.90% 증가시키는 결과를 가져오게 되어 규제강화에 따른 긍정적 효과가 부정적 효과를 능가하는 것으로 분석하였다.[13]

12_ IIF(2010.6월) 참조.

은행업계와 규제 당국의 분석결과에 이러한 차이가 있는 것은 은행업계와 규제 당국이 사용한 경제모델과 가정이 상이한 데에도 원인이 있지만 보다 근본적으로는 규제강화가 은행의 행태(위험에 대한 태도)에 미치는 영향에 대한 시각이 상이한 데 따른 것이다. 은행업자는 자본규제 강화로 인해 은행의 위험추구 유인이 증가한다고 보는 반면, 규제 당국은 위험추구 유인이 감소하거나 불변일 것으로 보는 것이다. 예컨대 국제금융협회(IIF)는 규제강화로 인해 은행 주주들이 수익률(ROE)을 2~5% 높게 요구할 것이라고 가정한 반면, 바젤위원회는 금융위기 확률이 하락하므로 추가적인 ROE 요구가 없을 것이라고 가정하였다.

여기에서 주목할 것은 강화된 자본규제가 규제 당국이 기대하는 바와 같은 긍정적 효과를 창출하기 위해서는 비단 자본의 양적, 질적 수준의 제고만이 아니라 고수익-고위험을 추구하는 은행 영업행태의 근본적인 변화가 동반되어야 한다는 점이다. 그리고 이러한 행태변화는 은행들이 강화된 규제환경 하에서는 금융위기 이전과 같은 높은 수준의 수익률을 획득하는 것이 어려우며,[14] 따라서 위험에 대한 태도를 낮추어야 한다는 점을 인식할 때에만 가능한 것이다.

---

13 BCBS(2010.8월) 및 BIS(2010.12월) 참조.

14 글로벌 컨설팅회사인 Accenture는 전 세계 150개 은행을 대상으로 한 분석 결과를 토대로 새로운 규제환경 하에서 은행들이 금융위기 이전의 20%를 상회하는 높은 ROE를 더 이상 얻기가 어려우나 비용절감, 리스크관리 강화 등을 통해 예대마진의 인상 없이도 15%의 ROE는 달성할 수 있을 것이라고 주장하였다. Accenture(2009) 참조.

자본 및 유동성 규제강화에 따른 경제적 효익과 비용

바젤위원회는 규제강화에 따른 경제적 효익을 금융위기 발생에 따른 누적 GDP 손실률에 연간 금융위기 발생확률의 감소분을 곱한 값으로 정의하였다. 역사적 경험으로 볼 때 특정 국가에서 금융위기는 20~25년에 한 번 발생하며, 이는 연간 금융위기 발생확률이 대략 4.5%임을 의미한다. 그리고 과거 금융위기 발생으로 인한 누적 GDP 손실률(미래의 GDP 손실액을 적정 할인율로 할인하여 더한 값을 위기 직전 연도의 GDP로 나눈 값)은 최저 19%에서 최대 158%에 이르며, 중간값은 63% 수준인 것으로 추정하였다. 이는 연간 금융위기 1%p 하락시 발생하는 경제적 효익이 GDP 대비 최저 0.19%에서 최대 1.58%에 이르는 것임을 시사하는 것이다.

바젤위원회는 중장기 유동성비율(NSFR)의 충족을 가정한 상태에서 규제자본비율(유형자기자본/위험가중자산비율)을 7%로 상향하는 경우 금융위기 발생확률은 4.5%에서 3.3%로 하락하는 것으로 추정하였다. 그리고 규제자본비율을 상향함에 따라 연간 금융위기 발생확률도 감소하나 그 감소분은 점차적으로 줄어드는 것으로 추정하였다. 즉 규제자본비율이 7%에서 8%로 상승하는 데 따른 연간 금융위기 발생확률의 감소분은 1.0%p(3.3% → 2.3%)이지만, 규제자본비율이 10%에서 11%로 상승하는 데 따른 금융위기 발생확률 감소분은 0.3%p(1.2% → 0.9%)에 불과한 것으로 추정하였다.

한편, 경제적 비용의 측면에서 NSFR의 도입은 GDP를 0.08%

하락시키며, 규제자본비율의 1%p 강화는 GDP를 0.09%p 하락시키는 것으로 추정하였다. 이와 같은 추정결과는 규제자본비율을 14%까지 상향하더라도 규제강화에 따른 경제적 효익의 최저치가 규제강화에 따른 경제적 비용을 초과함을 의미하는 것이다.

(단위: %)

규제 자본 비율[1]	연간 금융위기 발생확률		규제강화의 경제적 효익[3]			규제 강화 비용[5]	규제강화의 경제적 순효익[6]		
		감소[2]	최저[4]	중간[4]	최고[4]		최저	중간	최고
7	3.3	△1.2	0.23	0.76	1.90	0.08	0.15	0.68	1.83
8	2.3	△2.2	0.42	1.39	3.48	0.17	0.25	1.23	3.33
9	1.6	△2.9	0.55	1.83	4.58	0.26	0.29	1.56	4.30
10	1.2	△3.3	0.63	2.08	5.21	0.35	0.28	1.75	4.91
11	0.9	△3.6	0.68	2.27	5.69	0.44	0.25	1.85	5.30
12	0.7	△3.8	0.72	2.39	6.00	0.53	0.20	1.89	5.55
13	0.5	△4.0	0.76	2.52	6.32	0.62	0.14	1.90	5.70
14	0.4	△4.1	0.78	2.58	6.48	0.71	0.07	1.89	5.80
15	0.3	△4.2	0.80	2.65	6.64	0.80	0.00	1.85	5.85

자료: 바젤위원회(2010.8월)

1) 규제자본비율은 유형자기자본/위험가중자산(TCE/RWA)로 정의
2) 역사적 연간 금융위기 발생확률인 4.5%와의 차이
3) 연간 금융위기 발생확률의 감소분 × 금융위기 발생시 누적 GDP 손실률. 단 누적 GDP 손실률은 미래의 GDP 손실액을 적정 할인율로 할인하여 더한 값을 위기 직전 연도의 GDP로 나눈 값임
4) 누적 GDP 손실률 최저 = 19%, 중간 = 63%, 최고 = 158%로 추정
5) NSFR의 도입으로 연간 GDP는 0.08% 하락하는 것으로 추정. 규제자본비율은 7%를 시작으로 하여 1%p 씩 상향시마다 연간 GDP가 0.09%씩 하락하는 것으로 추정
6) 규제강화에 따른 경제적 효익에서 경제적 비용을 차감한 값

V. 바젤Ⅲ의 규제개혁의 의의

1988년 이래 바젤위원회와 바젤자본협약, 즉 최저자본규제는 은행건전성 규제의 핵심으로 자리잡아 왔다. 바젤위원회는 은행감독자들만의 모임으로 어떠한 외부의 정치적·비정치적 간섭도 배제하며 은행 부문에 대한 배타적이고 독립적인 규제제정기구로써 역할을 해 왔으며, 최저자본규제는 은행업과 관련한 제반 감독원칙 또는 규율 중에서 전 세계 은행들이 공통적으로 준수해야 하는 사실상의 유일한 국제기준으로서 기능하여 왔다. 그리고 바젤위원회는 1996년 시장리스크 규제기준의 도입, 2004년 바젤II의 도입 등에서 볼 수 있듯이 자본규제기준을 지속적으로 개혁함으로써 은행업의 끊임없는 금융혁신에 대응하여 왔다. 바젤Ⅲ 규제개혁은 금융환경변화에 대응한 바젤위원회의 이러한 지속적인 규제개혁 노력의 연장선상에 있는 것이라고 할 수 있겠다. 그러나 동시에 바젤Ⅲ 규제개혁은 다음과 같은 점에서 기존의 규제개혁과 차별성을 갖는 것으로 보인다.

첫째, 규제개혁의 추진 배경 내지 과정에서 차이가 있다. 기존의 바젤I 및 바젤II가 바젤위원회 내부적으로 추진된 데 반해 바젤Ⅲ는 글로벌 금융위기에 대한 대응으로 G20에 의해 주도된 글로벌 금융규제개혁의 일환으로 추진되었다는 점에서 차이가 있다. 이에 따라 바젤Ⅲ 규제개혁은 바젤위원회 내부의 독자적인 논리에 의해서 뿐만 아니라 G20와 이를 대변하는 금융안정위원회(FSB) 등 여타 글로벌 규제기구의 요구를 수용하는 형식으로 이루어지게 되었다. 바젤위원회는 계속해서 은행 부문에 대한 독립적인 규제제정기구로써의 지위를 유지해 나가겠지만 앞으로는 상위의 의사결정기구인 G20 등은 물론 증권, 보험 등 여타 금융 부문과 보다 밀접한 연관성 속에서 규제개혁 작업을 추진할 것으로 예상된다.

둘째, 규제개혁의 내용 측면에서 바젤Ⅲ는 레버리지규제, 유동성규제, 거시건전성 감독 등 새로운 감독규제 개념을 도입하였다. 이러한 새로운 감독개념은 감독정책의 목표 및 수행과정에 큰 변화를 가져올 것으로 예상된다. 이제까지 금융감독은 개별 금융회사의 건전성 제고만을 목표로 하였으나 거시건전성 감독 개념의 도입으로 시스템리스크의 방지를 중요한 감독목표의 하나로 하게 되었다. 미시건전성 중심의 정책에서 미시건전성과 거시건전성의 동시적 달성을 목표로 하는 정책으로의 패러다임 전환이 발생한 것이다. 또한 새로운 감독개념은 여타 정책당국과의 협조의 필요성을 제기하고 있다. 예컨대 유동성규제와 경기대응완충자본의 효과적인 시행을 위해서는 통화당국의 통화정책과 긴밀한 협조가 필요한 것으로 보인다.

셋째, 바젤Ⅲ는 글로벌 은행들의 영업모델에 근본적인 변화를 요구하는 일련의 새로운 조치들을 포함하고 있다. 공적자금의 투입에 앞서 투자자/주주의 책임을 엄격히 묻는 장치(규제자본의 상각/보통주 전환 제도)는 도덕적 해이에 기반한 은행의 과도한 위험추구에 제동을 걸 것으로 전망된다. 또한 유동성규제는 저리의 단기자금으로 고수익의 장기위험자산에 투자하는 영업모델을 더 이상 가능하지 않게 만들 것으로 예상된다. 그리고 거시건전성 감독수단인 레버리지비율규제와 경기대응완충자본규제는 은행의 과도한 자산확대를 어렵게 할 것으로 기대된다. 요컨대 바젤Ⅲ는 글로벌 은행업이 고위험-고수익을 목표로 하는 영업모델이 아닌 저성장, 저수익성, 강화된 리스크관리에 기반한 새로운 영업모델로 이행할 것을 요구하고 있는 것이다.

규제자본비율의 캘리브레이션

1. 캘리브레이션의 의의

새로운 규제자본체계, 즉 바젤Ⅲ를 설계함에 있어서 제기된 중요한 이슈 중의 하나는 규제자본비율, 즉 규제수준을 결정하는 문제(이하 캘리브레이션calibration)였다. 2004년에 도입된 바젤Ⅱ가 바젤Ⅰ의 최저비율인 8%를 그대로 유지하고 있는 데 반해 바젤Ⅲ가 규제수준에 대한 근본적인 문제를 다시 제기한 것은 무엇 때문인가. 이는 크게 다음의 두 가지 이유 때문이다.

첫째, 바젤Ⅲ에서는 규제자본의 체계가 크게 바뀌었다. 보통주자본과 완충자본의 개념이 새로이 도입되었으며, 엄격한 공제항목의 적용, 인정요건의 강화 등 자본의 질적 기준에 대한 강화도 이루어졌다. 이러한 규제자본체계의 획기적인 변화로 인해 최저자본비율의 수준에 대해서도 근본적인 재검토를 하지 않을 수 없었던 것이다.

둘째, 금융위기의 과정에서 규제자본비율의 적성성에 대한 근본적 의문이 제기되었다. 규제자본비율이 최저 수준인 8%를 상회하고 있던 은행들이 금융위기 과정에서 급속히 부실화되면서 8%가 최저 규제 수준으로 충분한지에 대한 의문이 제기된 것이다.

바젤위원회는 산하에 별도의 작업반(TCG: Top-down calibration group)을 설치하고 은행이 유지하여야 할 바람직한 최저자본비율의 수준에 대한 이론적인 분석을 시도하였다. 이하에서는 TCG의 주요 결론을 개관하고, 바젤위원회에서 제시한 최저 규제 수준에 대한 내용을 살펴보기로 한다. 완충자본과 레버리지비율에 대한 캘리브레이션은 제4장과 제7장에서 별도로 살펴보았다.

2. 적정 최저 자본비율에 대한 캘리브레이션

자본은 예상치 못한 손실 발생에 대비한 버퍼로서의 역할을 한다. 자본의 이러한 기능을 고려할 때 바람직한 최저 자본비율의 수준을 결정하기 위한 캘리브레이션(calibration) 방법의 하나는 은행의 손익분포를 살펴보는 것이다. 은행의 자본수준은 손익분포 중 좌측 하단의 극단값(left-hand tail of distribution)-예컨대 0.1%-을 커버할 수 있는 수준으로 결정되어야 할 것이다.[15]

TCG는 이러한 논리 하에서 은행의 손익/위험가중자산 비율의 역사적 분포를 살펴보았다. TCG는 기본자본 규모 30억 유로를 기준으로 대형 은행(그룹 1)과 소형 은행(그룹 2)으로 구분하여 동 분

15_이는 개념적으로 VaR(Value-at-risk)과 동일한 것이다.

포를 산출하였는데, 아래의 표는 그룹 1 은행의 손익/위험가중자산 비율 분포와 관련된 대표값들을 나타내고 있다. 여기에서 위험가중자산은 역사적 위험가중자산이다. 즉 각 연도마다 당시의 규제기준에 의해 작성된 위험가중자산을 나타낸다. 그리고 손익은 국가별로 세전 또는 세후 기준으로 산출되었다.

아래의 표에서 제시된 값들은 2단계에 걸쳐 산출되었다. 우선, 각 국가별로 은행산업의 손익/위험가중자산 비율 분포를 산출하고, 이로부터 99번째 백분위 수(좌측 하단 1% 값)와 최대 손실액을 계산하였다. 분석의 대상이 된 국가의 수는 5~7개이다. 다음으로 각 국가별로 산출된 백분위 수 및 최대 손실액의 최소·최대값, 평균, 중간값을 계산하였다. 여기에서 손익은 1년 단위로 계산되었다. 주의할 것은 제한된 표본크기로 인해 손익분포의 좌측 하단 값이 1%로 제시되고 있으며, 국가별로 표본 기간(5~29년)과 표본에 포함된 은행의 수(그룹 1의 경우 4~20개)가 상이하다는 점이다. 예상치 못한 손실에 대한 버퍼로서의 자본이 통상적으로 손실분포의 좌측 하단 0.1% 값을 커버할 수 있어야 한다는 점을 고려한다면 좌측 하단 1% 기준의 사용은 적정수준보다 낮은 캘리브레이션으로 귀결될 수 있음을 주의할 필요가 있다.

TCG는 최저규제자본 수준에 대한 캘리브레이션 목적으로 대형 은행의 손실분포가 더 타당하다고 보았다. 규제의 주된 대상이 대형 은행이라는 점을 고려할 필요가 있는 데다 소형 은행의 경우 특이치(outlier)가 많아 올바른 분석이 어렵다고 보았기 때문이다.

아래의 표에서 보는 바와 같이 7개 국가로부터 산출된 99번째 백분위 수의 평균값과 중간값은 각각 −3%와 −4%로 나타나고 있다. 표본 기간 동안 이익을 시현한 표본을 제외할 경우 이들 값은 각각 −4%, −5%로 나타나고 있다. 다음으로 표본 기간 중의 최대 손실액(또는 최저이익액)을 위험가중자산 비율로 나눈 값의 평균값과 중간값은 각각 −10%, −5%로 나타나고 있다. 특이치 및 이익을 시현한 표본을 제외할 경우 이들 값은 각각 −5%, −5%로 나타나고 있다. 최대손실액에 대한 이들 대표값들을 제시한 것은 위에서 언급한 바와 같이 99번째 백분위 수가 자본이 커버해야 할 '예상치 못한 손실규모'에 대한 충분한 대용치(proxy value)가 되지 못한다는 점을 고려한 것이다. 이상과 같은 분석 결과는 연간 손실액/위험가중자산 비율의 99번째 백분위 수 또는 최대손실액을 토대로 계산한 적정 최저자본비율 수준이 평균적으로 각각 3~5% 또는 5~10%가 됨을 시사하는 것이다.

손익/위험가중자산 비율[1]의 분포 (그룹1 은행[2]의 경우)

	최소값 [3]	최대값 [3]	평균	중간값	국가수
99번째 백분위 수	+0.89%	−8.66%	−3%	−4%	7
99번째 백분위 수(이익 제외)	−0.18%	−8.66%	−4%	−5%	6
최대손실액(또는 최저이익액)	+0.89%	−41.5%	−10%	−5%	6
최대손실액(특이치 및 이익 제외)	−2.71%	−6.83%	−5%	−5%	5

자료: 바젤위원회(2010.10월)

1) 손익(세전 또는 세후) 및 위험가중자산(바젤I 또는 바젤II)의 산출 기준이 국가별로 상이
2) 기본자본규모 30억 유로 이상인 은행
3) 절대치 기준

3. 하향식 캘리브레이션에 대한 평가

바젤자본규제에 대해 제기되어 온 오랜 비판 중의 하나는 최저 자기자본비율이 8%로 규정된 것에 대한 이론적 근거가 불충분하다는 것이었다. 사실 최저자본비율 8%는 이론적 근거에 의해 도출되었다기보다는 회원국들의 현실적 여건을 반영한 타협의 결과라고 할 수 있다. 이러한 비판에 대응하여 바젤위원회가 TCG를 설치하고 바젤Ⅲ 자본규제의 바람직한 수준을 결정하기 위한 이론적 작업을 시도하였음은 앞에서 설명한 바와 같다.

그러나 TCG의 캘리브레이션 분석은 일관성과 엄밀성의 측면에서 다소 부족한 것으로 보인다. 무엇보다 과거의 바젤I 내지는 바젤II에서 사용된 위험가중자산 개념을 사용하고 있으며, 국가별로 표본 기간, 표본 수(은행 수), 데이타의 작성기준(손익산출시 세전 또는 세후 기준 등) 등에서 일관성이 부족하다. 이는 캘리브레이션 결과에 대한 신뢰성을 떨어뜨리는 요소이다.

둘째, 과거 국가별 은행 손실규모의 평균값, 중간값 등이 캘리브레이션 기준으로 타당한지 여부이다. 은행의 손실규모는 금융위기의 심각성 정도, 예컨대 대규모의 시스템적 금융위기인지 또는 일반적인 금융위기인지 여부에 따라 크게 달라진다. 따라서 최저규제자본 등의 적정 수준에 대한 캘리브레이션을 위해서는 금융위기의 심각성 정도에 대한 가정이 선행되어야 한다. 만약 최저규제자본의 목적이 시스템위기에 대응하기 위한 것이라면 바젤위원회가 제시한 캘리브레이션 기준(과거의 모든 금융위기를 대상으로 산출한 평균값 또는 중간값)은 적정 수준에 미달하게 될 것이다. 반대로 최저규제자본의 목적이 일반적인 금융위기에 대응하기 위한 것이라면 적정 수준을 초과하게 될 것이다.

셋째, 과거의 금융위기 자료에 근거한 캘리브레이션 결과가 미래에는 더 이상 타당하지 않을 수도 있다는 점이다. 이는 앞으로 발생할 금융위기는 과거의 금융위기와는 그 성격과 심각한 정도가 크게 다를 수 있기 때문이다. 이 문제는 과거의 역사적 자료를 이용하여 미래를 예측하고자 하는 모든 예측방법론에 공통적으로 내재하는 문제라고 할 수 있다.

이상과 같은 문제점에도 불구하고 바젤위원회가 하향식 캘리브레이션을 통해 규제수준 결정의 이론적 토대를 마련하고자 한 것은 높이 평가하여야 할 부분이다. 따라서 규제자본비율에 대한 엄밀한 이론적 토대를 제공하기 위한 캘리브레이션 분석은 은행업의 금융혁신과 리스크 변화에 대응하여 앞으로도 지속적으로 이루어져야 할 것이다.

제2장

규제자본의 질,
일관성 및 투명성의 강화

I. 머리말

바젤위원회에서 규제자본의 질을 개선하고자 한 노력은 금융위기가 발생하기 훨씬 이전으로 거슬러 올라간다. 1998년 10월 호주의 시드니에서 개최된 회의에서 바젤위원회는 의결권을 가진 보통주와 주주에게 귀속하는 유보금이 기본자본의 지배적인 부분(predominant form of Tier 1 capital)을 구성하여야 함을 합의(시드니선언[1])하였던 것이다. 그러나 이를 위한 구체적인 실행기준을 제시하지 않은데다 신종 자본조달수단을 기본자본의 15% 한도 이내에서 기본자본에 산입되는 것을 허용함으로써 금융회사들이 혁신적인 신종 자본조달수단의 개발을 통해 낮은 조달비용으로 규제자본을 충족할 수 있는 길을 열어 놓았다. 이는 실질적인 손실흡수능력을 갖는 보통주자본비율이 하락하는 결과를 초래하였고, 결국 금융위기 와중에서 은행 부문에 대한 시장신뢰가 무너지는 직접적인 원인이 되었던 것이다.

자금중개기능과 지급결제기능의 핵심 중추임과 동시에 시장조성자이며 최후의 유동성 공급자인 은행 부문에 대한 신뢰상실은 금융위기의 심화와 실물경제의 침체로 연결되는 것이었다. 따라서 은행들과 각국 정부는 은행 부문에 대한 신뢰회복을 위해 높은 비용을 지불하고서라도 증자, 공적자금 투입 등을 통해 대규모 자본확충에 나

1_"Instrument eligible for inclusion in Tier 1 capital," Press lease, BCBS, October 1998.

서지 않을 수 없었던 것이다. 바젤위원회의 바젤Ⅲ 규제자본체계 개편은 규제자본을 질적 양적으로 강화함으로써 궁극적으로 은행 부문의 위기 발생을 예방하고 높은 비용을 수반하는 공적자금의 투입이 재발하지 않도록 하기 위한 것이다. 바젤Ⅲ 규제자본체계 개편은 리스크의 현실화시 은행이 실질적인 손실흡수능력을 갖도록 하는 데 초점을 맞추고 있다는 점에서 자산 부문의 잠재 리스크를 포착하는 데 중점을 둔 바젤Ⅱ와 차이를 갖는다.

II. 기존 규제자본체계의 문제점

금융위기 발생 당시 글로벌 은행들이 최저자본규제기준을 충족하는 등 양적인 측면에서는 대체로 충분한 자본을 보유하고 있었음에도 은행의 손실흡수능력에 대한 시장신뢰가 무너진 것은 기본적으로 자본의 조달비용을 낮추기 위한 각종 금융혁신으로 인해 자본의 질적 수준이 과거보다 크게 저하된 상태에 있었기 때문이다. 금융위기 과정에서 드러난 기존 규제자본체계의 문제점은 크게 다음과 같은 세 가지로 정리할 수 있다.

첫째, 공제항목(deductions and filters)의 적용 관행에 근본적인 문제가 있었다. 대차대조표상의 자본금은 자산, 부채를 어떻게 인식·측정하느냐에 따라 크기가 달라지기 때문에 은행의 진정한 손실흡수능력을 측정하는 척도로서는 미흡한 점이 있다. 따라서 각국의 규제당국은 예전부터 회계상의 자본금에 대하여 손실흡수능력이 없는 항목을 차감하는 감독상의 공제·조정을 실시하여 왔다.

그런데 문제는 이러한 공제항목을 보통주자본이 아니라 기본자본(Tier 1)과 보완자본(Tier 2)에서 공제하여 왔다는 데 있다. 이에 따라 은행들은 공제항목의 적용에 따른 자본비율의 하락을 방지하기 위해 굳이 조달비용이 높은 보통주를 발행할 필요가 없게 된 것이다. 은행들은 조달비용이 상대적으로 저렴한 신종 하이브리드 자본조달수단을 개발하고 이를 대규모로 발행하여 규제자본비율을 충족하였다.

이 모든 것은 금융혁신이라는 이름 하에 이루어졌다.

이에 따라 은행들이 명목상으로는 높은 기본자본비율을 유지하고 있었음에도 보통주자본비율은 2% 수준으로까지 하락[2]하게 되었으며, 더구나 공제항목을 공제하고 난 이후의 실질적인 보통주자본비율은 그 이하(심지어는 마이너스 수준)로 하락하였던 것이다. 그런데 문제는 보통주자본이야말로 계속기업의 관점에서 손실흡수능력을 가지는 것이며, 위기상황에서 시장참가자들이 은행의 지급능력을 평가하는 척도로 사용하는 것임이 명백해졌다는 것이다. 보통주는 후순위성, 손실흡수능력, 배당금 지급의 유연성, 만기의 장기성(보통주는 만기가 없음) 등이 가장 뛰어난 자본조달수단이며, 보통주에 투자하는 투자자는 그에 따른 하방리스크(투자금액의 전액 손실)와 상방 이득(무한대의 자본평가 이익 등)을 잘 인식하고 있다. 따라서 보통주는 은행의 지급능력을 보장하는 가장 주요한 자본조달수단이라고 할 수 있는 것이다.

둘째, 공제항목의 적용에 관한 국제적으로 합의된 일관성 있는 기준이 부재하였다. 기존의 규제자본체계(바젤II) 하에서 기본 및 보완자본에 대하여 국제적으로 합의된 정의가 사용되었으나 이들 자본에 대한 공제항목의 적용 방식은 국가별로 상당히 상이하였다. 이는 규제자본의 국제적 일관성을 크게 저하시키는 결과를 초래하였다.

2_바젤II에서 기본자본을 자기자본의 50% 이상 유지토록 하고 시드니선언에서 보통주자본이 기본자본의 지배적인(predominant) 부분을 구성토록 함에 따라 보통주자본비율이 최저규제비율 8%의 25% 수준에 해당하는 2%가 되는 결과가 초래되었다.

셋째, 신종 자본조달수단은 금융위기의 와중에서 당초 기대한 바와 같은 충분한 수준의 손실흡수능력을 보여 주지 못하였다. 기존의 규제자본체계 하에서 모든 기본자본조달수단은 전액 납입될 것, 영구적일 것, 후순위일 것, 배당금/이자 지급의 일방적인 취소가 가능할 것 등의 조건을 충족토록 하고 있었다. 이러한 조건을 모두 충족할 경우 기본자본 조달수단은 보통주자본에 버금가는 손실흡수능력을 가지게 된다. 그러나 은행들은 혁신적인 새로운 자본조달수단의 개발을 통해 이러한 규정을 형식적으로는 여전히 준수하되 그 실질에 있어서는 벗어나기 시작했다.

이러한 예로 스텝업(step-ups) 조항을 들 수 있다. 스텝업은 자본조달수단의 발행 은행이 향후 지정된 날짜에 채무상환을 할 수 있는 권한(call option)을 행사하지 않을 경우에 더 높은 이자율(stepped-up rate of interest)을 지급하도록 하는 계약을 의미한다. 이론적으로 이러한 자본조달수단은 법적인 만기일이 존재하지 않기 때문에 영구적이다. 그러나 은행은 더 높은 이자율의 지급을 회피하기 위해 콜옵션 행사일에 채무를 상환할 의도를 가지고 있었으며, 이러한 은행의 의도를 투자자들도 사전에 이미 인식하고 있었다. 이는 스텝업 조항이 있는 자본조달수단이 사실상의 만기를 갖고 있음을 의미한다. 또 다른 예로서는 주식으로 이자를 지급하는 자본조달수단을 들 수 있는데, 이는 전액 납입될 것, 후순위일 것, 이자 지급이 취소 가능할 것 등의 조건을 위배하는 것이었다.

극심한 금융위기로 인해 은행들이 막대한 손실을 입고 있는 상황에서 이들 혁신적인 자본조달수단은 이자 지급 취소 또는 콜옵션 불

행사 등의 형태로 손실을 흡수하는 기능을 보여 주었어야 했다. 그러나 은행들은 이자 지급 또는 콜옵션 행사(채무상환)의 중단시 금융시장에 부정적인 시그널을 제공할 것을 우려하여 이자 지급과 콜옵션의 행사를 지속하였다. 요컨대 은행에 막대한 손실이 발생하고 있는 상황에서도 이들 자본조달수단에 투자한 투자자들은 어떠한 손실도 부담하지 않아도 되었던 것이다. 즉 이들 신종 기본자본 조달수단들은 기본자본에 요구되는 적격성 기준의 통과에 실패하였던 것이다. 이들 신종 기본자본 조달수단들은 기본자본이 아니라 보완자본, 즉 장기후순위채권에 가까웠다고 할 수 있다. 지급 불능 또는 청산 시점에 손실을 흡수하는 기능은 갖고 있으나 계속기업으로서 은행을 보전하는 데에는 도움이 되지 못하였던 것이다.

넷째, 금융위기의 기간 중 규제 당국과 시장참가자들은 글로벌 은행들의 자본충실도를 비교하기 위해 많은 노력을 기울였다. 앞에서 살펴본 바와 같이 공제항목의 적용방식 등이 국가별로 매우 상이하여 이러한 비교가 매우 힘들었다. 그러나 이보다 문제를 더욱 어렵게 만든 것은 자본의 세부항목이 적절하게 공시되지 않았다는 점이다. 부적절한 공시로 인해 금융기관 간에, 그리고 국가 간에 자본 충실도를 비교하는 것이 거의 불가능에 가까웠던 것이다.

예를 들어 은행들은 공시된 대차대조표 자료로부터 규제자본비율이 어떻게 산출될 수 있는지 구체적인 정보를 제공하지 않았다. 은행들은 공제항목의 총계치만을 제공하였으며, 그 세부내용을 공시하지 않았다. 또한 은행들이 발행한 자본증권의 구체적인 약관도 공시하지 않았다. 여기에 더하여 기본자본비율에 대한 시장신뢰가 상실됨에 따라 은행들은 그 계산방법에 대한 아무런 설명도 없이 'core Tier 1 비율', 'equity Tier 1 비율' 등을 제시하기 시작했다. 이로 인해 은행 간 자본충실도 비교는 더욱 어려워졌다.

　이상과 같이 기존의 규제자본체계는 자본의 질, 일관성 및 투명성이 크게 부족하였으며, 이는 규제자본에 대한 시장신뢰를 상실케 하는 주요 원인이 되었던 것이다. 따라서 새로운 규제자본체계의 설계는 자본의 질, 일관성 및 투명성을 제고하는 것에서부터 출발할 것이 요구되었던 것이다.

III. 바젤Ⅲ 규제자본체계 개편의 주요 내용

1. 개 요

금융위기 과정에서 드러난 기존 규제자본체계의 가장 큰 문제점은 자본의 손실흡수능력 부족, 즉 자본의 질의 저하였다. 이러한 인식 하에 바젤위원회는 규제자본의 질, 일관성 및 투명성을 강화하기 위해 규제자본체계를 전면적으로 재설계하고자 하였다. 새로운 규제자본체계는 보통주와 유보이익이 규제자본의 지배적 부분이 되도록한 시드니협약의 정신을 확대 계승함과 아울러 이를 실현하기 위한구체적인 방안을 제시한 것으로 이해할 수 있다. 새로운 규제자본체계, 즉 바젤Ⅲ의 근간은 다음과 같이 정리할 수 있다.

우선, 보통주자본(common equity Tier 1)이라는 개념을 신설하고 이에 대한 규제비율을 새로이 마련하였다. 이에 따라 규제자본비율은 x, y에서 x, y, z로, 즉 기존의 2개에서 3개로 늘어나게 되었다. 바젤Ⅱ에서 기본자본비율(기본자본/위험가중자산 ≥ $x\%$, $x=4\%$)과 총자본비율((기본자본+보완자본)/위험가중자산 ≥ $y\%$, $y=8\%$)로 구성되었던 최저자본비율체계는 바젤Ⅲ에서는 보통주자본비율 (보통주자본/위험가중자산 ≥ $x\%$), 기본자본비율((보통주자본+기타기본자본)/위험가중자산 ≥ $y\%$), 및 총자본비율((기본자본+보완자본)/위험가중자산≥ $z\%$)로 개편되었다. 그리고 규제비율(x, y, z)의 수준을 결정함에 있어서는 보통주자본이 규제자본

의 지배적인 비중을 차지하도록 하였다.[3]

둘째, 보통주자본, 기타 계속기업 관점의 기본자본(Tier 1 additional going concern capital) 및 보완자본(Tier 2) 등 자본의 인정기준을 대폭 강화하였다. 보통주자본은 자본의 구성요소 중 질적 수준이 가장 높은 부분으로써 모든 자본조달수단 중 가장 후순위이고, 손실흡수능력이 뛰어나며, 배당금 지급에 있어 완전한 유연성을 가지고, 만기가 없을 것이 요구되었다. 특히 보통주자본을 구성하는 핵심요소인 보통주(common stock)는 이와 같은 요건을 완전히 충족시켜야 한다는 점이 명시되었으며, 레버리지를 증가시키거나 위기상황에서 계속기업으로서의 지위를 위협할 수 있는 어떠한 조건도 포함해서는 안된다는 점이 명확히 되었다.

종전에 기본자본과 보완자본을 구성하였던 부채성 자본증권(debt capital instrument) – 기본자본을 구성하였던 우선투자증권 및 보완자본을 구성하였던 후순위채권 등 – 에 대한 인정요건도 대폭 강화되었다. 새로운 규제체계 하에서 우선주를 포함하여 부채성 자본증권은 어떠한 경우에도 보통주자본으로는 인정되지 않게 되었다. 뿐만 아니라 다수의 자본증권이 기타기본자본 또는 보완자본으로도 인정받지 못하게 되었다.

예를 들어 스텝업 특징을 가진 자본증권은 바젤II에서는 15% 한도 내에서 기본자본으로 인정받았으나, 바젤III에서는 이를 단계적

3_이러한 원칙은 x,y,z의 규제비율 수준을 결정하는 방식에도 영향을 미쳤다. 즉 바젤위원회는 보통주자본비율(x)을 4.5%로 먼저 결정하고 난 이후, 보통주자본이 기본자본의 75%를 차지하도록 하는 수준에서 기본자본비율(y)을 결정하였다.

으로 자본에서 배제(phasing-out)토록 하였다. 또한 시장리스크 커버 목적으로 Tier 3 자본으로 허용되었던 원만기 5년 미만의 후순위채권도 더이상 보완자본으로 인정받지 못하게 되었다. 이러한 인정요건의 강화로 보완자본의 구조가 단순화되었다. 보완자본은 종전에는 upper Tier 2, lower Tier 2 및 Tier 3 등으로 나뉘어져 있었으나 새로운 규제체계에서는 이를 Tier 2로 단일화, 단순화되었다.[4]

셋째, 자기자본에 대한 공제항목을 바젤II에서는 기본자본 또는 보완자본에 대해 적용하고 있었으나 바젤III에서는 보통주자본에 대하여도 엄격한 자본인정기준을 마련하여 실질적 자본가치가 없는 항목들을 공제토록 하였다. 공개초안에서는 12개에 이르는 공제항목을 제시하였으며, 이를 엄격히 적용할 경우 자본의 질적 수준이 획기적으로 개선될 것으로 평가되었다. 요컨대 공제항목에 대한 기준 강화는 새로운 규제자본체계 설계에 있어 핵심적인 요소의 하나로서 추진되었다. 그러나 이는 곧 새로운 규제체계 하에서 은행의 자본비율이 크게 하락할 수밖에 없으며, 따라서 은행들이 막대한 규모의 보통주자본을 새로이 조성해야 함을 의미하였다. 따라서 공개초안의 공제항목 적용방안은 글로벌 은행업계로부터 광범위한 반발을 불러 일으켰으며, 바젤위원회 회원국 내에서도 많은 이견이 제기되었다. 공제항목 적용방안은 자본규제강화와 관련된 이슈 중에서 마지막까지 그리고 가장 치열하게 논의를 거듭한 분야라고 할 수 있다. 공제항목

4_일부 국가에서는 규제자본이 최대 7개의 계층으로 나뉘어져 있었다. 예를 들어 영국의 경우 규제자본체계는 Core Tier 1, Non-innovative Tier 1, Innovative Tier 1, Upper Tier 2, Lower Tier 2, Upper Tier 3, Lower Tier 3 등으로 나뉘어져 있었다.

에 대한 기준강화의 주요 내용과 그 논의과정에 관해서는 뒤에서 상세히 언급하였다.

넷째, 규제자본의 실질적인 손실흡수능력을 확충하고, 손실분담을 통해 투자자의 도덕적 해이를 축소하며, 상대적으로 저렴한 자본조달수단을 제공하기 위해 조건부자본(contingent capital) 제도를 도입하였다. 조건부자본이란 사전에 약정한 트리거(trigger event) 발동 시 보통주 전환 또는 상각을 통해 규제자본을 질적, 양적으로 강화하는 제도를 의미한다. 바젤위원회가 도입한 조건부자본은 크게 청산관점의 조건부자본(gone-concern contingent capital)과 계속기업관점의 조건부자본(going-concern contingent capital)으로 구분된다. 이에 대하여는 뒷부분에서 다시 언급하였다.

마지막으로, 공개초안은 규제자본의 투명성과 시장규율 제고를 위해 은행이 공시하여야 할 항목을 다음과 같이 제시하였다.

- 감사받은 대차대조표와 규제자본 구성요소 간의 조정내역을 완전하게 공시
- 모든 공제항목 및 공제대상에서 제외된 항목에 대한 별도의 공시
- 각종 한도에 대한 설명과 동 한도가 적용된 항목을 구분하여 공시
- 발행된 자본조달수단의 주요 특징에 대한 설명 공시
- 각 규제자본비율(보통주자본비율, 기본자본비율, 보완자본비율 등)과 동 비율을 계산하는 방법에 대한 설명을 함께 공시

또한 이와 함께 규제자본에 포함된 모든 자본조달수단의 약관을 웹사이트에 완전히 공시토록 하였으며, 이행기간 중의 자본 구성항

목도 별도로 공시토록 하였다.

바젤II와 바젤III 규제자본체계 비교

	현행 바젤II	새로운 바젤III
규제비율 상향조정	• BIS자기자본비율 ≥ 8% • Tier 1 비율 ≥ 4% 　(보통주자본비율 ≥ 2%)	• 총자본비율 ≥ 8%+2.5%+α+ß • Tier 1 비율 ≥ 6%+2.5%+α+ß • 보통주자본비율 ≥ 4.5%+2.5%+α+ß
자본인정 기준강화 (공제항목 강화)	• 자본의 인정요건이 명시적이지 않고 　공제항목이 국제적으로 일관성이 없 　어 자본의 과대계상 소지	• 자본종류별 인정요건 설정 　– 영구성, 손실흡수능력, 후순위성 등 　– 필요시 보통주전환 성격 의무화 • 자본 공제항목을 엄격히 규정
완충자본 도입	• 최저자본비율만 규제	• 완충자본 신규 도입 　– 자본보전완충자본 (고정형) 　– 경기대응완충자본 (변동형)

α = 경기대응완충자본, ß = 시스템적 추가자본

2. 자본의 인정요건 강화

(1) 보통주자본

보통주자본은 적격요건을 충족하는 보통주, 보통주 발행시 발생하는 자본잉여금, 이익잉여금, 기타 포괄손익누계액, 소수주주지분 및 공제항목의 일부 등으로 구성된다.[5] 특정 증권이 지배적 기본자본(predominant form of Tier 1), 즉 보통주자본으로 인정되기 위해서는 14가지 요건을 충족하여야 한다. 이들 요건에서 나타나고 있는 바와 같이 보통주자본의 손실흡수능력은 청구권의 최후순위성(1~2), 원본

5_공개초안에서는 소수주주지분 및 공제항목을 보통주자본으로 인정하지 않았으나 2010년 7월의 수정안에서 이들의 일부가 보통주자본으로 허용되었다.

의 영구성(3~4), 이익분배의 완전한 유연성(5~7), 우선적 손실흡수기능(8) 및 납입금의 실효성(9~12) 등에 의해 확보된다.

국제영업은행의 대다수를 차지하고 있는 주식회사[6](joint stock company)의 경우에는 이들 요건이 보통주에 의해 충족되어야 하며, 무의결권부 보통주의 경우에는 의결권을 제외한 모든 요소들이 의결권을 가진 보통주와 완전히 동일하여야 한다. 한편, 비주식회사(non-joint stock company) 형태의 은행[7]에 대해서는 특수한 정관과 법적 구조를 감안하여 적용하되 보통주자본과 동일한 질과 손실흡수능력을 갖도록 함과 아울러 동 적용이 국제적으로 일관성 있게 이루어질 수 있도록 감독 당국 간 적용기준에 관한 정보교환이 이루어져야 한다.

보통주자본의 인정 요건

후순위성	1	청산시 청구권이 가장 후순위일 것
	2	청산시 모든 선순위 채권이 상환된 이후 납입자본의 지분에 비례하여 잔여재산에 대한 청구권을 가질 것(즉 청구권이 가변적이며 상환이 없을 것)
영구성	3	원본은 영구적이며 청산시를 제외하고는 상환되지 않을 것(단, 각국의 법률이 허용하는 범위 내에서 재량에 의한 자사주 재매입 또는 법률에 허용된 재량적 방법에 의한 자본 감소는 허용)
	4	발행 당시 주식재매입(buy back), 주금상환(redemption), 발행취소(cancellation)에 대한 기대를 형성해서는 안되며 법령이나 계약조건으로 그러한 기대를 발생시킬 수 있는 속성을 부여하여서는 안됨
이익분배	5	배당은 이익잉여금 등 배당가능 항목에서 지급되어야 하며, 발행 당시에 배당수준을 액면금액에 연계하거나 배당에 관한 계약상 한도를 설정할 수 없음
	6	배당은 의무가 아니며, 따라서 무배당은 부도사유가 아님
	7	모든 법적, 계약상 채무가 이행되고, 선순위 채권에 대한 지급이 완료된 이후에 배당이 이루어질 것

6_공개 비공개를 불문하고 보통주 주식을 발행한 회사를 의미한다.

7_상호은행(mutuals), 협조은행(cooperatives), 저축은행(savings) 등.

손실 흡수	8	납입자본은 손실을 최우선적으로 흡수해야 하며,[8] 보통주자본 내에서는 모든 자본 항목이 계속기업의 가정하에 균등하게 비례적으로 손실을 흡수할 것
납 입 금	9	자본잠식(balance sheet insolvency) 여부 판단시 납입금(paid in amount)은 부채가 아닌 자본으로 인식할 것
	10	납입금은 회계기준에서 자본(equity)으로 분류될 것
	11	보통주는 직접 발행되고, 직접 납입되어야 하며, 은행은 보통주 매입을 위한 직·간접의 자금지원을 할 수 없음
	12	납입자금에 대해 청구권의 변제순위를 법적, 경제적으로 강화하는 요건이나 발행은행 또는 관계회사[9]에 의한 담보제공, 보증이 없을 것
절차	13	보통주는 주주총회로부터 직·간접의 승인에 의해 발행될 것. 간접 승인은 이사회 또는 주주총회가 승인한 대리인에 의해 이루어질 것
공시	14	보통주는 은행 대차대조표에 항목별로 명확하게 공시할 것

(2) 기타기본자본

특정 증권이 기타기본자본(additional Tier 1 capital)에 포함되기 위해서는 아래의 14개 인정요건을 충족하여야 한다. 이들 요건에서 나타나는 바와 같이 기타기본자본은 납입의 실효성(1), 후순위성(2~3), 영구성(4~6), 배당재량권(7~9), 자금의 조달 및 사용에 관한 요건(12~14) 등을 통해 계속기업 관점(going-concern)에서 손실흡수능력을 확보토록 하였을 뿐만 아니라 파산관점(gone-concern)에서도 손실흡수능력(10~11)을 갖도록 하였다. 기타기본자본은 보통주자본과 보완자본의 중간적 성격을 가진다. 인정요건 중 영구성과 배당재량권은 보통주자본의 인정요건에 근접하는 반면, 후순위성, 자금의 조달

8_제3장에서 설명하는 바와 같이 기타기본자본 및 보완자본이 영구적 상각의 특성을 갖더라도 보통주자본은 동 기준을 충족하여야 한다.

9_관계회사(related entity)에는 모회사(parent company), 자매회사(sister company), 자회사 또는 기타 계열사(affiliate)가 포함된다. 지주회사의 경우에는 연결은행그룹에 속하는지 여부에 관계없이 관계회사에 포함된다.

및 사용, 청산 시점의 손실흡수기능 등은 보완자본의 인정요건에 더 가깝다고 할 수 있다.

기타기본자본은 아래의 적격요건을 충족하는 증권, 기타기본자본 증권 발행시 발생하는 자본잉여금, 소수주주지분 및 공제항목의 일부 등으로 구성된다.

기타기본자본의 인정 요건

납입	1	발행되고 전액 납입되었을 것
후순 위성	2	예금자, 일반 채권자, 후순위 채권자보다 후순위일 것
	3	자본증권에 대해 청구권의 변제순위를 법적, 경제적으로 강화하는 요건이나 발행 은행 또는 관계회사에 의한 담보제공, 보증이 없을 것
영 구 성	4	영구적일 것. 예를 들어 만기가 없고, 금리상향조정(step-up) 등 상환유인이 없을 것[10]
	5	조기상환옵션은 최소 5년 경과 후 발행자에 의해서만 행사 가능하며 다음 요건을 충족할 것: (1)옵션 행사는 감독기관의 승인을 득할 것, (2)은행은 옵션이 행사될 것이라는 어떠한 기대도 제공하지 않을 것, (3)옵션 행사 이후 유사하거나 보다 양질의 증권으로 교체하고, 자본수준이 최저규제수준[11]을 크게 상회할 것
	6	원금상환(재매입 또는 주금상환)은 감독기관의 사전 승인이 필요하며, 이에 대한 시장기대를 갖도록 해서는 안됨
배 당 재 량 권	7	배당/이자지급의 임의성: (1)은행은 언제든지 배당/이자지급의 취소 권한을 보유할 것, (2)배당/이자지급의 취소가 부도사건으로 간주되어서는 안 됨, (3)배당/이자지급의 취소로 확보된 자금을 채무상환에 상환할 수 있을 것, (4)보통주 주주에 대한 배당 관련 사항을 제외하고는 배당/이자지급의 취소를 이유로 은행에 제약을 부과해서는 안됨
	8	배당/이자지급은 배당가능 항목에서 지급될 것
	9	배당/이자의 지급조건이 발행 은행의 신용도에 연계되어 조정되지 않을 것

10_여기에서 콜옵션 기일에 즈음해서 보통주 전환조항이 함께 있다면 이를 상환유인으로 간주해야 하는지 여부가 쟁점으로 부각되었다. 이에 대해 바젤위원회는 보통주 전환조건 자체는 상환유인이 아니지만 콜옵션과 함께 있다면(conversion features tagged with call option) 상환유인이 될 수 있다고 결론을 내렸다.

11_감독 당국이 요구하는 최저규제자본(Pillar 1에 의한 최저규제자본 + Pillar 2상의 추가 규제자본)을 의미한다.

청산 시점 손실 흡수	10	파산법상 파산 여부 판정시(balance sheet test) 자산을 초과하는 부채에 해당하지 않을 것
	11	회계상 부채로 분류되는 자본증권은 사전에 정한 조건에 의해 보통주 전환 또는 상각을 통해 원본에 대한 손실흡수능력을 가질 것. 여기에서 상각은 다음의 효과를 가짐:(1)청산시 청구권의 감소, (2)조기상환옵션 행사시 상환 금액의 감소, (3)배당금/이자 지급액의 전부 또는 일부의 감소
자금 조달 및 사용	12	은행 및 관계자(은행이 통제력·영향력을 갖는 제3자)가 자본증권을 매입하지 않을 것. 또한 은행이 자본증권의 매입자에게 직·간접으로 자금지원을 하지 않을 것
	13	증자를 제약하는 요인이 없을 것(향후 일정기간 이내에 새로운 자본증권을 더 낮은 가격에 발행할 경우 투자자에게 보상을 약속하는 조항 등)
	14	연결그룹 지주회사 또는 운영회사[12]에서 발행되지 않은 자본증권의 경우(예: 특수목적회사SPV에서 증권을 발행한 경우), 그 발행대금(proceeds)을 연결그룹 지주회사 또는 운영회사가 아무런 제약 없이 즉시 이용할 수 있을 것

(3) 보완자본

보완자본(tier 2 capital)은 청산(gone-concern)의 가정 하에서 손실흡수능력을 확보하는 것을 목적으로 한다. 새로운 규제기준은 보완자본으로 인정되기 위해 자본조달수단이 충족하여야 할 9개 항목의 인정요건을 제시하였다. 기타기본자본의 인정요건과 비교하여 보완자본의 인정요건은 후순위성은 거의 같으나 배당재량권과 만기에 있어 차이를 보인다. 보완자본의 인정요건 중에서 가장 핵심적인 것은 발행 당시의 원만기가 최소 5년이어야 하며, 잔존만기가 5년 이내인 경우에는 점차적으로 규제자본에서 상각토록 한 것이다. 바젤위원회는 이를 통해 은행들이 잔존만기가 5년을 초과하는 후순위채를 발행하도록 유도하고자 하였다.

12_운영회사란 이익 추구를 목적으로 고객과의 사업을 영위하기 위해 설립된 회사를 지칭한다.

보완자본은 아래의 적격요건을 충족하는 자본증권, 보완자본증권 발행시 발생하는 자본잉여금, 소수주주지분의 일부, 공제항목의 일부, 대손충당금[13]의 일부 등으로 구성된다.

보완자본의 인정요건

납입	1	발행되고 전액 납입되었을 것
후순 위성	2	예금자 및 일반 채권자에 비해 후순위일 것
	3	자본증권에 대해 청구권의 변제순위를 법적, 경제적으로 강화하는 요건이나 발행 은행 또는 관계회사에 의한 담보제공, 보증이 없을 것
만 기	4	원만기가 최소 5년 이상이고, 잔존만기 5년 미만시 정액 상각하여야 하며, 금리상 향조정(step-up) 등 상환유인이 없을 것[14]
	5	조기상환옵션은 최소 5년 경과 후 발행자에 의해서만 행사 가능하며 다음 요건을 충족할 것: (1)옵션 행사는 감독기관의 승인을 득할 것, (2)은행은 옵션이 행사될 것이라는 어떠한 기대도 제공하지 않을 것, (3)옵션 행사 이후 유사하거나 보다 양질의 자본증권으로 교체하고, 자본수준이 최저규제수준[15]을 크게 상회할 것
	6	파산 · 청산을 제외하고 투자자는 원리금 상환기일을 단축할 권리가 없을 것
배당	7	배당/이자지급 조건이 발행 은행의 신용도에 연계되어 조정되지 않을 것

13_표준법을 사용하는 은행의 경우 신용위험가중자산의 1.25% 이내에서 일반 준비금/대손충당금(특정 자산/부채의 부실화에 대비한 준비금은 제외)을, 그리고 내부등급법을 사용하는 은행의 경우 대손충당금이 예상대손액을 상회하는 경우 그 차액을 신용위험가중자산의 0.6% 이내에서 보완자본으로 포함할 수 있다.

14_이와 관련하여 최저만기가 실질적으로 5년을 초과하더라도 상환유인이 있으면 보완자본으로 인정받을 수 없는지 여부가 쟁점으로 부각되었다. 예를 들어 원만기가 10년이나 콜옵션 및 금리상향조건으로 실질만기가 6년인 경우, 동 증권은 논리적으로 원만기 5년짜리 보완자본보다 양호하므로 보완자본으로 인정받을 수 있다는 견해가 제기되었다. 그러나 바젤위원회는 상환유인이 있는 증권은 무조건 자본으로 불인정한다는 원칙 하에 동 증권을 보완자본으로 불인정하였다. 따라서 보완자본으로 인정받으려면 원만기 10년, 실질만기 6년인 증권을 발행하지 말고, 원만기 6년인 증권을 발행하여야 한다.

15_감독 당국이 요구하는 최저규제자본(Pillar 1에 의한 최저규제자본 + Pillar 2상의 추가 규제자본)을 의미한다.

자금 조달 사용	8	은행 및 관계자(은행이 통제력 · 영향력을 갖는 제3자)가 자본증권을 매입하지 않을 것. 또한 은행이 자본증권의 매입자에게 직 · 간접으로 자금지원을 하지 않을 것
	9	연결그룹 지주회사 또는 운영회사에서 발행되지 않은 자본증권의 경우(예: SPV에서 증권을 발행한 경우), 그 발행대금(proceeds)을 연결그룹 지주회사 또는 운영회사가 아무런 제약없이 즉시 이용할 수 있을 것

3. 공제항목 처리기준의 강화

(1) 소수주주지분 및 기타 제3자에 귀속하는 자본

소수주주지분(minority interest)은 연결그룹 자회사에 대한 소수주주의 지분을 나타내는 것으로 기존의 바젤II에서는 연결그룹의 기본자본비율 산출시 이를 자본에 포함토록 하고 있었다. 그러나 2009년 12월의 공개초안에서는 자회사의 소수주주지분이 연결그룹 전체의 위험을 흡수하는 데는 사용할 수 없다는 인식에 따라 이를 보통주자본에서 전액 공제토록 하였다. 이와 같은 소수주주지분의 전액 공제방안은 은행업계, 특히 규제자본 중 소수주주지분의 비중이 높은 유럽계 은행으로부터 강한 반발을 불러일으켰다. 자회사의 위험가중자산은 전액 연결기준으로 인식하면서 자회사의 보통주자본은 모그룹의 규제자본으로 전혀 인정하지 않는 것은 형평성에 어긋난다는 것이 그 이유였다.

이에 따라 2010년 7월의 수정안에서는 은행업계의 의견을 일부 받아 들여 은행 자회사의 소수주주지분 중 일부를 모그룹의 자본으로 인정하도록 허용하였다. 즉 최저규제수준을 초과하는 자본(잉여자본)에 대해서만 소수주주지분 해당액만큼 모그룹의 자본에서 공제토록 하였다.[16] 동 잉여자본 중 소수주주지분 해당액은 자회사의 외부 투자자에게 귀속되는 것으로 언제든지 외부로 유출(예: 배당금 지급 등)될 가능성이 있기 때문에 모그룹의 손실을 흡수하는 데에는 사용할 수 없다는 점을 명확히 한 것이다. 또한 모그룹이 특수목적회사(SPV) 등을 이용하여 직·간접으로 은행 자회사에 대한 소수주주지분 투자에 자금을 공여하는 경우에는 이를 모그룹의 보통주자본에서 전액 제외토록 하였다. 은행 자회사의 소수주주지분이 모그룹의 보통주자본으로 인정받기 위해서는 진정한 외부투자자에 의한 투자금이어야 함을 분명히 한 것이다.

이와 같은 2010년 7월의 기준완화에도 불구하고 소수주주지분과 관련한 이슈가 지속적으로 제기되었다. 우선, 소수주주지분을 발생시키지 않는 부채성 자본조달수단에 대하여도 소수주주지분을 발생시키는 주식형태의 자본조달수단과 일관성있는 처리를 할 필요성이 제기되었다. 이에 따라 바젤Ⅲ 기준서에서는 규제자본의 각 층별(보통주자본, 기본자본, 총자본 등)로 소수주주지분이 모그룹의 자본에 포함/공제되도록 허용하였다.

둘째, 소수주주지분의 적용과 관련한 최저규제자본에 자본보전완충자본을 포함하자는 의견이 제기되었다. 이에 대하여 일부 회원국들이 자회사의 자본보전완충자본 중 소수주주에 귀속하는 부분은 배

16_구체적으로 은행자회사의 소수주주지분 중 모그룹의 보통주자본으로 인정되는 부분은 다음과 같이 표현할 수 있다: 총소수주주지분-소수주주지분비율 × [자회사의 총보통주자본 - Min(자회사의 최저보통주자본 + 자본보전완충자본, 연결기준 최저 보통주자본+자본보전완충자본 중 자회사 해당분)]. 기본자본 및 총자본의 경우에도 동일한 방식으로 계산된다.

당금의 형태로 외부로 유출될 가능성이 있을 뿐만 아니라 자본보전 완충자본이 사실상의 최저규제기준이라는 잘못된 인식을 줄 수 있다는 점 등을 근거로 반대하였다. 그러나 유럽계 회원국의 강력한 주장에 따라 바젤Ⅲ 기준서는 소수주주지분 중 자본보전완충자본까지 포함하는 최저규제자본 해당액에 대하여 모그룹의 자본으로 인정토록 하였다.

셋째, 유럽계 회원국들은 소수주주지분의 인정대상이 되는 자회사의 범위에 은행과 동일한 수준의 감독 및 자본규제를 적용받는 자회사(유럽의 투자회사 등)를 포함할 것을 주장하였다. 이에 따라 일부 회원국이 규정의 남용 가능성 등 우려를 제기하였음에도 불구하고 바젤Ⅲ 기준서에는 이와 같은 주장을 반영하여 자회사의 범위를 확대하였다. 일부 회원국은 비은행 자회사도 소수주주지분 인정 대상에 포함하자는 의견을 제시하였으나, 비은행 자회사의 경우 최저자본규제의 적용을 받지 않아 그 인정의 명분이 없는데다 지나친 규제완화로 비춰질 수 있다는 점이 우려되어 받아들여지지 않았다. 한편, 특수목적회사(SPV)를 통해 발행된 자본의 경우 보통주자본으로는 인정받지 못하지만(SPV는 은행이 아님) 관련 인정요건을 모두 충족하는 것을 전제로 기타기본자본 및 보완자본으로 인정되도록 허용하였다.

이와 같이 소수주주지분에 대한 규제기준은 2010년 7월의 대타협 과정에서 이를 부분적으로 자본으로 인정하는 방향으로 완화되었을 뿐만 아니라 그 이후에 산출방법 등 세부적인 절차를 논의하는 과정에서도 소수주주지분의 자본인정 범위를 확대하는 방향으로 기준이 제정되었다. 이는 유럽계 은행과 이를 대변하는 유럽계 회원국의 끈

질긴 주장이 반영된 결과라고 하겠다.

(2) 이연법인세자산

공개초안에서는 미래이익에 실현가능성을 의존하는 이연법인세자산(DTA)은 이연법인세부채(DTL)와 상계 후 잔액을 보통주자본에서 공제토록 하였다. 이는 이연법인세자산은 은행이 대규모 손실을 시현하는 위기상황에서는 즉각적으로 상각될 수 있기 때문에 예금자를 보호하고 지급불능을 방지하는 최종 재원으로는 활용할 수 없다는 인식에 따른 것이다. 물론 미래이익에 실현가능성을 의존하지 않는 이연법인세자산(예: 과세당국 선급세액)은 과세당국에 대한 채권이므로 당연히 자본에서 공제하지 않도록 하였다.

이와 같은 공개초안에 대하여 미래이익에 의존하는 모든 이연법인세자산을 공제토록 한 것은 지나치게 과도하다는 비판이 제기되었다. 이연법인세자산은 계속기업의 가정 하에서는 일정한 가치(미래의 세금 감소)를 가지는 것인데, 이를 전부 부정하는 것은 계속기업의 가정 자체를 부정한다는 것이 그 논거였다. 또한 보수적인 조세정책을 가진 국가일수록 이연법인세자산이 크게 되어 결과적으로 규제자본이 더 크게 감소하는 불공정한 점도 지적이 되었다.

이에 따라 2010년 7월의 수정안에서는 회계-세무상 차이(timing difference)에 의해 일시적으로 발생한 이연법인세자산(대손충당금 또는 시장성 자산에 대한 상각금 등)은 보통주자본의 10% 범위 이내에서 공제 대상에서 제외토록 하였다. 여기에서 회계-세무상 차이에 의한 이연법인세자산을 전액 공제할 경우 충당금 적립 유인이 감소[17]하게 되고 이에 따라 경기순응성이 확대될 수 있다는 점도 고려되었다. 그러나 영업손실과 관련된 다른 모든 이연법인세자산(loss carry forward DTA 등)은 공개초안과 동일하게 이연법인세부채와 상계[18] 후 전액 공제대상에 포함토록 하였다.

(3) 비연결 타금융회사에 대한 중대한 투자

공개초안은 은행, 보험 등 비연결 타 금융회사에 대한 자본의 이중계상(double counting of capital)을 방지·제한하기 위해 이들 금융회사에 대한 투자지분의 공제 관련 규제를 강화하는 방안을 마련하였다. 첫째, 상호보유지분(reciprocal cross holdings)은 상응공제방식(corresponding deduction approach)에 따라 전액 공제토록 하였다. 둘째, 여타 투자지분은 일정 한도 초과시에 상응공제방식에 따라 전액 또는 초과분을 공제토록 하였다: (1) 은행의 타금융회사 규제자본에 대한 투자금액의 총액이 타금융회사 보통주자본의 10%를 초과하는 중대한 투자의 경우(significant investment)에는 동 투자의 전체금액을 은행의 자본에서 공제토록 하였다.[19] (2) 타금융회사의 규제자본에 대한 투자금액의 총액이 10% 이하인 중대하지 않은 투자에 대하여는 그 투자금액의 전체 합계가 은행 보통주자본(공제항목 적용 후 기

17_세무당국이 인정하는 수준을 초과하여 충당금을 적립한 경우 과세소득으로 가산되어 이연법인세자산이 증가하므로 이를 보통주자본에서 전액 차감하면 충당금 적립 유인이 축소될 가능성이 있다.

18_이연법인세부채와 이연법인세자산의 상계는 조세국가 및 조세당국이 동일하고, 관련 조세당국이 허용하는 등 엄격한 조건 하에 가능하다.

19_참고로 현행 국내 금융자회사 기준은 지분율 15% 이상이다.

준)의 10%를 초과하는 경우에 동 초과분을 은행의 자본에서 공제토
록 하였다.[20]

여기에서 상응공제방식이란 투자액의 공제를 총자본이 아니라 자
본의 각 층별(보통주자본, 기본자본, 총자본 등)로 적용하는 방식을 의미
한다.[21] 즉 보통주 투자시 자행의 보통주자본에서 공제하고, 기본자
본, 보완자본에 투자시 자행의 기본자본, 보완자본에서 각각 공제함
을 의미한다. 이는 특정 금융기관에 손실 발생시 동 금융기관에 투자
한 모은행의 자본에 즉각적인 손실이 초래되는 것을 방지하는 효과
가 있다. 바젤위원회는 이와 같은 장치를 통해 금융충격 발생시 은행
산업의 복원력을 높이고 시스템리스크와 경기순응성의 완화를 도모
하고자 하였다. 한편, 공제의 대상이 되는 지분은 은행이 직접(은행계
정 및 트레이딩 계정의 보통주 자기주식) 또는 간접(인덱스 증권을 통해 보유한
자기주식[22])으로 보유한 모든 지분을 포괄한다.

2010년 7월의 수정안은 이상과 같은 공제관련 규제의 큰 틀을 수
용하면서 공개초안의 규정을 다음과 같이 완화하였다.

첫째, 공개초안에서는 거래상대방 리스크가 없는 경우에만 매도

20_여기에서 자본으로 인정되는 10% 이내의 금액에 대하여는 종전과 같이 위험가중
　치를 적용하도록 하였다. 즉 은행계정의 투자지분은 표준법 또는 내부등급법에
　의해 처리되며, 트레이딩계정의 투자지분은 시장리스크 기준에 따라 처리된다.
21_예를 들어 투자지분의 합계가 은행 보통주 자본의 10%를 초과하는 경우 공제금
　액은 다음과 같이 계산된다: 보통주자본 공제금액 = 10% 초과분 × (보통주 투
　자금액/총투자금액). 기타기본자본 및 보완자본도 동일한 방식으로 계산된다.
22_인덱스증권은 투자내역을 일일이 확인하는 것이 부담이 되며 시장유동성을 감소
　시킬 우려가 있으므로 공제대상에서 제외하자는 의견이 있었으나 투자지분의 보
　유경로에 관계없이 일관성을 유지할 필요성이 제기되어 공제대상에 포함되었다.

포지션을 공제대상(투자지분)에서 상계토록 하였는데, 수정안에서는 거래상대방 제한을 삭제하여 매도포지션에 의한 상계를 광범위하게 허용하였다. 다만, 이 경우에도 매도·매수포지션의 기초자산이 동일하고 매도포지션의 만기가 매수포지션과 일치하거나 매도포지션의 잔존만기가 최소 1년 이상이도록 하는 조건을 부과하여 헤지에 따른 기초자산 또는 만기불일치 위험을 최소화하고자 하였다.

둘째, 증권인수업무에 따른 5영업일 이내의 보유지분(underwriting position)은 공제대상에서 제외토록 하였다. 이는 시장조성을 위해 일시적으로 보유하는 투자지분에 대해서는 예외적인 처리를 허용한 것이다.

셋째, 파산 금융기관의 정리과정에서 발생한 투자지분에 대하여는 감독 당국의 승인하에 일시적으로 공제대상에서 제외하는 것을 허용하였다.

마지막으로, 가장 중요하게 논의된 사항으로서 '10% 초과 중대한 타금융회사 투자지분(significant investment)'과 관련하여 공개초안에서는 투자지분의 전체 금액을 공제토록 한 데 반해 수정안에서는 타금융회사의 보통주에 투자한 경우에 한하여 은행 보통주자본의 10% 범위 내에서 자본으로 인식(공제대상에서 제외)토록 허용하였다. 한편, 보통주를 제외한 기타 자본(기타기본자본 및 보완자본)에 투자한 지분의 경우에도 공제 예외를 허용하자는 견해를 일부 회원국에서 제기하였으나 공개초안과 동일하게 상응공제방식에 의해 전액 공제하는 것으로 결론을 내렸다.

이와 같이 비연결 타금융회사 투자지분의 공제요건을 완화함과 아울러 바젤위원회는 무분별한 공제 제외를 방지하기 위한 장치도 마련하였다. 우선, 타금융회사의 자본증권이 자본(보통주자본, 기타기본자본, 보완자본)의 인정요건을 충족하지 못하는 경우에는 상응공제방식을 적용하지 않고 투자지분 전액을 은행의 보통주자본에서 공제하도록 하였다. 이는 공제요건을 엄격히 적용하여 타금융회사에 대한 무분별한 투자를 제한하고자 한 바젤위원회의 의도를 나타내는 것이다. 또한 해당 층(Tier)의 자본이 타금융회사 투자지분을 공제하기에 부족한 경우에는 상위 층의 자본에서 공제토록 하였다. 예를 들어, 기본자본이 불충분한 경우에는 보통주자본에서 공제토록 하였다.

(4) 무형자산

기존의 바젤 II 하에서는 무형자산 중 영업권만이 기본자본으로부터 공제되었으나, 공개초안에서는 영업권을 포함한 모든 무형자산(소프트웨어 등)을 보통주자본에서 공제토록 하였다.[23] 이는 스트레스나 부도 상황에서는 무형자산이 양(+)의 실현가치를 가질 수 있을지 여부가 불확실하기 때문이다. 특히 영업권의 경우에는 인수합병을 통해 성장한 은행이 자체 성장한 은행에 비해 동일한 자산부채를 보유하였음에도 자본이 더 많아지는 불공정한 점을 시정하기 위해 보통주자본에서 공제할 필요성이 제기되었다.

대부분의 회원국은 무형자산의 전액 공제라는 공개초안의 원칙에 전적으로 찬성하였으나 논의 과정에서 공개초안은 두 가지 점에서

23_국내은행의 경우에는 기존에도 전체 무형자산을 기본자본에서 공제하고 있었다.

완화되었다. 우선, 미국의 요구에 의해 은행 보통주자본의 10% 한도 이내에서 모기지서비스권리(MSR: Mortgage Servicing Right)를 보통주자본으로 인정토록 허용하였다. MSR이란 금융기관이 주택저당대출(home mortgage loan)을 매각하거나 유동화한 이후에 동 채권에 대하여 원리금 수취, 연체관리 등의 제반 채권관리 서비스를 제공하는 대가로 향후 수수료를 수취할 수 있는 계약상의 권리를 나타내는 것으로서 미국의 일반회계기준(GAAP)에서는 이를 기타 무형자산으로 분류하고 있다. 주택저당대출의 증권화가 일반화되어 있는 미국에서는 MSR이 은행 자산의 상당 부분을 차지하고 있으며, 이에 따라 미국 은행업계는 MSR을 전액 공제대상에 포함토록 한 공개초안에 대하여 강력한 반대를 표명하였던 것이다.[24]

둘째, 무형자산과 관련하여 제기된 또 다른 이슈는 국가별로 무형자산의 분류에 대한 회계기준이 상이하다는 점이었다. 이에 따라 무형자산으로 인식하는 자산의 범위가 넓을수록 공제대상이 커지고 그만큼 자본비율이 낮아지는 문제가 있다는 지적이 제기되었다. 국가별 회계기준의 차이에서 오는 이와 같은 불공정성을 해소하기 위해 수정안에서는 무형자산의 처리와 관련하여 각국이 국제회계기준(IFRS)과 개별 국가의 회계기준 중에서 선택할 수 있도록 허용하였다.

(5) 3개 항목의 공제한도

이상과 같이 자본공제 관련 규제기준이 공개초안에 비해 크게 완

24_미국 은행업계는 그 근거로서 MSR이 미래 현금흐름에 기초하고 있으며, 양도가 능하고, 시장에서 매매될 수 있다는 점 등을 제시하였다.

화됨에 따라 자본의 질의 실질적인 개선효과에 대한 우려가 제기되었다. 이에 따라 바젤위원회는 다음과 같은 보완장치를 도입하였다.

첫째, 앞에서 본 바와 같이 회계-세무상 차이에 의한 이연법인세 자산, 비연결 타금융회사에 대한 10% 초과 보통주 투자지분, 모기지 서비스권리 등 3개 항목이 각각 은행 보통주자본의 10% 한도 이내에서만 보통주자본으로 인정되도록 하였다. 이들 항목이 각각 보통주자본의 10%를 초과하는 부분에 대해서는 보통주자본으로부터 공제되도록 한 것이다.

둘째, 3개 항목의 합계가 은행 보통주자본의 15%를 초과하지 않도록 제한을 두었다. 여기에서 15%의 한도 계산에 사용되는 보통주자본은 2018년 이전까지는 이들 3개 항목에 대한 공제가 이루어지기 이전,[25] 그리고 다른 모든 공제항목에 대한 공제가 이루어지고 난 이후의 기준이며, 2018년 1월부터는 모든 공제항목에 대한 공제가 이루어지고 난 이후의 기준이어야 함을 명시하였다.

셋째, 3개 항목 중 공제가 이루어지지 않은 부분, 즉 보통주자본으로 인정되는 부분에 대해서는 위험가중치를 적용하도록 하였다. 우선, 회원국들은 이들 3개 항목에 대하여 동일한 위험가중치를 부여한다는 원칙에는 쉽게 합의를 보았다. 이는 2010년 7월의 GHOS 합의문에서 이들 3개 항목을 묶어서 처리하고 있었기 때문이다. 그러나 위험가중치 수준의 결정에는 큰 난항을 겪었는데, 높은 가중치를 주장하는 견해와 낮은 가중치를 주장하는 견해가 대립하다가 결국

25_즉 3개 항목에 대한 공제 후 기준으로는 3개 항목의 합이 보통주자본의 17.65% (=15%/85%)를 초과하면 안 된다.

250%의 가중치를 적용하는 것으로 타협이 되었다.

(6) 기타 공제항목

이상과 같은 4개 항목 이외에 공개초안에 포함된 공제항목은 다음과 같다. 아래의 공제항목들에 대해서는 은행업계 및 회원국으로부터 별다른 이견 없이 공개초안의 규정이 그대로 수용되었다.

첫째, 자본잉여금은 보통주자본에 포함되는 지분으로부터 발생한 발행초과금만을 보통주자본으로 인정토록 하였다. 보통주자본에서 제외된 지분으로부터 발생한 발행초과금(예: 우선주 발행초과금)은 관련 지분이 포함되는 자본의 요소에 포함토록 하였다. 이러한 규정은 우선주 등을 낮은 액면으로 발행하여 발행초과금을 과다 계상함으로써 보통주자본을 증가시키는 등의 행위를 방지하기 위한 것이다.

둘째, 대차대조표에 인식된 미실현손익[26](채권, 주식, 대출채권, 유형자산 및 투자자산 등에 대한 공정가치 평가손익)은 인위적인 조정없이 그대로 모두 보통주자본에 포함토록 하였다. 이는 특정 미실현손익을 자기자본에서 배제하는 일부 국가의 정책이 자본(Tier 1)에 대한 신뢰성

---

[26] 미실현손실을 보통주자본에서 차감하는 것은 회권국간 쉽게 합의되었으나 미실현이익을 포함하는 것에는 합의에 상당한 난항을 겪었다. 일부 회원국은 미실현이익은 실현가능성에 의문이 있을 수 있으므로 자본에 불포함하여야 한다고 주장하였으나 일관성 있는 처리를 위해 미실현손실을 자본에서 차감하는 대신 미실현이익은 자본에 포함하는 것으로 합의가 되었다. 또한 미실현이익을 자본에 불포함할 경우 은행에게 증권의 매도를 통해 미실현이익을 실현이익으로 전환시키고자 하는 왜곡된 유인을 제공할 우려가 있다는 점도 고려되었다. 한편, 은행업계에서는 미실현손익을 전액 보통주자본에 반영하는 경우 보통주자본의 경기순응성이 심화되고, 특히 이자율 변동 등에 따라 보통주자본이 크게 변동할 가능성이 있음을 우려하였다.

을 저해한다는 점을 고려한 것이다.[27] 미실현손익을 보통주자본에 모두 포함토록 한 이 같은 공개초안의 규정은 보통주자본이 실현된 손실과 실현되지 않은 손실(미실현손실)을 모두 흡수하여야 한다는 점을 명확히 한 것이다.

셋째, 자기자본의 이중계산을 방지하기 위해 은행이 직접(은행계정 및 트레이딩 계정의 보통주 자기주식), 간접(인덱스 증권을 통해 보유한 자기주식)으로 보유한 자기주식과 미래에 보유하게 될 잠재성이 있는 자기주식(계약상 자기주식 매입의무)을 모두 보통주자본에서 공제토록 하였다. 여기에서 엄격한 조건 하[28]에 매수·매도포지션의 상계 후 순액 기준에 의한 공제를 허용하였다. 또한 기타기본자본 및 보완자본의 경우에도 자기 투자분은 동일한 방식으로 공제토록 하였다. 여기에서 바젤위원회는 일부 반대의견에도 불구하고 해지와 관련한 거래상대방 제한을 존치하기로 결정하였다. 이는 자기주식에 대한 투자의 경우에는 비연결 타금융회사에 대한 투자의 경우와 달리 보다 엄격한 공제기준을 적용한 것이라 볼 수 있겠다. 다만, 인덱스 증권을 통한 간접적 자기주식 투자의 경우에는 거래상대방 제한의 삭제를 허용하였다.

넷째, 바젤II의 내부등급법을 적용하는 은행은 신용위험으로부터

27_예를 들어 미국과 영국의 경우 매도가능채권에서 발생한 미실현이익과 미실현손실은 자기자본에서 배제하고 있었다.

28_기초자산이 동일하고 매도포지션의 거래상대방 리스크가 없으며, 매도포지션의 만기가 매수포지션과 일치하거나 매도포지션의 잔존만기 최소 1년 이상인 경우에 상계가 허용되었다. 다만, 인덱스증권을 통한 간접투자의 경우에는 거래상대방 리스크에 불문하고 기초자산이 동일하다는 조건만 충족되면 상계를 허용하였다.

발생하는 예상손실(expected losses)을 평가하도록 되어 있다. 그런데 내부등급법과 회계기준상 계산법의 차이로 인해 예상손실이 대손충당금적립액을 초과하는 경우가 발생할 수 있으며, 이에 대해 바젤II에서는 동 초과분의 절반은 기본자본에서 그리고 나머지 절반은 총자본에서 공제토록 하고 있었다. 그런데 이러한 기존 방식은 충당금적립액이 적을수록 기본자본이 더 많아지게 되어[29] 은행의 충당금 적립 유인이 감소하게 된다는 문제점을 갖고 있었다. 따라서 새로운 규제기준에서는 예상손실이 충당금적립액을 초과하는 금액의 100%를 전액 보통주자본에서 공제토록 하였다. 이를 통해 충당금이 예상손실에 미달하는 은행과 예상손실에 근접한 은행 사이에 자기자본의 차이가 발생하지 않도록 한 것이다.

다섯째, 대차대조표에 인식되어 있지 않은 향후의 예상 현금흐름의 위험회피와 관련된 평가손익은 보통주자본에서 제외토록 하였다. 이에 따라 미래 현금흐름에 대한 위험회피 평가익은 보통주자본에서 차감하고 평가손은 보통주자본에 가산하여야 한다. 이는 현금흐름 위험회피의 경우 회피대상 현금흐름의 가치변동은 인식되지 않고 파생상품 가치변동만 인식되어 보통주자본의 인위적인 변동을 초래할 수 있다는 점을 고려한 것이다.

여섯째, 부채의 공정가치 평가손익 중 은행 자신의 신용위험 변동에 기인한 평가손익은 보통주자본에서 배제토록 하였다. 따라서 자기신용 변동으로 인한 부채의 미실현이익은 보통주자본에서 차감하고 손실은 보통주자본에 가산하여야 한다. 바젤위원회는 2004년 8

---

[29] 충당금적립액은 영업이익의 감소를 통해 결국 기본자본의 감소로 나타나게 된다.

월 보도자료를 통해 은행의 신용도 변화로 인해 발생한 당기손익인식지정(fair value option) 금융부채[30]의 평가손익을 기본자본에서 제외토록 한 바 있다. 새로운 규제기준은 이러한 규정을 당기손익인식지정 금융부채뿐만 아니라 공정가치로 평가된 모든 부채로 확대 적용함과 아울러 평가손익이 기본자본이 아니라 보통주자본에서 공제토록 한 것이다. 한편, 은행 자신의 신용위험 변동에 기인하지 않은 기타기본자본과 보완자본의 공정가치 변동으로 인한 이익잉여금 변동은 보통주자본에 포함된다.[31]

　일곱째, 확정퇴직급여 부채와 자산은 모두 보통주자본에서 공제토록 하였다. 확정퇴직급여 부채는 충당금이 예상 퇴직금에 미달하여 추가로 충당금을 쌓아야 하는 것을 의미하므로 부채 금액이 전액 보통주자본의 감소로 인식되도록 하였다. 확정퇴직급여 자산을 보통주자본에서 공제토록 한 것은 동 자산이 일반적으로 퇴직금 지급 이

30_국제회계기준(IFRS)는 금융부채를 당기손익인식 금융부채(공정가치 평가 금융부채)와 원가법적용 금융부채로 구분하고, 당기손익인식 금융부채는 다시 단기매매항목인 금융부채와 당기손익인식지정(fair value option) 금융부채로 구분한다. 이 중에서 단기매매항목인 금융부채는 단기매매 목적으로 관리하는 포트폴리오에 포함된 부채, 위험회피 목적이 아닌 파생상품 등이며, 당기손익인식지정 금융부채는 연관된 자산이 공정가치로 평가되거나 공정가치를 기준으로 성과평가 및 관리가 이루어지는 금융상품 집합에 속한 부채 등으로서 평가손익을 당기손익으로 인식할 것을 지정한 뒤 공정가치로 평가한 부채를 의미한다.

31_이에 대해 일부에서는 기타기본자본 또는 보완자본의 공정가치 변동으로 인해 보통주자본의 변동성이 심화되는 것은 바람직하지 않으므로 기타기본자본과 보완자본의 공정가치 변동금액은 각각 해당 층(Tier)의 자본에 귀속하여야 한다는 의견을 제시하였다. 그러나 대부분 회원국들은 환율변동으로 인한 외환 차이도 보통주자본에 반영하는 점을 감안할 때 기타기본자본 및 보완자본의 공정가치 변동금액을 전액 보통주자본으로 반영하는 것이 합리적이라고 판단하였다.

외의 용도로 사용하는 것이 제한되어 있음을 고려한 것이다. 따라서 은행이 제한없이 동 자산을 사용할 수 있는 경우에는 감독 당국의 승인 하에 공제대상에서 제외토록 하였다.

여덟째, 바젤II는 특정 자산(특정 유동화 익스포져, PD/LGD 방식 하에서의 특정 주식 익스포져, 결제지연거래,[32] 비금융회사에 대한 중대한 출자지분 등)과 관련한 자기자본 차감항목에 대하여 기본자본과 보완자본에서 각각 50%씩 공제하거나 위험가중치 1250%를 적용하는 방식 중 선택하도록 하고 있었다. 이러한 방식은 자본의 정의와 각종 한도 적용을 복잡하게 하는 문제점으로 지적되어 왔다. 따라서 바젤III에서는 이들 특정 자산에 대하여 50%씩 공제하는 방식을 철폐하고, 일률적으로 1250%의 위험가중치를 적용토록 하였다.[33]

4. 조건부자본

조건부자본[34](contingent capital)이란 일반적으로 사전에 약정한 트

32_바젤II는 비동시결제거래 중 5영업일 이상 결제가 지연된 경우(예: 장외거래에서 채권 인수대금은 지급하였으나 채권 실물은 약정일에 인도받지 못한 경우)에는 인도물의 시장가치를 자본에서 공제토록 하고 있다.

33_이에 대해 은행업계에서는 1250% 적용이 50:50 공제보다 더 비율 하락에 미치는 영향이 클 것을 우려하였다. 아래의 예에서 보는 바와 같이 자본비율이 더 높은 은행일수록 1250% 적용 방식이 더 불리하다.

	자기자본	공제항목	RWA	자본차감시	RWA가산시
사례1	10	2	100	8/100 = 8.0%	10/125 = 8.0%
사례2	12	2	100	10/100 = 10.0%	12/125 = 9.6%
사례3	14	2	100	12/100 = 12.0%	14/125 = 11.2%

리거(trigger event) 발동시 보다 양질의 규제자본(통상 보통주자본)으로 전환되기로 약정된 부채성 자본증권을 의미한다. 여기에서 조건부자본의 전환이 시간의 경과(time-contingent trigger)에 의해서가 아니라 상황의 변화(state-contingent trigger)에 의해 촉발된다는 점을 인식하는 것이 중요하다. 일정한 기간(예: 3년)의 경과시 자동적으로 규제자본으로 전환되도록 하는 증권은 조건부자본으로 간주되지 않는 것이다. 조건부자본은 손실분담을 통해 투자자의 도덕적 해이 축소가 가능하고, 상대적으로 저렴한 비용으로 조달이 가능하며, 규제자본의 손실흡수능력을 확충할 수 있다는 장점을 갖는다.

바젤위원회가 도입하고자 하는 조건부자본은 트리거 발동시 전환 또는 상각 메카니즘을 활용한다는 점에서 학계 등에서 논의되어 온 조건부자본과 차이를 갖는다. 바젤위원회의 조건부자본은 크게 청산관점의 조건부자본(gone-concern contingent capital)과 계속기업관점의 조건부자본(going-concern contingent capital)으로 구분된다. 청산관점의 조건부자본은 파산에 임박하였으나 자본시장을 통한 자본확충이 어려운 은행을 계속기업으로 복원시키기 위한 제도로서 '부실 시점 조건부자본(Non-viability contingent capital)'과 '계약상 합의에 의한 베일인(contratual Bail-in)'으로 구분된다. 계속기업관점의 조

34_조건부자본에 대한 논의는 미국 플로리다대학의 Flannery 교수가 2002년에 제시한 역전환채권(reverse convertible debenture)에서 시작되었다. Flannery(2002) 참조. 역전환채권은 후순위채권으로 발행되었다가 향후 보통주 주식으로 전환할 수 있는 권리가 발행자에게 부여된 증권이다. 역전환채권은 채권과 풋옵션(발행자 권리)이 합쳐진 형태로, 채권과 콜옵션(채권자 권리)이 결합된 전환사채(CB: convertible bond)와는 반대 개념의 채권이다.

건부자본은 특정 은행 또는 은행시스템 전체의 파산확률을 축소하기 위한 제도로서 '회계목적상 부채성 자본증권(바젤Ⅲ 기타기본자본의 인정요건)', '시스템적 중요은행(SIB: systematically important banks)에 대한 추가자본규제', 그리고 '경기대응완충자본'을 위한 조건부자본으로 구분된다.

첫째, '부실 시점 조건부자본'은 감독 당국이 필요하다고 판단하거나 공적자금의 지원(public sector injection of capital)이 있는 경우에는 기타기본자본 및 보완자본이 보통주 전환 또는 상각을 통해 손실흡수기능을 수행토록 하는 제도이다. 동 제도는 과거 금융위기 사례에서 보는 바와 같이 파산에 직면한 은행에 대하여 공적자금이 투입됨으로써 동 은행이 발행한 자본증권의 투자자가 어떠한 손실도 부담하지 않게 됨에 따라 초래되는 도덕적 해이를 방지하기 위한 것이다. 바젤위원회는 2010년 12월 '부실 시점 조건부자본' 제도를 도입하기 위한 세부 방안을 발표하였다. 이에 대한 구체적인 내용은 제3장에서 자세히 다루었다.

둘째, '부실 시점 조건부자본'에 대한 논의 과정에서 일부 회원국에서는 동 제도를 무담보선순위채권(senior debt)에까지 확대하는 방안(bail-in)을 고려해 줄 것을 요청하였다.[35] 이에 따라 바젤위원회는

35_기업 부실화시 기존 주주나 채권자가 손실과 위험을 먼저 감당하도록 하는 것을 베일인(bail-in)이라고 하는데, 이는 제3자에 의한 구제금융을 의미하는 bail-out과 대비되는 개념이다. 베일인의 주요 실행방안으로는 주주의 경우에는 감자(capital reduction), 그리고 채권자의 경우에는 만기연장(roll over), 주식교환(exchange offer), 탕감(debt reduction) 등을 통한 채권조정이 있다. 권세훈(2010.7월) 참조.

은행이 생존 불가능한 시점에서 선순위 채권과 자본증권의 청구권을 보통주 전환 또는 상각의 방식으로 감소시킴으로써 공적자금의 투입 이전에 투자자에게 손실을 부담하게 하는 방안, 즉 '계약상 합의에 의한 베일인(Bail-in)' 제도를 검토 중에 있다.

'부실 시점 조건부자본'은 '베일인(Bail-in)'의 특수한 형태라고 할 수 있다. '부실 시점 조건부자본'이 보통주자본으로의 전환 또는 상각을 통해 규제자본의 질을 제고하는 데 반해, '베일인' 제도는 선순위채권의 보통주 전환 또는 상각을 통해 자본의 질은 물론 양을 제고한다는 점에서 차이가 있다. 베일인 제도는 은행의 손실흡수능력을 확충하는 효과와 함께 선순위 채권 투자자의 시장규율기능을 강화하는 효과도 갖는다. 한편, 바젤위원회는 발행자와 투자자 간의 계약상 합의에 의한 베일인 제도만을 고려하고 있는데 반해, 금융안정위원회(FSB)에서는 계약상 합의에 의한 베일인 제도와 함께 법에 의해 의무화(statuary)되는 베일인 제도를 검토하고 있다. 따라서 향후 논의 과정에서 계약상 및 법에 의한 베일인 제도가 모두 도입될 가능성이 있다고 하겠다.

셋째, 바젤Ⅲ는 기타기본자본이 충족하여야 할 적격요건의 하나로서 '회계목적상 부채로 분류되는 자본증권은 사전에 정한 조건에 의해 보통주 전환 또는 상각을 통해 원본에 대한 손실흡수능력을 가질 것'을 규정하였다. 이에 따라 바젤위원회는 트리거조건, 전환비율, 영구적 또는 일시적 상각 여부 등 구체적인 조건부자본의 도입 방안에 대하여 검토 중에 있다.

넷째, 2010년 7월 GHOS 회의는 시스템적 중요은행(SIB)에 대해 부과되는 시스템적 추가자본(systemic capital surcharge)을 충족하는 데 있어 조건부자본이 활용될 수 있음을 합의하였다. 이에 따라 바젤위원회는시스템적 추가자본의 충족을 위한 조건부자본의 도입 방안을 마련하였다. 이에 대한 구체적인 내용은 제10장에서 다루었다.

다섯째, 바젤위원회는 자본보전완충자본과 경기대응완충자본을 조건부자본으로 충족하는 방안에 대하여 검토하였다. 일부 회원국들은 자본보전완충자본을 조건부자본으로 충족하는 방안을 지지하였으나, 대부분 회원국들은 2010년 7월 GHOS 회의에서 자본보전완충자본을 공제항목 적용 이후의 보통주자본으로 충족토록 명시한 점을 들어 이에 반대하였다. 한편 GHOS 회의는 경기대응완충자본에 대하여는 보통주자본과 기타 손실흡수능력이 뛰어난 자본으로 충족되도록 결정함으로써 경기대응완충자본의 충족을 위해 조건부자본을 활용할 수 있는 길을 열어 놓았다. 이에 따라 바젤위원회는 과도한 신용확대로 인해 경기대응완충자본의 적립의무가 발행할 경우에 조건부자본을 보통주자본으로 전환하는 방안에 대하여 장기적으로 검토하기로 하였다.

조건부자본의 종류와 목적

구 분		도입목적	도입시기 (시행시기)
청산 관점	부실 시점 조건부자본	부실 시점에서 규제자본의 손실흡수능력 강화	2010.12월 (2013.1월)
	계약상 합의에 의한 베일인	부실 시점에서 선순위채권 및 규제자본의 손실흡수능 력 강화	검토 중
계속 기업 관점	부채성 자본증권[1]	회계목적상 부채로 분류되는 자본증권의 원본에 대한 손실흡수능력 확보	검토 중
	시스템적 추가자본	SIB에 대한 시스템적 추가자본 충족을 위해 조건부 자본 활용	2011.7월
	경기대응 완충자본	경기대응완충자본의 충족을 위해 조건부자본 활용	검토 중

1) 바젤Ⅲ 기타기본자본의 인정요건 중 11번 요건임

Ⅳ. 평 가

바젤위원회는 바젤Ⅲ의 본격 시행시 규제자본의 양적, 질적 개선에 힘입어 은행의 부도확률이 하락함과 아울러 금융위기의 강도가 약화됨으로써 금융시스템의 안정성이 제고될 것이라고 주장하고 있다. 예컨대 바젤위원회의 규제영향평가[36]에 따르면, 바젤Ⅲ의 전면 시행을 가정할 경우 2009년 말 기준으로 그룹1 은행(23개 국가의 74개 은행)의 보통주자본비율은 평균 11.5%에서 5.7%로 하락하게 된다. 이는 새로운 규제자본비율의 충족을 위해 은행들이 대규모의 자본을 새로이 조성해야 함을 의미하며, 결국 전체 은행시스템의 안정성이 크게 개선됨을 의미하는 것이다.

그러나 은행업계에서는 자본규제 강화에 따른 금융안정성 제고 효과가 크지 않거나 오히려 그 반대의 효과가 초래될 것이라고 주장하고 있다. 즉 자본규제의 강화로 인한 자본조달비용의 상승으로 은행 주주의 기대수익률이 상승하게 되며, 이는 은행의 리스크 추구 유인 증가로 이어짐으로써 궁극적으로 금융시스템의 안정성이 저하된다는 것이다. 과거 금융위기의 과정에서 자본비율이 높았던 은행들이 갑작스럽게 자본잠식과 부도위기에 빠지는 사례는 바로 이러한 견해를 뒷받침하는 증거로 제시되었다.[37]

36_BCBS(2010.12월) 참조.

자본규제 강화가 부도확률에 미치는 효과

자본규제 강화의 금융안정 효과에 대한 상반된 시각을 보다 잘 이
해하기 위해 자본충실도와 은행 부도확률에 관한 다음과 같은 수
학적 표현을 고려해 보자.

$$\frac{\partial P(K,\alpha)}{\partial K} = \frac{\partial P}{\partial K} + \frac{\partial P}{\partial \alpha}\frac{\partial \alpha}{\partial K}$$

여기에서 P는 부도확률, K는 자본충실도, 그리고 α는 리스크
수준을 나타낸다. 위의 식에서 우변의 첫째 항은 자본의 부도확률
에 대한 직접적 효과인 손실흡수효과(buffer effect of capital)를 의
미한다. 즉 자본의 양적, 질적 수준이 높을수록 손실흡수능력이 증
가함으로써 부도확률이 하락하는 것을 의미한다. 우변의 두번째
항은 자본이 은행의 자산리스크에 미치는 효과를 통해 간접적으
로 부도확률에 미치는 효과를 나타내고 있다. 여기에서 자산리스
크가 부도확률에 미치는 효과($\partial P / \partial \alpha$)는 일반적으로 양(+)의 값을

37_예컨대 Peek and Rosengren은 1980년대와 1990년대 초반에 미국 동부 지역
에서 도산한 은행의 약 80%가 도산 직전까지 FDIC로부터 자본충실도가 우수한
("well capitalized") 것으로 평가받았음을 발견하였다. 이러한 연구결과는 자본
충실도가 높은 은행의 부도확률이 더 높을 수 있음을 시사하는 것이다. Peek and
Rosengren(1997) 참조.

갖는다고 가정할 수 있다. 그러나 자본이 자산리스크에 미치는 효과, 즉 자산대체효과(asset substitution effect, $\partial\alpha/\partial K$)에 대하여는 규제 당국과 은행업계는 물론이고 학계의 이론적인 연구에서도 상반된 견해가 제시되어 왔다.[38] 만약 그 효과가 음(−)의 효과를 갖는다면, 즉 자본충실도가 높을수록 은행의 자산리스크가 감소한다면 자본충실도와 부도확률 간에는 엄밀한 음(−)의 관계가 성립한다고 할 수 있다. 그러나 만약 그 효과가 충분히 큰 양(+)의 효과를 갖는다면, 그 반대의 결과, 즉 자본충실도가 높을수록 은행의 부도확률이 더 크게 되는 결과가 발생할 수 있는 것이다.

기존의 바젤II 자본체계에서는 은행의 유인문제를 해결하기 위하여 규제자본의 리스크민감도를 제고하는 데 집중하였다. 은행의 자산리스크가 높을수록 더 많은 규제자본을 보유토록 함으로써 자본충실도와 자산리스크 간에 음(−)의 상관관계가 성립하도록 하는 유인체계를 마련하고자 한 것이다. 그러나 지난 금융위기에서도 드러났듯이 리스크민감도 제고를 통해 금융안정을 제고하고자 한 바젤II의 의도는 그리 성공적이지 못하였다. 이는 바젤II가 규제자본의 실질적인 손실흡수능력 저하 문제를 고려하지 않은 데다가 (재)증권화 등과 같은 첨단 금융기법을 이용한 규제회피거래에 대하여도 효과적으로 대응하지 못한 데 기인하는 것이었다.

38_은행의 자본충실도와 자산리스크 간의 관계에 대한 필자의 연구로는 Jeitschko and Jeung(2005, 2007, 2008) 및 정신동(2005) 참조.

이에 반해 바젤Ⅲ는 자본의 양적, 질적 수준을 획기적으로 제고함으로써 자본의 손실흡수효과를 확충하는 데 주로 목적을 두고 있다고 할 수 있다. 바젤Ⅲ는 이와 함께 은행의 과도한 리스크 추구와 관련한 도덕적 해이를 견제하는 장치도 도입하였다. 우선, 규제자본의 위험인식 범위를 확충하기 위한 조치들을 바젤Ⅲ에 포함함으로써 (재)증권화 등 규제회피거래에 대한 유인을 제공한 바젤Ⅱ 자본체계의 결점을 보완하였다.

둘째, 부실 시점에서 규제자본의 상각/전환을 통해 은행 주주(투자자)에게 손실부담을 강화하는 혁신적인 제도를 새로이 도입하였다. 바젤위원회의 이러한 노력은 은행의 도덕적 해이를 견제하기 위한 글로벌 규제 당국의 광범위한 규제개혁 조치의 일환으로써 이루어진 것이다. 글로벌 규제 당국은 도덕적 해이로 인해 부실화된 은행에 대하여 더 이상은 공적자금 투입에 의한 구제가 이루어져서는 안 된다는 공통된 인식하에 자본규제, 정리제도 등을 포함한 일련의 개혁프로그램을 추진하고 있는 것이다. 금융위기 이후 바젤위원회와 금융안정위원회(FSB)를 중심으로 추진하고 있는 금융규제개혁의 최종 목표는 금융기관의 도덕적 해이 방지와 공적자금 지원의 최소화에 있다고 할 수 있을 것이다. 이와 같은 점을 고려할 때 바젤Ⅲ 자본규제 강화로 인해 손실흡수능력을 확충하는 직접적인 효과뿐만 아니라 위험추구 유인을 억제하는 간접적인 효과를 통해서도 금융안정을 제고하는 효과를 기대할 수 있다고 하겠다.

우리나라의 경우 외환위기를 계기로 자본의 양적, 질적 기준을 엄격히 관리하여 옴에 따라 국내 은행들이 이미 바젤Ⅲ 규제기준을 충족하는 상태에 있다. 그러나 바젤Ⅲ 규제자본체계 개편을 계기로 국내 은행업계는 내부 유보 확대, 신주 발행 등을 통해 보통주자본을 더욱 확충할 필요가 있는 것으로 보인다. 바젤Ⅲ 도입을 계기로 보통주자본비율은 은행의 경쟁력과 건전성을 평가하는 가장 중요한 기준이 될 전망이며, 글로벌 은행들이 보통주자본의 확충을 위한 경쟁을 강화해 나갈 것으로 예상되기 때문이다. 또한 자본보전완충자본과 경기대응완충자본이 은행의 손실흡수능력을 확충하고 경기순응성을 완화하는 소기의 효과를 거두기 위해서는 충분한 보통주자본이 적립될 필요가 있는 것으로 보인다. 나아가 향후 시스템적 중요 은행(SIB)에 대한 추가자본규제가 도입될 경우에는 국내의 대형 은행에 대해서도 유사한 방식의 추가자본규제 도입이 불가피할 것으로 전망되므로 이에 따른 보통주자본의 확충 필요성도 있다고 하겠다.

제3장

부실 시점에서 규제자본의
손실흡수능력 강화

● 바젤위원회가 2010년 8월 발표한 "Proposal to en-
 sure the loss absorbency of regulatory capital at
 the point of non-viability"를 중심으로 관련 논의내
 용을 정리한 것이다.

I. 도입 배경

'청산(gone-concern)'을 지급불능(insolvency) 또는 파산(liquidation)으로 정의한다면, 모든 규제자본은 청산관점에서 손실흡수능력을 가지게 된다. 이러한 의미의 손실흡수는 자본증권의 후순위성을 통해 달성된다. 즉 청산 시점에서 자본증권의 보유자는 예금자 및 선순위 채권자에 대한 채무지급이 완료된 이후의 잔여분만을 지급받게 되는 것이다.

그러나 만약 '청산'을 부실은행이 파산하기 이전에 공적자금에 의한 구제금융이 투입된 경우까지를 포함하는 것으로 정의한다면, 자본증권(주로 보완자본이 해당하나 종종 기타기본자본도 해당)은 과거의 금융위기 사례들이 보여 준 바와 같이 청산관점에서 항상 손실을 흡수한 것은 아니다. 파산에 직면한 은행에 대하여 공적자금이 투입됨으로써 동 은행이 발행한 자본증권의 투자자는 어떠한 손실도 부담하지 않은 결과가 초래되었던 것이다. 최근의 금융위기에서도 대부분의 국가에서 규제자본의 손실흡수능력을 보장하는 제도적 장치가 없다는 것이 드러났다.

이에 따라 위기상황에서 손실흡수능력이 없는 자본증권에 대해서는 규제자본으로 인정할 수 없다는 데 광범위한 합의가 이루어졌으며, 바젤위원회, 금융안정위원회(FSB) 등을 중심으로 공적자금 투입에 의한 은행 구제시 자본증권 투자자에게 손실을 부담토록 하는 방안의 마련을 위한 노력이 진행되었다. 구체적으로 다음 3개 방안이 논의되었다.

1. 공적자금의 투입이 있는 경우 국제영업은행이 발행한 모든 자본 증권에 손실이 분담되도록 국제적 및 국내적 은행정리절차(bank resolution framework)를 구축하는 방안
2. 시스템적 중요은행(SIB: Systemically important banks)에 대하여 후순위채권 등 보완자본을 규제자본으로 인정하지 않는 방안
3. 모든 자본증권의 약관에 공적자금의 투입이 있는 경우 손실을 분담 한다는 조항을 포함토록 하는 방안

이상의 3개 방안 중에서 방안1은 매우 바람직하기는 하지만 동 방안의 실행을 위한 전제조건인 파산법 및 은행정리절차의 국제적인 합치에 상당한 시일이 소요될 것이라는 점 등으로 인해 단기간 내에는 도입이 어려운 것으로 판단되었다. 방안2는 단순하다는 장점이 있으나 시장규율기능 등 후순위채권이 가진 긍정적 기능을 고려할 때 이를 전적으로 규제자본에서 배제하는 것은 바람직하지 않은 것으로 판단되었다.

이에 따라 바젤위원회는 방안3이 가장 바람직하다고 판단하고, 2010년 8월 '회생불능 시점에서 규제자본의 손실흡수능력 확보방안(Proposal to ensure the loss absorbency of regulatory capital at the point of non-viability)'의 공개초안을 발표하였다. 그 내용의 핵심은 감독 당국이 필요하다고 판단하거나 공적자금의 투입이 있는 경우에

는 기타기본자본 및 보완자본이 보통주 전환 또는 상각을 통해 손실 흡수기능을 가져야 한다는 것이다. 바젤위원회는 은행업계 등으로부터의 의견수렴과 회원국 간 논의를 거쳐 이에 대한 최종 규제기준을 2011년 1월 '중앙은행 및 감독기구 수장회의(GHOS)'에서 확정 발표하였다.

은행의 회생불능 시점에서 규제자본의 손실흡수능력을 강화하고자 하는 이러한 방안(이하 '부실 시점 조건부자본' 제도 Non-viability contingent capital)은 완전히 새로운 개념은 아니다. 전통적인 부채증권은 정상적인 상황에서는 사전에 약정된 금리를 지급하지만, 청산 또는 정리절차 진행 등 극단적인 스트레스 상황에서는 원금을 포함한 보상이 가변적(주식리스크)이게 된다. 예를 들어 파산절차가 진행중인 경우 부채증권의 보유자(즉 채권자)는 부채를 상각하는 대가로 동 부채를 보통주로 전환하는 등의 협상을 진행하게 되는 것이다. 부실 시점 조건부자본제도는 파산이 임박한 상황에서 부채의 보통주 전환이 파산/정리절차에 돌입하거나 기나긴 협상을 통하지 않고도 이루어질 수 있도록 제도적 장치를 마련하기 위한 것이다. 위기상황에서 시스템적 중요은행이나 다국적 복합은행에 대하여 파산/정리절차 또는 채권자와 보통주 전환을 위한 협상을 진행하는 것이 사실상 매우 어렵다는 점을 고려한다면 이 방안의 필요성이 더욱 부각된다고 할 것이다.

한편, 바젤위원회는 부실 시점 조건부자본과 별도로 계속기업 관점('회계상 부채로 분류되는 조건부자본', '시스템적 추가자본의 충족을 위한 조건부자본')의 조건부자본과 청산관점에서 선순위채권의 손실흡수능력 확보를 위한 제도('계약상 합의에 의한 베일인Bail-in')를 도입 논의를 진행하고 있음은 제2장에서 설명한 바와 같다.

여기에서 논의하는 부실 시점 조건부자본은 전통적인 전환사채와는 구별된다는 점을 인식할 필요가 있다. 부실 시점 조건부자본은 부채적 특성을 그대로 보유하고 있으며, 부실화 시점을 제외하고는 투자자에게 주식리스크를 부과하지 않기 때문이다. 또한 부실 시점에서 상각/전환의 대상이 되어 하방리스크가 크다는 점에서 전통적인 부채증권과도 차이가 있다. 부실 시점 조건부자본은 새로운 금융상품이라고 할 수 있는 것이다.

II. 부실 시점 조건부자본제도의 주요 내용

이 절에서는 자본증권이 부실 시점의 조건부자본으로 인정되기 위해 갖추어야 할 구체적인 요건과 이에 대한 논의 내용을 정리하였다. 바젤위원회는 자본증권이 갖추어야 할 요건으로서 아래의 7개 요건을 제시하였다.

1. 적용 범위 및 전환 후 자본증권

1. 국제영업은행(internationally active banks)이 발행한 비보통주 자본증권(기타기본자본 및 보완자본)은 트리거 발동시, 해당 감독 당국의 선택에 의해, 상각(write-off)되거나 보통주로 전환될 수 있다는 조항을 약관에 포함하여야 한다. 다만, 다음의 경우는 예외로 한다:

(a) 해당 국가의 법에 의해 기타기본자본 및 보완자본이 (i)트리거 발동시 상각되거나 또는 (ii)공적자금의 투입 이전에 충분한 손실흡수기능을 가질 것을 요구할 것

(b) 국제적 상호평가(peer group review)를 통해 해당 국가가 상기 조항 (a)을 준수하는지 여부를 확인할 것

(c) 상기 조항 (a)에 의해 자본증권의 원본에 손실이 발생할 수 있음을 은행 및 감독 당국이 공시할 것

바젤위원회는 부실 시점 조건부자본제도의 적용범위를 국제영업은행으로 한정하였다. 이에 대하여 일부 회원국 또는 은행업계에서는 적용대상을 시스템적 중요은행(SIB) 으로 제한할 필요성을 제기하였다. 그러나 대부분의 회원국들은 시스템적 중요은행의 식별이 용이하지 않은 데다 시스템적 중요은행의 선정과 관련하여 초래될 수 있는 도덕적 해이[2] 등을 우려하여 이에 반대하였다. 한편, 일부 회원국들과 은행업계에서는 국제영업은행들이 불공정 경쟁에 직면하게 될 수 있음을 우려하면서 적용 범위를 모든 은행으로 확대할 것을 주장하였다. 그러나 대부분 회원국들은 바젤협약에서 자기자본규제의 적용대상이 국제영업은행으로 한정되어 있는 점과 일관성을 유지할 필요성을 주장하였다. 또한 각국의 감독 당국이 필요시 재량에 의해 자국 내 모든 은행들에 대하여 부실 시점 조건부자본제도를 적용할 수 있으므로 이를 규정에 의해 명문화할 필요가 없음을 주장하였다.

상기 조항1에서 규정된 상각은 일시적 상각(temporary write off)이 아니라 영구적인 상각(permanent write-off)을 의미한다. 영구적 상각은 은행의 비보통주 자본증권을 영구적으로 소멸시킴으로써 보통주 자본을 창출하는 효과를 초래한다. 그러나 다른 한편 영구적 상각은 자본증권의 소유자에게는 손실로, 은행 주주에게는 이득으로 작용하며, 따라서 주주에게 과도한 위험추구, 나아가 트리거를 부당하게 발동시키고자 하는 유인을 제공하는 단점을 가진다.[3] 영구적 상각이 초

2_대마불사의 시스템적 중요은행(SIB)으로 분류된 은행들은 위기시 정부 지원을 기대하면서 오히려 위험추구를 확대할 개연성이 있으며, 또한 SIB로 분류된 은행에 대한 시장참가자들의 시장규율 유인도 현저하게 저하될 수 있다.

래할 수 있는 이와 같은 은행 주주의 도덕적 해이를 방지하기 위해 바젤위원회는 자본증권의 변제순서(hierarchy of subordination)가 엄격히 규정되어야 할 필요성을 제기하였다. 즉 기타기본자본의 투자자가 손실을 부담하기 이전에 보통주 주주의 청구권이 완전히 소멸되어야 하며, 또한 후순위채권의 투자자가 손실을 부담하기 이전에 기타기본자본 투자자의 청구권이 완전히 소멸되어야 한다는 것이다. 여기에서 비보통주자본의 상각 이전에 보통주 주주의 청구권이 완전히 소멸되도록 하는 것은 은행에 대한 유효한 정리제도(resolution regime)에 의해서만 가능한 것이다. 따라서 바젤위원회는 회생불능 시점에서 자본증권의 상각/보통주 전환 방안과 함께 은행의 정리제도를 지속적으로 개선시켜 나갈 필요성에 대해 합의하였다.

자본증권의 보통주 전환은 비보통주자본의 상각 이전에 보통주의 완전한 상각이 어려운 경우에 자본증권의 후순위성을 보전하기 위한 방법으로서 제시되었다. 즉 이는 (1) 비보통주자본의 소멸분 만큼 보통주자본을 창출하고, (2) 새로이 창출된 보통주가 기존 주주가 아닌 비보통주자본에 대한 투자자에 배분되도록 하며, (3) 결과적으로 비보통주자본에 대한 투자자의 청구권이 보통주 주주의 청구권에 우선하도록 한 것이다. 만약 회생불능 시점에서 보통주자본의 청구권을 소멸시키도록 하는 국제적인 은행정리제도가 도입된다면 보통주 전환은 불필요한 요건이 될 것이다.

조항1과 관련하여 회원국 간 치열한 논의가 진행된 것은 동 조항

3_이 밖에 영구적 상각으로 발생하는 이득에 세금이 부과된다면 그 만큼 보통주자본의 창출, 즉 자기자본의 개선 효과가 감소하게 되는 문제가 지적되었다.

의 적용에 대한 예외를 허용해 줄 것인지 여부였다. 당초 2010년 8월에 발표된 부실 시점 조건부자본제도의 공개초안에서는 예금보험법에서 보통주와 우선주의 상각에 대한 내용을 규정하고 있는 일본에 대하여만 동 조항의 적용에 대한 예외를 인정하였다. 이에 더하여 공개초안에 대한 논의과정에서 미국은 법에 의해 자본증권의 상각을 요구하는 정리제도를 이미 도입하고 있는 회원국에 대하여는 동 조항의 적용을 면제해 줄 것을 강력히 요구하였다. 이는 미국의 경우 도드-프랭크법(Dodd-Frank Act)에 의해 공적자금의 투입이 금지되어 있는 데 따른 것이다.

그러나 대부분의 회원국들은 동 조항을 예외 없이 모든 회원국에 대하여 일관되게 적용할 것을 주장하였다. 이는 지난 금융위기시에 다수 국가들이 정리제도를 구비하고 있었음에도 불구하고 공적자금의 투입에 의해 부실은행을 구제함으로써 규제자본이 손실흡수기능을 갖는 데 실패한 경험에 따른 것이다. 이와 같은 경험은 미래의 금융위기 발생시 법상의 정리제도만으로는 규제자본의 손실흡수능력을 확보하는 것이 어려움을 시사하는 것으로 이해되었다. 따라서 회원국들은 법상(statutory)의 정리제도에 의해 규제자본의 상각/전환 등 손실흡수가 의무화되어 있더라도 이에 대한 보완장치로서 계약상 합의(contractual)에 의한 규제자본의 손실흡수제도를 도입할 필요가 있다고 주장하였다. 그리고 법에 의한 자본증권의 상각/전환이 의무화되어 있다면 자본증권의 계약내용에 이러한 상각/전환 요건을 포함하더라도 그에 따른 조달비용의 추가적인 상승은 미미할 것으로 주장하였다.

상기의 조항1은 이와 같은 미국과 그 밖의 대다수 회원국들 간 첨예한 의견대립이 타협된 결과로서 이루어진 것이다. 즉 정리법률에 의한 상각/전환이 의무화된 국가에 대해서는 부실 시점 조건부자본 요건의 적용을 면제하는 예외를 허용하되, 엄격한 상호평가에 의해 해당 국가가 동 정리제도를 준수하는지 여부를 확인하도록 함과 아울러 동 정리제도에서 규정한 상각/전환 등의 방법에 의해 자본증권 투자자에 손실이 초래될 수 있음을 명확히 공시토록 한 것이다.

2. 자본증권의 보유자에게 상각의 대가로 보상(compensation)을 지급하는 경우에는 보통주(비주식회사의 경우에는 보통주에 상응하는 대가)의 형태로 즉각 이루어져야 한다.

조항2는 트리거 발동시 은행이 상각에 대한 대가로 자본증권의 보유자에게 보통주를 즉각 지급할 수 있도록 허용하고 있다. 여기에서 주의할 것은 자본증권의 상각에 의해서 은행의 보통주가 증가함과 동시에 보통주에 선순위를 갖는 기존의 자본증권이 소멸되는 결과가 초래된다는 사실이다. 신주의 발행은 단지 전환조건 발동 이후의 은행 소유 구조 변경만을 초래할 뿐이다. 따라서 전환시 발행되는 주식의 수가 많아질수록 새로운 주주(상각된 자본증권의 소유자)의 이득이 커지는 반면 기존 주주의 소유 구조가 더 많이 희석된다. 물론 발행 주식의 수가 새로이 창출되는 보통주자본의 총량에는 아무런 영향을 주지 못한다. 한편, 트리거 발동 이후 발행되는 신주의 수를 결정하는 방법에 대해서는 어떠한 기준도 제시되지 않았으며, 따라서 이는 각국 감독 당국이 재량으로 결정할 수 있도록 허용되었다.

3. 은행은 트리거 발동시 약관에 명시된 해당 보통주를 즉각적으로 발행할 수 있도록 사전적인 인가(prior authorization)를 항상 획득·유지하여야 한다.

동 조항은 자본수단의 보통주 전환이 관련법에 저촉되지 않도록 약관이 설계되어야 함을 의미하는 것이다. 예를 들어 미발행주식 수에 대한 상한이 법에 의해 규제되는 경우 트리거 발동시 동 상한 이상으로는 신주를 발행할 수 없게 된다. 동 조항은 은행이 트리거 발동시 약정된 주식을 발행할 수 없는 이와 같은 상황이 발생하지 않도록 해야 한다는 것이다.

2. 트리거조건

4. 트리거는 다음 두 가지 조건 중 하나가 발생할 경우 발동된다: (1) 관련 당국이 자본증권의 상각(write-off) 없이는 은행의 회생이 불가능하다고 판단하고 동 상각의 실시를 결정한 경우, (2)관련 당국이 은행에 대하여 공적자금 투입, 또는 이에 준하는 지원 없이는 회생이 불가능하다고 판단하고 동 투입/지원을 하기로 한 경우

트리거조건은 자본증권을 특징짓는 가장 중요한 요소의 하나이다. 트리거조건을 어떻게 설계하느냐에 따라 자본증권의 조달비용

과 투자자 기반(즉 시장성)이 달라지게 되며, 위기상황에서 자본의 양적 질적 확충을 위한 시의적절한 상각/전환이 가능한지 여부도 영향을 받게 된다. 동 조항은 규제 당국이 필요하다고 판단하는 경우에 트리거가 발동된다고 규정함으로써 규제 당국의 재량권을 광범위하게 인정하였다. 그리고 이는 회원국 그리고 은행업계로부터 많은 논쟁을 불러일으켰다.

우선, 규제 당국이 재량권을 남용하거나 트리거를 너무 조기에 행사할 가능성에 대한 우려가 제기되었다. 그리고 재량권의 남용/조기행사 가능성은 자본증권의 발행비용을 과도하게 증가시키거나 자본증권에 대한 신용등급 평가를 어렵게 하는 요인으로 작용할 것으로 우려되었다. 이에 따라 일부 회권국과 은행업계에서는 재량권 남용의 방지를 위해 규제자본비율이나 시장지표를 활용해야 한다는 의견을 제시하였다. 그러나 대부분 회원국은 이와 같은 기계적 트리거조건에 대해 반대하였다. 이는 규제비율 등의 위반 여부에 대한 결정(트리거의 발동)이 회생불능 시점을 훨씬 경과한 다음에 이루어진다는 문제와 함께 미래의 잠재적인 은행 파산을 예측하는 지표를 사전적으로 설계하는 것이 매우 어렵다는 이유 때문이었다.

한편, 트리거의 발동과 관련한 재량권이 규제 당국에 사실상 어떤 새로운 권한을 부여하는 것이 아니라는 주장도 제기되었다. 대부분 규제 당국은 필요하다고 판단하는 경우에 회생불능 은행에 대한 정리 또는 청산절차를 개시할 재량적 권한을 이미 갖고 있다는 점을 고려해야 한다는 것이다.

다음으로, 일부에서는 재량권 남용문제 해결을 위해 재량권이 어뗗게 행사되어야 하는지에 대한 객관적 기준, 지침, 절차 등을 마련할 것을 주문하였다. 이에 대해 규제 당국의 재량권에 대한 지나친 구속은 규제 당국이 특수한 상황에서 대응할 수 있는 능력을 제한할 수 있기 때문에 바람직하지 않다는 반대 의견도 제기되었다. 그러나 자의적 판단을 최소화하고 투자자의 불확실성을 해소할 수 있는 최소한의 기준이 필요하다는 데 다수 회원국이 동의하였다. 공개초안 및 최종 합의문에서는 이러한 최소한의 기준이 제시되지 않았으므로 이는 향후 바젤위원회에서 마련하여야 할 과제로서 남아 있다고 하겠다.

마지막으로 두번째 조건, 즉 공적자금의 투입 조건이 불필요하다는 견해가 제기되었다. 미국은 도드-프랭크법(Dodd-Frank Act)에서 공적자금의 투입을 허용하지 않기 때문에 동 조건이 불필요하다고 주장하였으며, 다른 일부 회원국은 두번째 조건이 은행에 대하여 공적자금 투입에 대한 기대를 창출하는 도덕적 해이의 부작용을 초래하므로 삭제되어야 한다고 주장하였다. 또한 첫번째 조건이 포괄적으로 재량권에 의한 트리거 발동을 허용하고 있으므로 두번째 조건은 논리적으로 불필요하다는 주장도 제기되었다. 그러나 대부분 회원국은 동 조건을 그대로 유지하는 것을 선호하였는데, 이는 동 조건이 파산 시점에서 규제자본이 손실흡수에 실패한 사례를 적시하고 있기 때문이다. 회생불능 시점에서 규제자본의 손실흡수능력 확보 방안이 마련된 것은 바로 금융위기시 공적자금 투입으로 인해 규제자본이 어떠한 손실도 부담하지 않았던 경험을 배경으로 하고 있는 것이다. 또한 첫번째 조건만으로는 시장참가자들이 규제 당국의 재량권 사용 의지에 대해 명확히 알기 어렵다는 점도 고려되었다. 두번째 조건은 공적자금이 투입되는 경우에는 반드시 트리거가 발동이 되어야 함을 시장 참가자, 은행 그리고 규제 당국에 명확히 알리는 효과가 있는 것이다.

5. 트리거의 발동으로 인한 신주(new shares)의 발행은 공공부문의 보통주 자본이 희석(dilution)되지 않도록 공적자금의 지원 이전에 이루어져야 한다.

만약 공공부문 자금지원 이후에 신주의 발행이 이루어지면 공공부문의 보통주 자본금이 희석되게 되며, 이는 결국 공공부문이 자본증권 보유자의 손실부담을 지원하는 결과가 초래되기 때문이다. 이는 부실 시점에서 자본증권의 손실흡수능력을 강화하고자 하는 제도의 도입 취지와 근본적으로 어긋나는 것이다.

3. 금융그룹에 대한 처리

6. 다수 국가에서 영업을 하는 은행그룹에 대한 트리거의 발동권한은 당해 자본증권을 규제자본으로 인식하는 국가에서 갖는다. 따라서 국제은행그룹의 일부를 구성하는 은행이 자본증권을 발행하고, 동 자본증권이 은행그룹의 연결기준 자본으로 인식되는 경우에는 다음과 같은 추가적인 트리거조건이 약관에 명시되어야 한다: (1) 당해 은행의 모국 감독당국이 자본증권의 상각(write-off) 없이는 당해 은행의 생존이 불가능하다고 판단하고 동 상각의 실시를 결정한 경우, (2) 은행그룹의 본국 감독당국이 공적자금의 지원 없이는 해당 은행그룹의 생존이 불가능하다고

판단하고 동 자금지원을 하기로 한 경우

이 조항을 이해하기 위해 다음과 같은 시나리오를 가정해 보자.
- 은행그룹은 X국에 소재하는 X은행(모은행)과 Y국에 소재하는 Y은행(자회사)으로 구성
- X국의 감독 당국이 은행그룹에 대하여 연결기준 감독을 실시
- 은행 X 및 Y는 후순위채권을 발행하고, 이를 은행그룹의 연결기준 보완자본(Tier 2)에 포함
- 은행 Y는 대규모 손실 발생으로 파산위기에 직면. 또한 은행간 상호연계성으로 은행 X도 파산 가능성
- Y국은 은행Y 파산시 시스템위기 가능성이 적다고 판단하고 은행Y를 파산시키기로 결정
- X국은 은행Y의 파산 및 이로 인한 은행X의 파산시 시스템위기 가능성이 있다고 판단하고, 보통주자본을 투입하여 은행X를 구제하기로 결정
- 시장은 은행그룹의 자본충실도가 양호한 것으로 평가

이상의 시나리오에서 은행Y는 공적자금의 지원을 받지 않았다. 따라서 위의 여섯번째 조항이 없었더라면 트리거가 발동되지 않으며, 은행Y의 보완자본은 어떠한 손실도 부담하지 않게 될 것이다. 그러나 여섯번째 조항으로 인해 은행Y의 보완자본이 손실을 부담함이 명확히 된 것이다.

이상과 같이 조항 1~5와 조항6을 종합하여 고려하면, 해외 자회

사가 보완자본을 발행하고 이를 모그룹의 규제자본에 포함하는 경우, 모국 또는 주재국이 당해 은행그룹 또는 해외 자회사에 대하여 트리거를 발동하는 시점에 동 보완자본의 상각/전환이 이루어지게 된다. 그러나 만약 해외 자회사의 보완자본을 모그룹의 규제자본에 포함하지 않을 경우에는 주재국의 트리거 발동에 의해서만 상각/전환이 촉발된다.

한편, 주재국 감독 당국은 자국 소재 은행에 대하여 동 여섯번째 조항의 적용을 받는 자본증권의 발행을 금지할 수 있다. 다시 말해 주재국 소재 은행의 자본증권이 해외 요인에 의해 트리거가 발동되면서 상각되거나 해외 소재 은행의 보통주로 전환되는 것을 금지할 수 있는 것이다. 이 경우 주재국 소재 자회사가 발행하는 자본증권이 해외 모그룹의 연결자본으로 인식되지 못하는 것은 위에서 설명한 바와 같다.

7. 상각에 대한 보상으로서 자본증권의 소유자에게 지급되는 보통주는 자회사 또는 모회사의 보통주로 할 수 있다.

트리거 발동시 자회사가 발행한 자본증권이 자회사의 보통주로만 전환될 수 있다고 한다면 모그룹의 당해 자회사에 대한 100% 지배권이 상실되게 된다. 동 조항에서 자본증권의 전환 대상에 모그룹의 보통주를 포함한 것은 은행그룹의 당해 자회사에 대한 이와 같은 지배권 상실을 방지하기 위함이다.

4. 이행기간

8. 2013년 1월 1일 이후에 발행되는 자본증권이 규제자본으로 인정되기 위해서는 상기의 요건들을 모두 충족하여야 한다. 2013년 1월 1일 이전에 발행된 자본증권으로서 상기 요건들을 충족하지 못하지만 바젤 Ⅲ에서 규정한 인정요건을 충족하는 자본증권은 2013년 1월부터 단계적으로 규제자본에서 베제하여야 한다.

은행업계에서는 기존에 발행된 자본증권에 대하여 부실 시점 조건부자본 요건을 적용하는 것에 대하여 높은 우려를 표명하였다. 이러한 우려를 반영하여 바젤위원회는 2013년 1월 1일 이후에 발행되는 자본증권에 대하여만 부실 시점 조건부자본 요건의 충족을 의무화하였다. 그리고 바젤 Ⅲ에 규정된 자본인정요건을 충족하지만 부실 시점 조건부자본 요건은 충족하지 못하는 자본증권에 대해서는 2013년 1월부터 10년 동안 매년 10%씩 단계적으로 불인정되도록 하였다. 이는 기타기본자본 및 보완자본의 인정요건을 충족하지 못하는 자본증권에 대하여 2013년 1월부터 10년 동안 단계적으로 불인정되도록 한 바젤 Ⅲ의 규정과 일관성을 맞추기 위한 것이다.

III. 기대효과

1. 주주의 도덕적 해이 감소

부실 시점 조건부자본제도는 금융위기의 원인으로 작용한 주주의 도덕적 해이 축소에 기여할 것으로 전망된다. 회생불능 시점에서 공적자금의 지원이 이루어지지 않을 경우 후순위성을 갖는 자금조달수단은 리스크에 상응하는 추가적인 프리미엄을 지급하여야 한다. 후순위채권에 대하여 이러한 추가 프리미엄이 부과되는 것은 상방이득(upside potential)은 제한된 반면 지급불능사태 발생시 손실부담이 큰 후순위채권의 특성에 따른 것이다. 그러나 공적자금의 지원으로 인해 후순위채권의 하방 리스크(downside risk)가 제한된다면 이와 같은 메커니즘 – 과도한 위험 추구를 억제하기 위해 추가적인 프리미엄을 부과하는 기능 – 은 작동하지 않게 될 것이다. 따라서 부실 시점 조건부자본은 이와 같은 메커니즘의 복원에 기여할 것으로 예상된다.

부실 시점 조건부자본제도의 도입에 따른 추가적인 비용을 주주가 어떠한 방식으로 부담하는가는 전환비율(conversion rate)에 따라 달라지게 될 것이다. 전환비율이 '0'인 경우, 즉 보통주 전환없이 상각만 이루어지는 자본증권을 발행할 경우에 주주는 동 자본증권에 대하여 높은 이자율을 지급하여야 할 것이다. 반면, 전환비율이 높은 경우, 즉 상각의 대가로 대량의 보통주가 발행되는 자본증권을 발행할 경우에는 이자율은 낮아지게 되나 전환시점에서 대량의 주식 희석을 감수해야 할 것이다.

2. 투자자의 시장규율기능 강화

부실 시점에서의 상각/전환 요건으로 인해 자본증권의 하방리스크가 크게 증가하게 되며, 이 점을 인식한 투자자는 은행의 리스크 추이를 정밀 모니터링하게 될 것다. 만약 은행의 부실화 위험이 증가하였다고 판단하면, 유통시장 또는 발행시장에서 투자자는 더 높은 이자율 또는 전환비율을 요구하게 될 것이다. 이와 같이 동 방안은 시스템적 중요은행(SIB)에 대한 시장규율을 강화시키는 효과를 가져 오게 될 것이다.

3. 은행의 자본충실도 및 유동성

상각/전환으로 인해 직접적으로 은행의 자본비율이 상승하거나 유동성이 제고되는 것은 아니다. 그러나 부채가 양질의 보통주자본으로 전환되면서 은행 자본의 질, 즉 손실흡수능력이 제고되는 효과가 초래된다. 또한 간접적으로는 은행이 추가적인 자본수단의 발행을 통해 자본 및 유동성을 제고할 수 있는 능력이 강화되는 효과가 있다.

4. 공정경쟁여건의 조성

부실 시점 조건부자본제도의 도입은 시스템적 중요은행(SIB)과 그렇지 않은 은행(non-SIB) 간 공정경쟁여건 조성에도 기여할 것으로 예상된다. 이 때까지 비SIB는 SIB에 비하여 자금조달시 상대적으로 높은 추가비용을 부담하여 왔다. 이는 SIB의 경우 부실화시 구제금융 지원의 기대가 반영되어 적정 수준보다 낮은 자금조달비용을 부담한 반면, 부실화시 구제금융의 지원 가능성이 적은 비SIB는 리스크에 상응하는 적정 수준의 자금조달비용을 부담한 데 따른 것이다. 부실 시점 조건부자본제도의 도입은 SIB의 비보통주 자본증권에 대한 손실흡수를 의무화함으로써 자본조달비용을 리스크에 상응하는 적정 수준으로 상승시킬 것으로 예상된다. 그리고 이를 통해 SIB와 비SIB 간 존재하는 자금조달비용의 불균형을 시정하는 효과를 가져올 것으로 기대된다.

IV. 그 밖의 주요 이슈들

1. 은행정리제도와의 관계

대부분 회원국들은 효과적인 글로벌 은행정리제도의 도입이 규제자본을 비롯한 다양한 자금조달수단의 손실흡수능력을 확보하고 도덕적 해이를 방지하기 위한 가장 포괄적이고 이상적인 해결방안이라는 점에 동감하였다. 그럼에도 불구하고 대부분 회원국들은 글로벌 정리제도의 도입 노력과 별도로 부실 시점 조건부자본제도를 도입할 필요성을 인정하였다. 이는 다음과 같은 몇 가지 이유 때문이다.

첫째, 효과적 글로벌 은행정리제도의 도입에는 상당한 시일이 소요될 것으로 예상되는 데 반해, 부실 시점 조건부자본제도는 단기간 내에 도입이 가능하다.

둘째, 부실 시점 조건부자본제도는 관련 당사자간 계약상 합의에 기반하고 있기 때문에 법에 의한 정리제도에 비해 당해 자본증권이 전환/상각의 대상이 될 수 있음을 투자자에게 직접적으로 알리는 효과가 있다.

셋째, 부실 시점 조건부자본제도는 감독 당국이 부실은행의 처리를 위해 활용할 수 있는 여러 감독수단(armoury of resolution tools)의 하나로 활용될 수 있다. 다시 말해 감독 당국은 필요에 따라 자본증권의 상각/전환을 요구하거나 은행정리제도를 활용할 수 있다. 부실 시점 조건부자본제도는 자본증권의 소유자에 대한 손실분담을 통해 공적자금의 투입을 최소화하면서 은행의 건전성을 빠르게 회복시키는 수단을 감독 당국에 제공하는 것이다.

　마지막으로, 효율적인 정리제도가 도입된다면 자본증권의 투자자는 부실화시 구제금융의 지원에 대한 기대를 하지 않게 될 것이다. 따라서 효율적인 은행정리제도가 존재한다면 자본증권에 전환/상각 요건을 도입하더라도 그에 따른 조달비용(후순위채권의 프미미엄 등) 상승 효과는 미미하다고 할 수 있다.

2. 비보통주 자본증권을 규제자본으로 불인정하는 방안과의 비교

　일부에서는 비보통주 자본증권을 규제자본으로 인정하지 않는 보다 단순한 방안을 고려할 필요가 있음을 주장하였다. 그러나 바젤위원회는 비보통주 자본증권을 규제자본으로 불인정하는 방안에 비해 비보통주 자본의 손실흡수능력을 강화하는 방안(부실 시점 조건부자본제도)이 다음과 같은 이점을 가지고 있음을 주장하였다.

　첫째, 후순위채권은 상방이득은 제한된 반면 은행 파산시 하방손실은 막대한 특성으로 인해 은행의 과도한 위험추구를 억제하는 시장규율 메커니즘을 제공한다. 이는 상방이득은 무제한인 반면 하방손실은 제한된 주식의 특성으로 인해 발생하는 주주의 과도한 위험추구 성향을 견제하는 기능을 수행할 수 있다.

　둘째, 시스템적으로 중요하지 않은 은행(non-SIB)에 의해 발행된 후순위채권은 청산기준(gone-concern basis)으로 이미 완전한 손실흡수기능을 수행한다. 이러한 비SIB는 트리거가 발동되지 않고 파산되도록 허용되어야 한다. 비보통주 자본증권을 규제자본으로 인정하지 않을 경우 이러한 후순위채권의 발행 유인이 감소하게 되고, 이는 결국 시장규율기능의 약화를 가져오게 된다.

셋째, SIB에 대하여 비보통주 자본증권을 규제자본으로 인정하지 않는 방안의 경우에도 우선 SIB를 지정하여야 하는 어려운 문제가 발생하며, 또한 이는 SIB와 관련한 도덕적 해이 등의 문제를 초래할 수 있다.

넷째, 과도한 위험을 추구하지 않는 은행의 경우 보완자본인 후순위채권은 보통주자본에 비해 발행비용이 낮다. 따라서 비보통주 자본증권을 규제자본으로 인정하지 않을 경우 이들 은행의 자본조달비용이 크게 상승하게 된다.

다섯째, 후순위채권의 스프레드는 은행의 재무건전도를 나타내는 중요한 시장지표이며, 따라서 은행의 과도한 위험추구를 억제하는 시장규율기능을 제공할 수 있다.

3. 일시적 상각의 가능 여부

일시적 상각은 특정 트리거 발동시 자본증권의 액면가치가 상각되었다가 또 다른 트리거 발동시 액면가치를 회복하는 것을 말한다. 여기에서 액면가치의 상각으로 초래되는 결과는 다음과 같다. (1) 청산시 지급금액은 최초의 액면가치가 아니라 트리거 발동 이후의 상각된 액면가치이다. (2) 이자/배당금은 상각된 액면가치를 기준으로 지급된다. 자본증권이 전액 상각될 경우에는 이자/배당금이 전혀 지급되지 않는다. (3) 콜옵션 행사시 지급되는 금액은 상각된 액면가치이다.

일부 회원국 그리고 은행업계에서는 영구적 상각과 함께 일시적 상각도 허용해 줄 것을 요청하였다. 그 이유로서는 영구적 상각 방식이 보통주, 기타기본자본, 보완자본 등 자본증권의 변제순서에 영향을 주지 않는 데다, 향후 액면가치의 회복 가능성 등으로 영구적 상각 방식에 비해 발행비용이 저렴하고 투자자 기반이 확대될 수 있으며, 충분한 손실흡수 능력을 갖는다는 점 등이 제시되었다. 그러나 대부분 회원국들은 동 방안을 지지하지 않았다. 이는 일시적 상각 방식이 보통주자본의 창출, 즉 실질적인 자본의 질 제고 효과가 불투명하다는 근본적인 문제점을 갖고 있기 때문이다. 자본증권의 상각과 동시에 향후 액면가치의 회복 가능성을 반영한 우발채무가 생성되기 때문에 자본증권을 상각한 만큼 보통주자본이 창출되지 않는 것이다.

그러나 바젤위원회는 '부실 시점 조건부자본'의 요건 중 제1항의 상각이 영구적 상각이라는 점을 명시하지 않음으로써 간접적으로 각국의 감독 당국이 재량에 의해 일시적 상각 방식을 사용할 수 있는 가능성을 열어 놓았다. 각국의 감독 당국이 은행을 회생시키는 데 일시적 상각만으로 충분하다고 판단하는 경우에는 동 방식을 이용할 수 있도록 허용한 것이다. 그러나 바젤위원회는 일시적 상각이 영구적 상각 또는 보통주 전환 방식을 대체하는 것이 아니라 보완하는 것이어야 하며, 일시적 상각 방식을 사용하였더라도 추후에 필요한 경우에는 다시 영구적 상각 또는 보통주 전환 방식을 사용할 수 있어야 함을 명확히 하였다.

4. 자본증권 투자자의 주주 적격성 문제

일부 회원국은 부실 시점 조건부자본증권과 관련한 주주의 적격성 문제를 제기하였다. 자본증권에 대한 투자자를 주주 적격성을 충족하는 자로 한정한다면 투자자 기반이 크게 위축될 수 있을 뿐만 아니라 주주 적격성 충족 여부를 감독 당국이 사전적으로 심사/승인하는 것이 실무적으로 매우 어렵다는 점이 지적되었다. 반면에 자본증권에 대한 투자자를 주주 적격성을 충족하지 못하는 자에게도 허용한다면, 자본증권의 보통주 전환 시점에서의 처리가 문제로 제기된다. 바젤위원회는 이 문제에 대한 하나의 해결 방안으로서 전환 이후의 신주를 공익신탁(charitable trust)으로 즉각 이관하고, 동 공익신탁이 종전의 자본증권 투자자에게 신주에 대한 권리를 나타내는 증서를 부여하는 방안을 제시하였다. 자본증권 투자자는 동 증서를 시장에 매도하거나 또는 주주 적격성을 획득하여 동 증서를 보통주로 교환할 수 있다. 자본증권의 투자자와 관련한 주주 적격성 문제의 해결을 위해서는 앞으로 더 많은 논의가 진행될 필요가 있는 것으로 보인다.

5. 투자자 기반의 존재 여부

다수의 회원국들은 부실 시점 조건부자본증권에 대한 충분한 투자자가 존재할지 여부에 대하여 회의를 표시하였다. 앞에서 설명한 바와 같이 부실 시점 조건부자본증권은 전환사채와 엄격히 구별되며, 부실화 시점에서 상각/전환의 대상이 된다는 점에서 전통적인 부채증권과도 차이가 있다. 이러한 새로운 자본증권에 대한 가격형성과 투자는 다양하고 두터운 투자자 계층의 존재가 전제되어야만 가능하다. 따라서 투자자 계층이 충분히 두텁지 못한 신흥국의 경우에는 새로운 자본증권의 시장소화에 어려움이 발생할 수 있으며, 은행의 자본조달비용 상승이 초래될 가능성에 대비할 필요가 있다 하겠다.

6. 시장변수 또는 규제비율을 이용한 상각/전환의 자동트리거제도

바젤위원회는 자본증권의 상각/전환이 감독 당국의 재량이 아닌 시장변수(신용스프레드, 주가 등)나 규제비율(자본비율 등)에 의해 자동적으로 촉발되도록 하는 자동트리거제도(automatic trigger)의 도입 방안을 검토하였다. 동 방안은 감독 당국에 의한 재량적 판단이 개입될 여지가 적고 객관성과 투명성이 높다는 장점을 가진다. 특히 시장지표의 경우에는 적시성이 높고 시장참가자에 의한 모니터링 유인을 제공하는 추가적인 이점을 가지는 것으로 평가되었다. 그러나 바젤위원회는 이러한 시장변수 또는 규제지표를 이용한 자동트리거 방안을 채택하지 않았다. 이는 무엇보다 미래의 금융위기가 어떠한 형태로 나타날 것인지를 예측할 수 없으며, 따라서 미래의 금융위기에 대응하는 적절한 자동적 트리거를 설계하는 것이 매우 어렵다고 판단하였기 때문이다. 또한 자동트리거제도를 도입하면 시스템적 중요은행(SIB)과 그렇지 않은 은행(non-SIB)을 불문하고 모든 은행이 상각/전환제도에 의해 구제의 대상이 될 수 있는 문제가 있다. 바젤위원회는 감독 당국이 전통적인 파산/정리제도에 의해 파산시키는 것이 바람직하다고 판단하는 은행에 대하여는 파산을 허용할 수 있도록 제도를 설계하고자 하였다.

제4장

완충자본제도의 도입

I. 머리말

바젤위원회는 바젤Ⅲ에서 자본버퍼(capital buffer), 즉 완충자본의 개념을 새로이 도입하였다. 완충자본은 위기 기간 동안 은행이 손실을 흡수하거나 신용공급 기능을 지속하면서도 최저규제비율 수준 이상으로 자본비율을 유지하기에 충분한 자본량을 의미하는 것으로 정의되었다.[1] 여기에서 완충자본이 그 목적 및 특성에 있어 최저규제자본과는 상이함을 주목할 필요가 있다. 최저규제자본이 은행이 계속기업으로서 존속하기 위해 필요한 최소한의 자본으로 정의되며 동 규제 위반시 적기시정조치 등 감독상의 제재가 부과되는 데 반하여, 완충자본은 최저규제자본에 대한 보완장치로서 이를 미충족할 경우에는 이익금의 처분(배당금·자사주 재매입·임직원 보너스 등)에 대한 제한만이 부과되는 것이다. 이와 같은 차이에도 불구하고 완충자본은 최저규제자본과 밀접히 연관되어 새로운 규제자본체계의 중요한 부분을 구성한다. 완충자본은 손실흡수를 목적으로 하는 자본보전완충자본(또는 고정완충자본capital conservation buffer)과 신용의 지속적 공여를 목적으로 하는 경기대응완충자본(또는 변동완충자본 countercyclical capital buffer)으로 구분된다. 이하에서는 이들 두 가지 완충자본제도의 도입배경과 구체적인 내용을 살펴보기로 한다.

1_BCBS(2010.10월) 참조.

II. 자본보전완충자본

1. 도입 배경

자본보전완충자본은 지난 금융위기 과정에서 은행들이 재무건전성과 사업전망이 악화되고 있는 가운데에서도 이익배분(capital distribution)을 지속함으로써 자본충실도의 악화를 초래하고 있다는 문제의식에서 출발한 것이다. 은행들은 배당금 지급 등 이익배분을 취소·축소할 권한을 보유하고 있음에도 불구하고 이러한 행위가 은행의 취약성을 나타내는 시그널로 잘못 비춰질 수 있음을 우려하여 금융위기시 이익배분을 지속하였다. 그러나 자본보전을 위해 이익을 유보해야 할 금융위기 시점에 오히려 이익의 처분을 증가시키는 것은 무책임하고 부적절한 행위라고 할 수 있다. 또한 이는 개별 은행의 자본충실도 악화는 물론 추종행위(collective action)를 통해 은행시스템 전체의 안정성을 저해하는 문제를 초래하게 된다.

바젤위원회가 자본보전완충자본 규제를 새로이 도입한 것은 은행들의 이러한 잘못된 관행을 시정하기 위한 것이다. 자본보전완충자본 제도는 은행들로 하여금 스트레스 기간을 제외하고는 최저규제자본을 초과하여 완충자본을 보유토록 의무화한다. 즉 최저규제자본에 더하여 버퍼구간(buffer range)을 설정토록 하고, 자본수준이 동 버퍼구간에 해당할 경우에는 배당금, 자사주 재매입, 임직원에 대한 상여금 등 이익금의 재량적 배분을 줄임으로써 동 자본버퍼를 적립토록 하는 것이다.

이와 같이 자본보전완충자본 제도는 자본충실도가 낮은 은행들의 관대한 이익배분을 제한함으로써 자본충실도를 보전하고 위기대응력을 강화하는 기능을 수행한다. 동시에 동 제도는 경기회복의 초기에 자본버퍼가 축적되도록 하는 메커니즘을 제공함으로써 은행 부문의 복원력을 증대시키는 것을 목적으로 한다. 또한 동 제도는 은행들이 최저자본비율을 위반하지 않으면서도 경기침체기에 손실흡수와 신용공급의 지속을 가능하게 하여 경기순응성을 완화하는 부수적인 효과도 거둘 것으로 기대되고 있다.

2. 규제체계

바젤위원회는 자본보전완충자본비율을 2.5%로 결정하였으며, 이를 공제항목 적용 이후의 보통주자본으로 충족토록 하였다. 여기에서 2.5%의 보통주자본비율은 최저규제자본에 추가하여 적립하여야 한다. 따라서 보통주자본은 자본보전완충자본으로 활용되기 전에 우선적으로 최저규제자본(4.5%의 보통주자본비율, 6%의 기본자본비율 및 8%의 총자본비율)을 충족하는 데 사용되어야 한다. 자본비율이 버퍼구간 이내로 하락하는 경우, 즉 자본보전완충자본의 규제수준을 충족하지 못하는 경우 은행은 이익배분에 제한을 받는다.[2] 여기에서 이익배분

2–은행업계는 이익배분에 대한 제한이 은행경영의 자율성을 침해하고 자본조달비용의 상승을 초래할 것을 우려하여 강한 반대의견을 표출하였다.

이란 배당금, 자사주 재매입, 임직원에 대한 재량적 보너스, 기타기본자본증권에 대한 재량적 지급 등을 의미한다. 그러나 은행의 정상적인 영업활동에는 아무런 제한이 가해지지 않는다.

자본보전완충자본 규제는 자본수준이 버퍼구간의 하단에 위치할수록, 즉 최저규제수준에 근접할수록 이익배분에 대한 제한이 강화되도록 설계되었다. 따라서 자본수준이 버퍼구간의 상단에 위치할경우 이익배분에 대한 제한은 최소화된다. 이와 같은 구조는 버퍼구간이 사실상의 새로운 추가적인 최저자본규제로 인식되는 것을 방지하기 위한 것이다.

바젤위원회는 버퍼구간을 4단계로 구분하고, 구간별로 이익배분에 대한 제한을 달리 부과하였다. 예를 들어 손실발생으로 인하여 은행의 보통주자본비율이 5.125~5.75%의 구간에 속한다고 하자. 이경우 은행은 다음 회계연도 중 이익금의 80%를 자본보전완충자본으로 적립하여야 한다. 달리 말하면 은행은 이익금의 20% 한도 이내에서만 배당금, 자사주 재매입, 보너스 등으로 처분할 수 있는 것이다. 만약 은행이 동 한도 이상으로 이익을 배분하고자 한다면, 그 초과분만큼 신주발행을 통해 신규 자본을 조달하여야 한다.

개별 은행의 최저자본보전 기준

보통주자본비율	최저자본보전비율[1)
4.5 ~ 5.125%	100%
5.125 ~ 5.75%	80%
5.75 ~ 6.375%	60%
6.375 ~ 7.0%	40%
7.0% 이상	0%

1) 이익금 중 내부유보해야 하는 의무비율(이익배분 제한비율)

III. 경기대응완충자본

1. 도입 배경

2009년 7월 바젤위원회는 GHOS 회의에서 은행시스템의 안정성 확보를 위한 거시건전성 규제의 일환으로 경기대응완충자본을 도입키로 합의하였다. 신용팽창기에 버퍼를 적립(build up)하고 경기침체기에 이를 사용(release)토록 하는 경기대응완충자본의 기본개념이 제시된 것이다. 이후 바젤위원회는 경기순응성 완화를 위해 빌딩블록 방식(building block approach)을 선택하기로 하고, 경기대응완충자본을 포함한 4개의 방안[3]을 공개초안에서 제시하였다. 그리고 2010년 7월에 경기대응완충자본의 구체적인 도입방안을 제시한 공개초안[4]을 발표하였으며, 이에 대한 은행 업계 등의 의견을 수렴하여 2010년 12월에 경기대응완충자본의 최종 규제기준(바젤Ⅲ 기준서)과 각국 감독당국이 참고할 지도기준[5]을 각각 발표하였다.

경기대응완충자본은 금융위기 또는 경기침체가 발생하기 이전에

3_4개 방안은 최소자기자본규제의 경기순응성 완화, 미래지향적 충당금 적립, 자본보전완충자본, 경기대응완충자본을 의미한다.

4_"Countercyclical capital buffer proposal," Cnsultative Document, BCBS, July 2010.

5_"Guidance for national authorities operating the countercyclical capital buffer," BCBS, December 2010.

과도한 신용팽창이 선행하는 경우에는 위기로 인한 은행 부문의 손실이 심대하다는 관찰에서 비롯되었다. 위기 기간 중에는 은행들이 신용을 원활히 공급하여 실물경제의 침체를 방지하여야 함에도 불구하고 은행들이 규제자본 충족에 어려움을 예상하고 오히려 신용공급을 위축시킴으로써 실물경제의 침체가 심화되고 은행 부문의 손실이 더욱 확대되는 현상이 발생하였던 것이다. 지난 금융위기에서도 드러났듯이 과도한 신용팽창 이후에 금융위기가 발생한 경우에는 이와 같은 현상이 더욱 두드러지게 된다. 이는 한편으로는 과도한 신용팽창으로 인해 은행들의 자본비율이 약화된 데다 다른 한편으로는 신용버블의 붕괴는 더 심각한 금융위기와 경기침체를 수반하기 때문이다.

이와 같은 인식 하에 경기대응완충자본의 주된 목표는 시스템 차원의 리스크(system-wide risk) 증가를 수반하는 과도한 신용팽창으로부터 은행 부문의 안전성을 확보하는 데 두어졌다. 여기에서 은행 부문의 안전성이란 개별 은행이 충분한 지급능력을 보유하고 있음을 의미하는 것이 아니라 은행 부문 전체적으로 실물경제에 대한 신용공급 기능을 원활히 수행할 수 있을 정도의 충분한 자본을 보유하고 있음을 의미한다. 은행들이 최저규제수준을 훨씬 상회하는 충분한 자본을 보유하고 있다면 위기 기간 중에도 자본비율의 저하에 대한 두려움 없이 실물경제에 대한 자금공급 기능을 원활히 수행할 수 있을 것이기 때문이다.

경기대응완충자본 제도의 기본체계는 다음과 같다.

첫째, 각국 감독 당국은 신용증가율 등 지표에 대한 모니터링을 통해 신용증가가 과도한지 또는 시스템리스크의 징후가 있는지 여부 등을 평가한다. 이러한 평가를 바탕으로 필요하다고 판단하는 경우 경기대응완충자본의 적립을 요구한다. 그리고 시스템리스크가 현실화되는 경우에는 경기대응완충자본을 사용토록 하고, 시스템리스크가 줄어들 경우에는 적립의무를 해제한다.

둘째, 국제영업은행은 자행의 민간 부문 신용익스포져(private sector credit exposure)를 산출하고, 이를 기초로 자행에 적용되는 경기대응완충자본을 산출한다. 국제영업은행의 모국은 동 완충자본 산출의 적정성 여부를 확인하고 당해 은행에 대하여 완충자본의 적립을 요구한다.

셋째, 경기대응완충자본은 자본보전완충자본에 추가하여 적립되며, 경기대응완충자본의 규제수준을 충족하지 못하는 경우에는 자본보전완충자본에 대한 방식과 동일하게 이익배분에 대한 제한이 가해진다.

2. 국가별 경기대응완충자본

(1) 경기대응완충자본의 결정과 공시

경기대응완충자본의 적립은 각국의 관련 당국이 재량적으로 시스템적 리스크 증가를 수반하는 과도한 신용팽창 현상이 발생한다고 판단하는 시기에 자본보전완충자본에 더하여 추가적인 버퍼, 즉 버퍼 추가 항목(buffer add-on)을 쌓도록 하는 방식으로 이루어진다. 버퍼 추가 항목은 시스템리스크의 축적 정도에 따라 위험가중자산의 0~2.5% 범위 내에서 적립되어야 하며, 보통주자본과 기타 손실흡수능력이 뛰어난 자본으로 충족되어야 한다. 여기에서 기타 손실 흡수능력이 뛰어난 자본에 대한 정의는 바젤위원회에서 진행되고 있는 조건부자본(contingent capital)에 대한 논의 결과에 따를 것으로 예상된다.

각국의 관련 당국이 경기대응완충자본의 적립을 결정하면 그 내용을 바젤위원회의 홈페이지에 공시하여야 한다. 그리고 해당 국가 내의 모든 은행은 동 공시일로부터 12개월 이내에 이를 충족하여야 한다. 여기에서 12개월의 기간은 은행들에게 경기대응완충자본을 적립할 충분한 시간을 주기 위한 것이다. 12개월 이내에 이를 충족하지 못하는 은행에 대해서는 자본보전완충자본과 동일한 방식으로 이익배분에 대한 제한이 가해진다. 즉 버퍼를 어느 정도 충족하느냐에 따라 이익배분에 대한 제한의 정도가 달라지게 된다. 한편, 경기침체의 시기에 신용공급 확대를 위한 버퍼의 사용은 결정·공시가 이루어지는 즉시 효력을 발휘한다.

(2) 버퍼운용을 위한 기준지표(신용/GDP 갭)

바젤위원회는 시스템리스크 여부의 판단 및 버퍼의 적립/사용에 대한 결정(이하 버퍼결정buffer decisions)과 관련하여 각국의 재량을 보장하면서도 버퍼운용에 있어 최소한의 국제적 일관성을 확보하고자 하였다. 이에 따라 바젤위원회는 각국이 버퍼결정에 있어 참고로 할 수 있는 공통의 기준지표를 개발하고자 하였다. 바젤위원회는 광범위한 지표들을 대상으로 실증분석을 수행하였으며, 최종적으로 신용/GDP 비율이 장기추세선에서 괴리된 정도, 즉 신용/GDP 갭이 과도한 신용팽창으로 인한 시스템리스크의 증가 여부를 판단하는 가장 유용한 기준지표인 것으로 결론을 내렸다.[6]

(i) 신용의 정의

바젤위원회는 신용/GDP 갭에 사용되는 신용의 개념을 민간 부문의 총부채로 정의하였다. 다시 말해 신용의 공급자가 누구인지를 불문하고 가계와 비금융기업에 제공된 모든 종류의 신용을 포함하는 것으로 정의하였다. 여기에는 은행/비은행으로부터 제공된 국내신용뿐만 아니라 가계/기업이 해외 부문으로부터 조달한 자금도 포함된다. 그러나 바젤위원회는 민간 부문 총부채의 구체적인 구성항목은 제시하지 않았는데, 이는 국가별로 획득 가능한 데이터의 범위가 틀리기 때문에 모든 국가에 공통적으로 적용될 수 있는 신용의 구성항목을 엄밀히 정의하는 것이 불가능하기 때문이었다. 따라서 바젤위원회는 데이터 획득이 가능한 범위 내에서 각국이 가장 넓은 의미의 민간 부문 부채 개념을 사용할 것을 촉구하였다.

신용의 개념과 관련하여 제기되는 이슈로는 첫째, 은행 부문뿐만 아니라 비은행 부문으로부터 제공된 신용까지 포함한다는 것이다. 이에 대해 은행업계에서는 비은행 부문으로부터 신용팽창이 발생한 경우에도 은행 부문에 대하여 자본규제를 부과하는 것은 부당

6_바젤위원회가 고려한 지표에는 (1) GDP 성장률, (실질)신용증가율, 신용/GDP 갭, 주가 갭, 부동산가격 갭 등의 거시총량지표, (2) 수익성 등 은행 성과지표, (3) 신용 스프레드 등 은행의 조달비용 관련 지표 등을 포함하고 있다. 바젤위원회의 이러한 분석과 판단은 Drehmann, Borio, Gambacorta, Jimenez and Trucharte(2010)을 토대로 한 것이다.

하다고 반발하였다. 그러나 바젤위원회는 전체 금융시스템 내에서 과도한 신용팽창이 있는지 여부를 판단하는 데 있어 신용공급의 경로(기관)를 고려하는 것은 타당하지 않다고 주장하였다. 특히 비은행 부문으로부터의 신용공급을 제외할 경우 은행이 비은행 금융기관을 통해 우회적으로 신용팽창을 초래할 수 있음을 우려하였다. 또한 바젤위원회는 자체적인 실증분석에서도 은행 부문만을 대상으로 한 협의의 신용 개념보다는 은행, 비은행을 포괄하는 광의의 신용 개념이 주기적인 신용위기를 예측하는 데 보다 유용한 것으로 나타났다는 점을 강조하였다.

다음으로, 일부에서는 공공 부문에서 제공된 신용, 즉 공공부채를 포함할 필요성을 제기하였다. 그러나 공공부채는 경기호황기에 감소하고 경기침체기에 증가하는 경기대응적인 특성을 가지고 있어 민간부채의 경기순응성을 상당폭 상쇄할 가능성이 있음이 지적되었다. 따라서 공공부채를 신용의 범위에 포함할 경우 신용의 과도한 팽창 여부를 판단하기 위한 지표로서 신용/GDP 갭의 유용성이 현저히 감소할 것으로 우려되었다. 그러나 바젤위원회는 공공 부문에 의한 과도한 신용공급이 있는 경우에도 시스템 차원의 리스크 증가가 발생하는지 여부에 대하여 관심을 가지고 지속적으로 모니터링해 나갈 계획임을 밝혔다.

마지막으로 금융기관 간 신용공여를 포함할 필요성에 대한 검토도 이루어졌다. 금융시스템 내부의 급격한 자금 흐름의 증가는 거래상대방 신용리스크 등을 통한 전염위험을 증가시킴으로써 시스템리스크의 원천이 될 수 있음이 지적되었다. 그러나 바젤위원회는 이러한 위험은 신용/시장리스크에 대한 통상의 규제자본에 의해 커버되어야 하는 것으로서 경기대응완충자본의 규제대상이 아닌 것으로 판단하였다.

(ii) 신용/GDP 갭 및 버퍼 추가 항목의 산출 절차

바젤위원회는 신용/GDP 비율을 이용하여 경기대응완충자본을 결정하는 과정을 다음과 같이 3단계로 제시하였다.

1단계: 신용/GDP 비율의 산출 | 각국의 관련 당국은 명목금액 기준으로 민간신용 대비 GDP 비율을 분기별로 다음과 같이 산출한다.

$$RATIO_t = CREDIT_t \ / \ GDP_t \times 100\%$$

2단계: 신용/GDP 갭의 산출 | 신용/GDP 비율이 장기추세선(TREND)으로부터 괴리된 정도를 산출한다.

$$GAP_t = RATIO_t \ - \ TREND_t$$

장기추세선(TREND)은 과거 경험으로 볼 때 특정 국가에서 장기적으로 지속가능한 신용/GDP의 평균적인 비율이라고 할 수 있다. 따라서 신용/GDP 비율이 장기추세선의 윗부분에 위치하고 그 갭이 상당하다면 GDP에 비해 과도한 신용팽창이 이루어진 신호로 해석할수 있다. 장기추세선은 이동평균, 선형평균 등의 단순한 방식으로 산

출할 수 있으나 바젤위원회는 Hodrick-Prescott 필터링 기법을 활용하여 산출할 것을 권고하고 있다. 동 기법은 최근의 관측치에 더 많은 가중치를 둠으로써 거시변수의 구조적 변화(structural breaks)를 포착할 수 있는 장점이 있기 때문이다.

3단계: 버퍼 추가 항목의 계산 | 신용/GDP 갭의 하한(L)과 상한(H)을 설정하고, 실제 갭 값이 상하한의 어디에 위치하는지에 따라 경기대응완충자본의 크기, 즉 버퍼 추가 항목을 결정한다. 갭 값이 하한 이하인 경우 버퍼 추가 항목은 영(zero)이 되며, 갭 값이 상한(H) 이상인 경우 버퍼 추가 항목은 최대치(예: 2.5%)로 결정된다. 그리고 갭 값이 상하한의 중간에 위치하고 있는 경우에는 갭의 크기에 비례하여 버퍼 추가 항목을 결정한다.

여기에서 갭의 상한과 하한을 어떻게 결정하는지가 경기대응완충자본의 효율적 운용에 핵심이라는 것을 알 수 있다. 바젤위원회는 과거 은행위기에 대한 분석을 토대로 L = 2, H = 10으로 결정하는 것이 가장 합리적이라는 견해를 제시하였다. 그러나 바젤위원회는 이에 대한 구체적인 결정은 각국의 신용 및 GDP 데이터의 특성에 따라 달라질 수 있음을 인정하였다. 이제 L = 2, H = 10으로 설정하면, 버퍼 추가 항목은 다음과 같이 정해진다.

$(CREDIT_t / GDP_t) \times 100\% - TREND_t < 2\% \rightarrow$ 버퍼 = 0%

$(CREDIT_t / GDP_t) \times 100\% - TREND_t > 10\% \rightarrow$ 버퍼 = 2.5%

즉 신용/GDP 비율이 장기추세선으로부터 위쪽으로 벗어난 정도
가 2% 이하인 경우에는 버퍼 추가 항목은 0%가 된다. 또한 신용/
GDP 비율이 장기추세선으로부터 10% 이상 위쪽으로 벗어난 경우에
는 버퍼 추가 항목은 최대치인 2.5%가 된다. 그리고 신용/GDP 비율
이 장기추세선으로부터 벗어난 정도가 2%와 10% 사이에 있는 경우
에는 버퍼 추가 항목은 그 벗어난 정도(갭의 크기)에 비례하여 결정된
다. 예를 들어 신용/GDP 갭이 6%(2%와 10%의 평균)이면 버퍼 추가 항
목은 1.25%(0과 2.5%의 평균)로 결정된다.

아래 그림은 영국의 사례를 이용하여 산출한 신용/GDP 갭과 경기
대응완충자본의 관계를 예시하고 있다.

신용/GDP 비율, 장기추세 및 경기대응완충자본(영국의 사례, %)

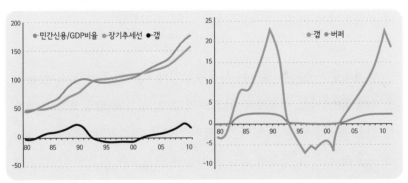

자료: 바젤위원회(2010.12월)

(3) 정성적 판단을 위한 일반원칙

바젤위원회는 각국의 관련 당국이 버퍼결정에 있어 이상과 같은
신용/GDP 갭을 기준지표로 활용할 것을 권고함과 동시에 동 신용/

GDP 갭에 기계적으로 의존하여서는 안 된다는 점을 분명히 하였다. 즉 신용/GDP 갭 지표를 통해 버퍼수준에 대한 기본적인 근거를 산출하고, 여기에다 기타 지표(자산가격, CDS스프레드, 신용서베이, 실질 GDP 성장 등)와 질적 정보 등을 종합적으로 고려하여 도출한 경기상황에 대한 정성적 판단을 더하여 최종 버퍼수준을 확정할 것을 권고하고 있는 것이다. 바젤위원회는 관련 당국의 정성적 판단이 건전하고 합리적인 방식으로 이루어질 수 있도록 다음과 같은 일련의 원칙을 제시하였다.

원칙1: 목적 부합성 | 버퍼결정은 경기대응완충자본 제도의 목적, 즉 과도한 신용팽창에 수반하는 시스템리스크로 인해 발생할 수 있는 잠재적 미래 손실로부터 은행 부문의 안정성을 확보한다는 목적에 부합하여야 한다.

경기대응완충자본 제도는 신용팽창기에 버퍼를 적립하고, 신용위축기에 동 버퍼를 사용토록 함으로써 은행 부문의 안정성을 보장하는 것을 목적으로 하고 있다. 버퍼의 사용은 직접적인 손실흡수기능과 아울러 신용의 지속적 공급을 가능케 함으로써 신용의 급격한 위축시 발생할 수 있는 잠재손실을 예방하는 기능을 수행함으로써 은행 부문의 안정성 보장에 기여하는 것이다. 이와 함께 버퍼의 적립은 신용버블의 형성을 저지/완화하는 부수적인 효과도 거둘 것으로 기대되었다. 신용팽창의 기간 동안에 이루어지는 자본버퍼의 적립은 신용의 비용상승을 초래함으로써 결과적으로 신용에 대한 수요를 약화시키는 요인으로 작용할 것이기 때문이다.

이와 같이 바젤위원회는 과도한 신용주기의 완화가 경기대응완충자본의 주된 목표가 아니라 부수적인 목표임을 명확히 하였다. 은행업계와 일부 국가에서는 신용버블 또는 자산가격 버블의 방지를 경기대응완충자본의 일차적인 목표로 할 것을 주장하였으나, 바젤위원회는 신용버블의 방지가 재정/통화정책 등 기타 거시정책수단을 통해 달성되어야 할 영역임을 명확히 하고자 하였다. 다만, 바젤위원회는 경기대응완충자본 제도의 운영이 거시정책에 영향을 줄 수 있으므로 거시경제, 금융 및 감독상의 이용가능한 모든 정보를 고려하여 버퍼결정을 할 것을 주문하였다.

원칙2: 공통의 기준지표 | 각국의 관련 당국은 버퍼결정을 위해 신용/GDP 갭 지표를 활용하여야 하며, 이를 주기적으로 공시하여야 한다. 또한 각국의 관련 당국은 동 지표를 포함하여 버퍼결정에 활용한 정보의 내역과 버퍼결정 방식을 설명하여야 한다.

바젤위원회는 시스템리스크의 축적 여부를 예측하는 데 있어 신용/GDP 지표의 유용성, 버퍼결정에 있어서 국제적 일관성의 확보 필요성 등을 고려하여 각국이 버퍼결정에 있어 반드시 신용/GDP 갭 지표를 활용할 것을 권고하였다. 그러나 바젤위원회는 버퍼결정에 있어 동 지표를 어느 정도 비중있게 반영하여야 하는지에 대하여는 각국의 재량에 일임하였다. 따라서 각국 관련 당국이 다른 지표들이나 질적 정보 등이 신용/GDP 갭 지표보다 더 중요하다고 판단하는 경우에는 버퍼결정시 이들 여타 지표들을 더 비중있게 반영할 수 있다. 다만, 바젤위원회는 이 경우 각국 감독 당국이 활용한 여타 정보의 세부 내역과 버퍼결정 방식 등을 공시하도록 권고하였다.

원칙3: 지표의 신중한 해석 │ 버퍼결정에 활용하는 신용/GDP 갭 지표 등 관련 정보가 주는 신호(signals)를 잘못 해석하지 않도록 주의하여야 한다.

경기대응완충자본의 운용에 있어 가장 중요한 것은 신용주기, 즉 버퍼의 적립/사용에 관한 판단을 시의적절하게 하는 것이다. 신용주기에 대한 잘못된 판단은 신용버블과 신용경색을 더욱 심화시키는 결과만을 초래할 것이기 때문이다. 예를 들어 신용주기가 과열을 넘어 위축되고 있는 단계임에도 불구하고 버퍼의 적립을 지속토록 한다면 신용경색이 심화될 수 있다. 또한 신용주기가 과열의 초기단계에 있음에도 불구하고 버퍼를 적립토록 하지 않는다면 버퍼 운용의 실효성이 없게 된다.

시의적절한 버퍼결정을 위해서는 신용/GDP 갭 지표 등 관련 정보가 주는 신호를 정확히 해석하는 것이 절대적으로 중요하다. 그런데 문제는 이들 지표들이 때로는 그릇된 신호를 줄 위험이 있다는 데 있다. 예컨대 신용/GDP 비율의 상승이 신용팽창이 아니라 주기적인 경기후퇴 또는 GDP의 감소에 의해 발생할 수 있는 것이다. 신용/GDP 비율이 상승한다고 해서 기계적으로 신용팽창에 따른 시스템 차원의 리스크가 증가하고 있다는 판단을 해서는 안되는 것이다. 따라서 바젤위원회는 신용/GDP 갭 지표나 기타 정보 들을 종합적으로 고려하여 이들 지표들이 주는 신호가 시스템리스크 증가와 관련된 것인지 여부를 신중하게 판단할 것을 권고하고 있는 것이다.

원칙4: 버퍼의 신속한 사용 │ 위기상황에서는 버퍼의 사용을 신속히 결정함으로써 최저자본규제로 인해 신용공급이 위축되는 사태가 발생하지 않도록 하여야 한다.

바젤위원회는 신용공급이 급격히 위축되는 위기상황에서는 버퍼의 사용에 관한 결정이 신속히 이루어져야 함을 강조하였다. 이러한 원칙은 신용축소가 위기발생 이후에 나타나는 후행적 특성을 가진다는 점을 고려한 것이다. 또한 관련 당국이 버퍼사용을 결정하는 경우에는 버퍼사용의 기간을 동시에 공시하도록 함으로써 버퍼결정과 관련한 불확실성을 제거하도록 권고하였다.

원칙5: 기타 거시건전성 수단 │ 각국의 감독 당국은 필요시 경기대응완충자본을 여타 거시건전성 감독수단과 함께 활용할 수 있다.

바젤위원회는 각국의 관련 당국이 거시경제 여건 등을 고려하여 경기대응완충자본을 포함한 다양한 거시건전성 감독수단을 적절히 활용할 것을 권고하고 있다. 예컨대 과도한 신용팽창에 수반하는 시스템리스크가 누적되고 있다고 판단하는 경우에는 경기대응완충자본을 여타 거시건전성 감독수단과 함께 사용할 수 있다. 반면, 신용버블이 전체 시스템이 아닌 특성 부문에서만 발생한다고 판단하는 경우에는 주택담보대출비율(LTV: Loan-to-value ratio), 총부채상환비율(DTI: Debt-to-income ratio), 부문별 완충자본 등의 거시건전성 감독수단을 활용할 수 있을 것이다.

3. 국제영업은행에 대한 적용 방법

국제업무 영위 은행(이하 국제영업은행)의 경우 국가별 버퍼 추가 항목을 국가별 가중치로 가중 평균하여 버퍼 추가 항목을 산정한다. 여기에서 국가별 가중치는 해당국에 대한 민간 부문 신용익스포져[7] 관련 규제자본을 총 민간 부문 신용익스포져 관련 규제자본으로 나누어 산출한다. 그리고 신용익스포져의 범위에는 신용리스크와 트레이딩계정의 자본규제 대상 익스포져[8]에 해당하는 모든 민간 부문 신용이 포함된다.

국제영업은행의 버퍼 추가 항목 =

$$\sum i \ \frac{i \text{국의 민간신용 익스포져 관련 규제자본}}{\text{총 민간신용 익스포져 관련 규제자본}} \times \ i \text{국의 버퍼 추가 항목}$$

7_은행들은 신용익스포져가 어느 국가와 연관되어 있는지를 궁극적인 리스크 부담 주체 기준(ultimate risk basis)으로 판단하여야 한다. 즉 신용익스포져가 계리(booking)된 기준이 아니라 보증인이 거주하는 국가를 기준으로 판단하여야 한다.

8_개별리스크(specific risk), IRC(incremental risk charge), 유동화증권 등을 포함한다.

국제영업은행에 대한 버퍼 운용과 관련하여서는 국가간 상호주의(jurisdictional reciprocity)가 적용된다. 국가간 상호주의가 적용되는 구체적인 절차는 다음과 같다.

우선, 주재국(host authority)이 자국 내 모든 은행들에 적용되는 버퍼 추가 항목을 계산하고 이를 모국(home authority)에 통보한다. 그러면 모국은 자국의 국제영업은행이 국가별 신용익스포져를 감안하여 버퍼 추가 항목을 정확히 계산하였는지를 확인하고, 당해 국제영업은행에 대하여 동 버퍼 추가 항목을 적립할 것을 요구한다. 이와 같이 버퍼결정과 관련하여 모국과 주재국은 명확히 구분된 권한을 갖는다. 주재국은 자국의 신용익스포져에 대하여 버퍼를 결정할 권한을 가지며, 모국은 국제영업은행에 적용될 버퍼수준을 결정할 최종 권한을 갖는 것이다.

은행업계 등에서는 국가 간에 버퍼결정이 비대칭적으로 이루어지는 경우 은행 간 공정경쟁여건이 훼손될 수 있음을 우려하였다. 예를 들어 A국(주재국)에서는 2.5%의 버퍼 적립을 요구한 반면, B국(모국)에서는 버퍼 적립 결정이 없는 경우를 가정해 보자. 그리고 국제영업은행의 A국과 B국에 대한 국가별 가중치가 각각 50%라고 가정하자. 그러면 A국의 국내 은행은 2.5%의 버퍼 적립 의무가 발생하지만, B국의 국제영업은행은 1.25%의 버퍼 적립 의무만이 발생한다. 요컨대 A국의 국내 은행은 B국의 국제영업은행에 비해 불리한 경쟁여건에 직면하게 되는 것이다. 이와 같은 점을 고려하여 바젤위원회는 모국이 국제영업은행에 대하여 주재국이 결정한 버퍼수준보다 더 높은 버퍼를 적립토록 요구할 수 있도록 하였다. 그러나 그 반대의 경우,

즉 주재국이 결정한 버퍼수준보다 더 낮은 버퍼를 적립토록 하는 것은 불허하였다. 이러한 비대칭적 구조는 버퍼 적립의 결정으로 자국 내 은행이 해외 은행에 비해 불리한 경쟁 여건에 직면할 수 있다는 우려를 불식하기 위한 것이다.

그 밖에 국제영업은행에 대한 적용과 관련하여 주의할 사항은 다음과 같다. 첫째, 버퍼 추가 항목을 공표하지 않는 국가에 대한 익스포져가 있을 경우 국제결제은행(BIS), 국제통화기금(IMF) 등으로부터 관련 정보를 확보하여 국제영업은행의 버퍼를 계산하도록 하였다. 둘째, 주재국 감독 당국은 자국 내 진출 은행에 대해 개별 법인 기준(individual legal entity level) 또는 본점 기준(consolidated level)으로 버퍼를 보유토록 요구할 권한을 갖도록 하였다. 그리고 지점 또는 역외 금융기관을 통한 대출에 대해서는 국가간 상호주의를 토대로 모국 감독 당국이 버퍼를 부과토록 하였다.[9]

4. 경기대응완충자본의 보전기준

경기대응완충자본은 자본보전완충자본을 확장한 형태로 시행된다. 아래의 표는 필요완충자본의 충족 정도에 따른 최저자본 보전비율을 나타내고 있다. 해당 은행의 경기대응완충자본이 0%인 경우, 아래 표에 제시된 보전비율은 자본보전완충자본에 대한 최저자본 보전비율과 동일하게 된다.

9_우리나라에 진출한 외국 은행의 국내 지점의 경우 은행법상 개별법인으로 간주되므로 우리나라가 경기대응완충자본을 부과하고 관리할 권한을 갖는다.

개별 은행의 최저자본보전 기준

보통주자본비율 (여타 손실흡수력이 큰 자본 포함)	최저자본보전비율[2]
필요완충자본[1]의 25% 미만	100%
필요완충자본의 25~50%	80%
필요완충자본의 50~75%	60%
필요완충자본의75~100%	40%
필요완충자본의 100% 이상	0%

1) 자본보전(2.5%) + 경기대응(0~2.5%)
2) 이익금 중 내부유보해야 하는 의무비율(이익배분 제한비율)

예를 들어 경기대응완충자본의 비율이 2.5%라고 가정하면, 은행의 보통주자본비율의 수준별 최저자본 보전비율은 아래 표와 같다.

개별 은행의 최저자본보전 기준

보통주자본비율 (여타 손실흡수력이 큰 자본 포함)	최저자본보전비율
4.5 ~ 5.75%	100%
5.75 ~ 7.0%	80%
7.0 ~ 8.25%	60%
8.25 ~ 9.5%	40%
9.5% 이상	0%

5. 기타 제도운영에 대한 세부 사항

바젤위원회는 경기대응완충자본이 '과도한 신용팽창'만을 대상으로 함에 따라 각 국가별로는 버퍼 추가 항목의 적립/사용이 매우 드

물게 – 예를 들어 10년 또는 20년에 한 번 정도 – 이루어질 것으로 추정하였다. 다만, 국제영업은행의 경우에는 각 국가별로 결정되는 버퍼 추가 항목을 당행의 국가별 가중치로 가중평균하여 산출한 버퍼 추가 항목을 적용하기 때문에 버퍼 추가 항목의 적립/사용이 보다 빈번하게 이루어질 것으로 보았다. 그러나 바젤위원회는 거시경제, 금융 및 은행 건전성 관련 정보들이 주로 분기별로 업데이트되는 점을 감안하여 각국의 관련 당국이 최소한 분기별로 버퍼수준의 적정성 여부 등을 점검할 것을 권고하였다. 특히 버퍼결정이 이루어진 시점으로부터 12개월 이후에 버퍼의 적립의무가 발생한다는 점을 고려할 때 신용주기에 대응한 시의성있는 버퍼 적립/사용이 이루어지기 위해서는 최소한 분기별 버퍼수준의 점검이 필요한 것으로 판단하였다.

바젤위원회는 버퍼결정과 관련한 의사소통(communications)이 신뢰성과 신중한 의사결정에 필수적인 요소라고 인식하였다. 따라서 바젤위원회는 각국의 관련 당국이 적절한 의사소통전략을 마련하고, 버퍼결정에 활용된 정보의 내역과 버퍼결정방식, 거시경제여건에 대한 감독 당국의 평가, 향후의 버퍼결정에 대한 전망 등에 대하여 시장과 정기적(예: 최소 연1회)으로 소통할 것을 권고하였다.

경기대응완충자본제도는 Pillar 1과 Pillar 2의 성격을 동시에 가지고 있다. 사전에 정해진 방법에 의해 은행이 의무적으로 버퍼를 보유해야 하며, 그 비율을 공시해야 한다는 점에서는 Pillar 1의 성격을 가진다. 그러나 관계 당국의 재량적 판단에 따라 그 수준이 변동된다는 점에서는 Pillar 2의 성격을 가진다고 할 수 있다.

IV. 평가

완충자본제도는 바젤Ⅲ 중에서 가장 혁신적인 규제개혁의 하나로 평가할 수 있다. 완충자본제도는 손실흡수능력의 획기적 확충을 통해 개별 은행의 파산확률을 낮추는 것은 물론 경기순응성 완화를 통해 시스템리스크를 예방하는 효과를 가질 것으로 기대되고 있다. 그러나 완충자본제도가 과연 기대하는 효과를 거둘 수 있을지에 대해서는 은행업계는 물론 회원국 내부로부터도 회의적인 시각이 제기되었다.

첫째, 완충자본, 특히 자본보전완충자본이 새로운 최저규제자본으로 인식될 우려가 제기되었다. 완충자본제도가 의도하는 효과를 거두기 위해서는 경기침체기에 버퍼 구간 이하로 자본비율이 하락하는 것을 용인함으로써 완충자본이 손실흡수 및 신용공급의 지속을 가능하게 하는 기능을 수행하여야 한다. 그러나 완충자본이 시장참가자들에게 새로운 최저규제자본으로 인식된다면 은행들은 경기침체기에 손실흡수 및 대출재원의 목적으로 버퍼를 사용하기보다는 오히려 버퍼충족을 위해 추가적인 자본확충에 나설 가능성이 있다. 따라서 완충자본제도의 성공적인 운용을 위해서는 동 제도의 도입 취지에 대한 은행업계와 시장참가자들의 충분한 이해가 선결조건이라고 할 수 있겠다. 이를 위해 감독 당국은 은행업계와 시장참가자 등에 대하여 완충자본제도의 도입취지와 그 운용방침을 충분히 납득시킬 수 있는 소통전략을 수립/시행할 필요가 있다.

둘째, 바젤위원회가 밝히고 있듯이 경기대응완충자본의 일차적인 목적은 신용버블의 방지에 있는 것이 아니라 자본버퍼의 형성을 통해 신용위축기 실물 부문에 대한 신용공급의 원활화에 있다. 따라서 버퍼 적립에 따른 신용비용 상승에도 불구하고 신용의 수요가 줄어들지 않거나 은행들이 신용확대에 따른 기대수익이 버퍼 적립에 따른 부담보다 크다고 판단하는 경우에는 신용버블의 저지효과가 낮을 것으로 예상된다. 더욱이 은행들이 경기대응완충자본을 커버하기에 충분한 수준의 자본을 이미 보유하고 있다면 신용버블, 즉 시스템리스크의 축적을 저지하는 효과는 미미할 것으로 예상할 수 있다.[10] 따라서 향후 경기대응완충자본의 경기순응성 완화효과가 미흡하게 나타나는 경우에는 일정한 제도적 보완을 고려할 필요가 있다고 하겠다.

예를 들어 신용버블의 억제를 경기대응완충자본의 부수적인 목적이 아닌 명시적이고 일차적인 목적으로 규정함으로써 경기대응완충자본의 신축적이고 적극적 활용을 유도하는 방안을 고려할 수 있다. 또한 버퍼의 적립에 따른 신용팽창 억제효과가 나타날 수 있도록 버퍼 적립 부담을 바젤위원회에서 제시한 기준(최대 2.5%)보다 대폭 강화(예: 최대 5%)하여 적용하는 방안도 고려할 수 있다.

셋째, 경기대응완충자본은 은행 부문뿐만 아니라 비은행 부문에서 제공된 신용까지를 포괄하는 광범위한 민간신용 개념을 사용하고

10_국내 주요 은행의 경우 2009년 말 현재 바젤III 기준에 의한 보통주자본비율이 11% 수준으로 추정되어 경기대응완충자본까지를 포함한 규제기준(최대 9.5%)을 이미 상회하고 있어 신용팽창기 신용버블의 억제효과가 미미할 것으로 예상된다.

있다. 즉 금융시스템 전반의 신용버블이 있는 경우에만 버퍼의 적립 의무가 발동되는 것이다. 이에 따라 특정 금융 부문에서 신용버블이 생성하더라도 시스템 전반적으로는 신용버블의 징후가 없다면 버퍼의 적립의무가 발동되지 않는다. 요컨대 경기대응완충자본이 신용카드대출, 주택대출, PF대출 등 특정 부문의 신용버블의 생성과 붕괴에 따른 문제점을 완화하는 데는 한계가 있는 것으로 보인다. 따라서 시스템 전반적인 신용팽창이 아닌 특정 부문에서의 신용버블이 발생하는 경우에도 자본버퍼를 적립하는 방안을 고려할 필요가 있다. 특히 우리나라의 경우 과거 주기적으로 신용팽창이 발생하였던 중소기업대출, 주택담보대출, 신용카드대출 등에 대한 부문별 경기대응완충자본 제도의 도입을 심도있게 고려하여야 할 것이다.

넷째, 바젤위원회는 경기대응완충자본 제도를 운영할 관련 당국을 각국에서 자율적으로 결정토록 하였다. 경기대응완충자본 제도는 규제자본체계의 일부를 구성한다는 점에서 감독 당국이 일차적으로 제도 운영에 대한 책임과 권한을 갖는다고 할 수 있다. 그러나 경기/신용주기 판단 등을 위해 폭넓은 거시/미시적 분석이 요구되며, 경기대응완충자본 제도가 통화정책과 밀접한 연관성을 갖는다는 점에서는 중앙은행도 동 제도 운영에 일정 정도 관여할 필요가 있다고 볼 수 있다. 따라서 동 제도의 효율적 운영을 위해서는 감독기구와 중앙은행 간 적절한 정보공유, 의견교환, 정책공조 등 긴밀한 협력이 필요하다고 하겠다.

이상과 같은 이슈들을 고려할 때 완충자본제도가 각국별로 효과적이고 시장으로부터 신뢰를 얻는 정책수단으로 자리잡기까지는 상당한 노력이 필요한 것으로 보인다. 따라서 우리나라에서도 은행업계 및 시장과의 소통체계 수립, 신용주기의 판단을 위한 기준지표(신용/GDP 갭) 및 참고지표의 개발, 감독 당국과 통화 당국 간 협력체계의 구축 등을 통해 동 제도가 국내에 효과적으로 정착될 수 있도록 준비해 나가야 할 것이다.

적정 완충자본 수준에 대한 캘리브레이션

완충자본은 최저규제자본과 개념적으로 상이하다. 최저규제자본이 은행이 계속기업으로서 존속되기 위해 필요한 자본량을 의미하는 데 반해, 완충자본은 위기기간 동안 은행이 손실을 흡수하면서 최저규제비율 수준 이상으로 자본비율을 유지하기에 충분한 자본량을 의미한다. 이와 같은 인식하에 TCG는 완충자본 수준에 대한 캘리브레이션 방안으로서 금융위기 기간 동안 은행이 경험한 누적 손실 규모를 분석하였다.

우선, 2007년 3/4분기부터 2009년 4/4분기까지의 금융위기 기간 중 누적 순손실을 경험한 은행들에 대하여 순손실/위험가중자산비율의 평균 및 중간값을 계산하였다. 14개 국가의 73개 대형 은행을 대상으로 분석한 결과 세전 및 배당전 기준으로 20개 은행이 누적 순손실을 경험한 것으로 나타났으며, 순손실/위험가중자산비율 평균값과 중간값은 각각 4.7%, 2.5%로 나타났다.

이상의 분석에서 사용된 누적 순손실 개념은 은행에 발생한 실제의 손실규모를 다소 과소평가할 가능성이 있다. 이는 금융위기 기간(2007.3/4~2009.4/4)의 초반 또는 후반에 양(+)의 이익을 시현한 분기가 있을 경우 그 만큼 누적 손실규모가 축소되기 때문이다. 따라서 금융위기 기간 중 은행이 경험한 실제 손실규모를 보다 적절히 반영하기 위해 계산한 것이 아래 표의 '최대누적손실규모'이다. '최대누적손실규모'는 금융위기 기간 중 손실을 시현한 기간만을 대상으로 누적 손실규모를 계산함으로써 누적 손실규모의 최대치를 산출한 것이다. '최대누적손실규모'는 금융위기 중 특정 은행이 경험한 최악의 상황을 반영하는 것이기 때문에 완충자본의 캘리브레이션에 보다 적합한 개념이라고 할 수 있다.

아래의 표에서 10개 국가의 53개 은행 중 누적순손실을 경험한 17개 은행을 대상으로 산출한 최대누적손실규모/위험가중자산비율의 평균값과 중간값이 각각 5.4%, 3.2%로 나타나고 있다.

과거에 발생한 7개의 금융위기 사례를 살펴보면, 최대누적손실/위험가중자산비율의 평균값은 3%, 중간값은 1.0%로 2007~9년의 금융위기의 경우에 비해 다소 낮은 것으로 것으로 나타나고 있다. 그러나 시스템위기가 발생한 4개 금융위기의 사례만을 살펴보면, 평균값과 중간값이 각각 7%, 3.7%로 최근 금융위기의 경우에 비해 더 높게 나타나고 있는 것을 알 수 있다. 이상의 분석 결과는 적절한 완충자본(자본보전+경기대응) 수준이 평균적으로 3~7% 수준이 되어야 함을 시사하는 것이라고 할 수 있다.

금융위기 기간 중 누적순손실/위험가중자산비율

	최저값	최대값	평균	중간값	국가 수
〈최근 금융위기(2007.3/4~2009.4/4)〉	0.6%	25.7%	4.7%	2.5%	14
누적순손실/위험가중자산					
최대누적순손실/위험가중자산	–	–	5.4%	3.2%	10
〈과거 금융위기〉					
최대누적순손실/위험가중자산	0.00%	29.2%	3%	1.0%	7[1]
최대누적순손실/위험가중자산 −시스템위기	0.09%	29.2%	7%	3.7%	4[2]

자료: 바젤위원회(2010.10월)

1) 금융위기의 수를 나타냄: 일본(2000–02), 한국 외환위기(1997–99), 한국신용카드 사태(2003), 스웨덴 (1990–93), 노르웨이(1988–93), 핀란드(1990–93), 미국 (1980년대 및 90년대 초반)
2) 금융위기의 수를 나타냄: 한국 외환위기(1997–99), 스웨덴(1990–93), 노르웨이(1988–93), 핀란드(1990– 93)

제5장

거래상대방 신용리스크에 대한 규제 강화

● 이 장의 내용은 금융감독원 황태식 수석조사역과 공동으로 작성하였다.

I. 머리말

2007년 미국 서브프라임 모기지대출의 부실에서 시작된 글로벌 금융위기는 2008년 3월 베어스턴스사(Bear Sterns) 파산, 2008년 9월의 리먼브라더스사(Lehman Brothers) 파산과 AIG사의 부실사태를 계기로 심각한 국면으로 전개되었다. 그 이전까지는 미국의 일부 서브프라임 모기지대출 전문회사의 부실이라는 국지적인 신용위기로 인식되었던 금융위기는 일련의 거대 거래상대방 파산을 계기로 글로벌 금융시스템 전반에 걸친 신용 및 유동성 위기로 확산되었던 것이다. 거래상대방 리스크의 급작스러운 발현이 금융시스템의 안정성을 심각하게 저해할 수 있음이 드러났던 것이다. 이에 따라 규제 당국과 시장참가자는 공히 거래상대방 신용리스크가 금융리스크 관리의 핵심 요소임을 명확히 인식하게 되었다.

이러한 배경 하에서 바젤위원회는 바젤Ⅲ 규제자본체계 개편의 일환으로 거래상대방 신용리스크에 대한 처리기준의 적정성을 전면적으로 재검토하고, 거래상대방 신용리스크에 대한 규제를 강화하기 위한 광범위한 노력을 기울이게 되었다. 바젤위원회는 장외파생상품거래, 증권금융거래 등과 관련한 거래상대방 신용리스크에 대한 자본규제와 리스크 관리 기준을 대폭 강화하는 한편, 중앙청산소 제도의 이용을 촉진함으로써 거래상대방 위험을 획기적으로 낮추고자 하였다.

이 장은 바젤위원회가 2010년 12월 발표한 "바젤Ⅲ: 자본 및 유동성 규제기준(rule text)" 중 거래상대방 신용리스크에 대한 규제강화 내용을 구체적으로 살펴보는 것을 목적으로 한다. 바젤Ⅲ 규제체계를 살펴보기에 앞서 거래상대방 신용리스크의 의의와 거래상대방 신용리스크에 대한 바젤II 규제체계를 간략히 살펴보았다.

II. 거래상대방 신용리스크의 의의

바젤II에서는 트레이딩 포지션에 속하는 장외파생상품거래, 증권담보부거래[2](security financing transactions)에 대해 일반 시장리스크 및 개별리스크 관련 소요자기자본을 산출하며 이와 별도로 거래상대방 신용리스크에 대한 소요자기자본을 산출하도록 하고 있다. 거래상대방 신용리스크(CCR: counterparty credit risk)란 금융거래의 상대방이 계약의 만기 이전에 부도가 발생하고, 이로 인해 거래로부터 발생하는 지급을 완료하지 못할 리스크를 의미한다. CCR은 거래상대방과 개별적으로 체결한 금융거래에서만 발생하며, 거래소를 통한 거래에는 발생하지 않는다. 거래소를 통한 거래의 경우 거래소가 중간에 개입하여 지급 및 결제를 보증하기 때문이다.

CCR은 채무자의 부도로 인해 손실이 초래된다는 점에서 신용리스크의 하나로 볼 수 있지만 익스포져 규모가 시장가치 변동위험에 노출되어 있어 불확정적이고 부호(+ 또는 −)가 변하는 양자적 특성(bilateral nature)을 갖는다는 점에서 전통적인 대출의 신용리스크와 구별된다. 경제적 손실은 계약이 금융거래 상대방의 부도 시점에

2_증권을 다른 증권 또는 현금과 교환하고, 미래의 특정일에 동일한 증권을 다시 교환하기로 하는 약정을 의미한다. 증권대출(securities loans), 환매조건부계약 (repurchase agreements 또는 sell−buyback agreements) 등이 이에 해당한다. 이 책에서는 '증권금융거래'라는 용어와 혼용하였다.

양(+)의 경제적 가치를 가질 때 발생한다. 거래상대방 신용리스크는 1990년대 이후로 장외파생상품거래 및 증권담보부거래가 급증하면서 중요한 이슈로 부각되었다.

거래상대방 익스포져는 커런트익스포져(CE: current exposure)와 미래의 잠재익스포져(PEE: potential future exposure)의 두 부분으로 구성된다. 커런트익스포져는 회수율(recovery rate)이 제로(0)라고 가정할 때 거래상대방의 부도로 인해 발생하는 손실금액이다. 파생상품계약의 거래상대방이 부도나면 다른 상대방(생존상대방)은 부도상대방과의 모든 포지션을 청산(close out)하는 한편 새로운 거래상대방과 유사한 금융거래를 체결하여야 한다. 따라서 거래상대방 부도시 회수율이 제로(0)라고 가정할 때 거래상대방 익스포져는 계약의 대체비용(replacement cost)에 의해 결정된다. 거래상대방의 부도 시점에서 계약이 음(-)의 시장가치를 갖는 경우에는 대체비용이 제로(0)가 되며, 양(+)의 시장가치를 갖는 경우에는 해당 계약의 시장가치(평가익)가 대체비용이 된다. 즉 거래상대방에 대한 신용익스포져는 계약의 시장가치 또는 제로(0) 중 큰 값이라고 할 수 있다.

미래의 잠재익스포져는 기초가 되는 시장변수들(금리, 주식, 환율, 상품가격 등)의 변화로 인해 발생하는 미래의 익스포져의 변화분, 즉 거래상대방이 현재 시점이 아니라 미래의 특정 시점에 부도가 발생한다고 가정할 경우의 익스포져이다. 시장변수 변화로 인해 단순히 계약가치의 크기뿐만 아니라 부호(+ 또는 -)도 변할 수 있다. 따라서 잠재익스포져는 현재 시점에서 그 크기를 확정적으로 알 수가 없으며, 따라서 일정한 공식을 이용하여 추정하여야 한다.

바젤자본규제는 CCR의 리스크 경감수단으로서 상계와 담보를 인정하고 있다. 양자간 상계계약이 체결된 경우에는 동일한 상계군에 속하는 모든 금융거래가 서로 상쇄되기 때문에 총신용익스포져는 포트폴리오의 순가치와 제로(0) 중 큰 값에 의해 결정된다. 담보계약이 체결된 경우에는 거래상대방 익스포져가 동 담보의 가치만큼 차감된다. 담보계약은 다수의 금융시장, 금융회사, 거래상대방 및 금융거래와 관련되기 때문에 CCR의 측정 및 관리에 있어서 복잡성을 크게 증가시키는 결과를 초래하였다.[3]

3_금융회사는 거래상대방 신용리스크의 경감수단으로서 담보의 이용을 크게 증가시켰다. ISDA의 조사에 따르면 장외파생상품거래의 거래상대방 간의 담보계약이 2000년에는 12,000건에 불과하였으나 2008년에는 150,000건으로 증가하였다.

III. 거래상대방 신용리스크에 대한 바젤II 자본규제

CCR에 대한 자본부과는 바젤 규제체계에서 상대적으로 최근에 등장한 개념이다. 2004년 6월에 도입된 바젤II에서는 CCR의 익스포져 측정 문제를 제기하였으나, 이에 대한 구체적인 방안은 제시하지 않았다. CCR에 대한 자본부과 방안은 바젤위원회가 2005년 7월에 발표한 가이드라인[4]에서 처음으로 제시되었다.

장외파생상품거래 및 증권담보부거래에 있어서 CCR에 대한 최저규제자본은 바젤II의 기업익스포져에 대한 소요자본량 산출공식을 이용하여 산출한다. 고급내부등급법(Advanced Internal Ratings Based Approach)에서 기업익스포져에 대한 소요자본량(K)은 다음과 같이 계산한다.

$$K = EAD \times k$$
$$= EAD \times LGD \times (WCDR - PD) \times MA$$

여기에서 EAD(exposure at default)는 부도시 익스포져, k는 익스포져 단위당 소요자본량을 나타내는 소요자기자본율, LGD(loss

---

[4] _"The Application of Basel to Trading Activities and the Treatment of Double Default Effects," BCBS, April 2005.

given default)는 부도시 손실률, PD(probability of default)는 부도확률, MA(maturity adjustment)는 신용등급 전이위험을 반영한 만기조정을 의미한다. 그리고 WCDR(worst case default rate)은 최악의 상황을 가정한 부도율인데, 다음과 같이 부도확률(PD)과 자산 상관계수(ρ)의 함수로 표현할 수 있다.[5]

$$WCDR = N\left[\frac{N^{-1}(PD) + \sqrt{\rho}N^{-1}(0.999)}{\sqrt{1-\rho}}\right]$$

여기에서 $N(\cdot)$과 $N^{-1}(\cdot)$은 각각 표준정규누적분포함수와 그 역함수를 나타낸다. 위 식은 향후 1년 동안의 부도율이 최악의 상황에서도 WCDR을 초과하지 않을 것임을 99.9%의 신뢰도로 확신한다는 의미이다. 달리 말하면, 향후 1년 동안 발생할 부도율이 WCDR을 초과하는 경우가 천 년에 1번 정도 나타난다는 것을 의미한다. WCDR은 자산 상관계수가 0(제로)일 때 부도확률(PD)과 동일한 값을 갖게 되며, 자산 상관계수가 증가할수록 값이 커지는 특성을 갖는다. 여기에서 소요자본량 산출공식(K=EAD×LGD×(WCDR-PD)×MA)은 최악의 상황을 가정한 부도율 WCDR보다 WCDR-PD 에 초점을 맞춤으로써 자본이 예상손실을 초과하는 손실인 비예상손실을 흡수하는 데 사용되어야 함을 나타내고 있다.[6]

그리고 바젤II는 다양한 원천으로부터의 경험적 연구 결과를 반영

5_이 식은 Vasicek(1977)의 단일요인모형(one factor model)으로부터 도출된 것이다. 이 글에서는 자세한 설명을 생략한다.

하여 자산 상관계수와 만기조정이 각각 다음의 공식에 의해 주어진
다고 가정한다.[7]

$$\rho = 0.12 \frac{1-\exp(-50 \times PD)}{1-\exp(-50)} + 0.24 \left[1 - \frac{1-\exp(-50 \times PD)}{1-\exp(-50)} \right]$$

$$MA = \frac{1+(M-2.5) \times b(PD)}{1-1.5 \times b(PD)}, \quad b(PD) = [0.11852 - 0.05478 \times \ln(PD)]^2$$

이상과 같은 공식을 이용하여 거래상대방 신용리스크와 관련한 소
요자본량을 산출하는 데 있어 제기되는 가장 큰 어려움은 부도시 익
스포져 규모가 불확실하며, 미래의 익스포져 분포를 산출하는 것이
매우 복잡하다는 점이다.

바젤위원회는 거래상대방 익스포져 규모의 산출을 위해 커런트익
스포져 방식, 표준방식 및 기대익스포져 방식('내부모형법'이라고도 함)
등 세 가지 방식을 제시하고 있다.[8] 커런트익스포져 방식(CEM: Cur-

6_소요자본량은 아래와 같이 그림으로 나타낼 수 있다. 종축은 손실빈도를, 횡축은
　손실규모를 나타낸다.

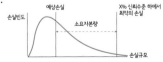

7_자산 상관계수 함수식은 Lopez(2004) 등에 의한 다음 두 가지 경험적 관찰 결과를
　반영한 것이다: (1) 부도확률과 자산상관관계는 반비례 관계이다. (2) 부도확률이
　동일한 경우 기업규모가 커질수록 더 높은 상관관계가 있다.

8_이러한 방식은 BCBS(2005)에서 제시되었다.

rent Exposure Method)에 의한 익스포져는 다음과 같이 산출된다.

익스포져 = max[0, (순)대체비용] + 추가항목(add-on) - 담보가치

여기에서 익스포져는 익스포져 금액 또는 EAD를 말한다. 추가 항목은 미래의 잠재익스포져에 대한 추정치를 나타내는 것으로서 개별 파생상품거래의 경우에는 신용환산율을 해당 거래의 계약금액에 곱하여 얻은 금액으로 산출된다. 법적으로 유효한 양자간 상계계약 하에 있는 거래에 대해서는 일정한 산식[9]에 의해 계산된 상계 후 추가항목을 산출한다. 또한 담보가치는 가격변동위험을 감안한 표준차감률[10]을 적용한 이후의 조정된 담보가치를 의미한다. 커런트익스포져 방식은 적용이 간단하다는 장점이 있으나 음(-)의 시장가치와 추가항목 간 상쇄효과가 반영되지 않아 규제자본이 과대 또는 과소 평가될 가능성이 있다.

표준방식(SM: Standardized Method)은 커런트익스포져 방식보다 더 리스크에 민감한 방식으로서 동일한 상계군에 있는 파생상품거래의 경우 다음과 같은 공식에 의해 익스포져가 산출된다.

9_구체적으로 다음과 같다: 상계후 추가항목 = 0.4 × 총추가항목 + 0.6×총추가항목 × 순대체비용/총대체비용.

10_적격 금융자산 담보의 가격변동위험을 감안하여 적격 금융자산 담보액을 조정하기 위한 값을 말한다. 금융회사는 감독 당국이 정하는 표준차감율 또는 감독 당국 승인 하에 자체추정차감율 중 하나를 선택하여 적용할 수 있다.

익스포져 =

　　β × max [순대체비용 − 담보가치, 감독 당국의 기대익스포져]

　　단, β = 1.4

　　감독 당국의 기대익스포져 = $\sum_j$순리스크포지션$_j$ × 신용환산율$_j$

　　상계군 내에서 양(+)과 음(−)의 값을 갖는 현재의 시장가치에 대한 평가손익에 초점을 맞추어 상계를 인식하는 커런트익스포져 방식과 달리, 표준방식은 감독 당국이 별도로 정한 헤징군(상계군을 기초자산 특성별로 세분화) 범위 내에서 서로 반대 부호(+/−)의 리스크포지션에 따라 헤지된 순리스크포지션에 기초하여 상계를 인식한다.

　　내부모형법(IMM: Internal Model Method)은 리스크에 가장 민감한 방식으로서 금융회사들로 하여금 거래상대방 신용리스크의 측정 및 관리기법의 선진화를 유도하기 위하여 제시되었다. 내부모형법에서 금융회사들은 익스포져(EAD) 및 유효만기(M)를 자체 추정하도록 되어 있다. 익스포져는 상계군 수준에서 측정하며, 금리, 환율 등 시장변수의 변화에 기인하는 상계군의 시장가치 변화에 대한 예상분포를 명시해야 한다.

익스포져 = α × 유효기대익스포져 (EEPE: effective expected positive exposure)

　　예상익스포져(EE: Expected Exposure)란 미래 각 시점에서의 익스포져 분포(시장변수의 변화에 따른 분포)의 평균값을 의미하며, 유효예상익스포져(EEE: effective EE)란 당해 시점이나 이전 시점들의 예상

익스포져 중 최대값을 의미한다.[11] 또한 기대익스포져(EPE: Expected Positive Exposure)는 일정 기간(상계군 내 최장 만기와 1년 중 작은 값)의 예상익스포져의 시간 가중평균을, 유효기대익스포져는 일정 기간의 유효예상익스포져의 시간 가중평균을 의미한다.

익스포져 산출을 위해 유효기대익스포져에 적용하는 승수 알파(α)는 경기침체기 익스포져의 잠재적 증가, 익스포져 간 높은 상관관계 및 거래상대방의 낮은 분산도를 반영하기 위한 조정계수이다. 금융회사가 내부적으로 알파를 추정하지 않는 경우에는 1.4를 사용하며, 금융회사가 내부적으로 알파를 추정하는 경우에는 일정한 공식[12]에 의해 추정하되 최저 1.2 이상의 값을 사용하도록 하였다. 한편, 거래상대방에 대한 분산도가 낮거나 일반/개별 상관리스크로 인해 익스포져가 증가하거나 또는 특이한 성격의 CCR 익스포져가 가미될 경우에는 감독 당국이 금융회사에 대해 보다 높은 알파를 요구할 수 있는 재량권을 가지도록 하였다.

---

11 _ Effective EEk = max[Effective EEk-1, EEk]
12 _ α=시뮬레이션을 통해 산출한 경제적 자본/기대익스포져를 바탕으로 산출한 경제적 자본.

IV. 거래상대방 신용리스크에 대한 바젤 III 자본규제

1. 신용평가조정 및 상관리스크에 대한 자본규제 강화

(1) CVA 손실위험에 대한 자본부과

신용평가조정(CVA: credit valuation adjustment)이란 거래상대방의 신용도를 반영하여 익스포져의 시장가치를 조정하는 것을 의미한다. 구체적으로 CVA란 거래상대방의 부도가 발생하지 않는다는 가정 하에 평가한 파생상품거래 익스포져의 시장가치(MV)에서 거래상대방의 신용도를 반영하여 평가한 시장가치(MV*)를 차감한 시장가치 조정분(MV* = MV − CVA)을 의미한다.

금융위기 이전까지는 거래상대방의 부도위험 및 만기조정(MA)을 통한 신용등급 전이위험(credit migration risk)에 대하여만 자본규제를 실시하였으며, CVA 손실위험에 대하여는 자본규제를 실시하지 않았다. 이는 금융위기 이전까지는 신용도가 높은(AA 이상) 거래상대방에 익스포져가 집중되었으며, 또한 이들 거래상대방의 신용도가 크게 변화하지 않았기 때문이었다. 그러나 금융위기 과정에서 CCR과 관련된 손실의 약 1/3만이 실제 부도발생에서 기인한 반면, 나머지 2/3는 CVA 변화에 따른 손실에서 기인한 것으로 나타남에 따라 CVA 손실위험에 대한 자본부과 필요성이 제기되었다.

바젤위원회는 2010년 12월 바젤Ⅲ 기준서에서 CVA 손실위험에 대한 자본부과 방식을 고급법과 표준법으로 나누어 제시하였다. 고급법은 모형의 복잡성 등을 고려하여 CCR 내부모형법과 개별리스크 VaR 모형의 사용을 승인받은 금융회사로 적용대상을 엄격히 제한하였다. 표준법은 그 외의 모든 금융회사들에 대해 적용된다.

우선 2009년 12월의 공개초안은 CVA 손실위험에 대한 소요자본량 산출시 채권상당액 방식(bond-equivalent approach)으로 알려진 CVA 손실위험 계산방식을 제안하였다.[13]

$$
\begin{aligned}
PV_{CVA} &= EAD \times e^{-(r+s)M} - EAD \times e^{-rM} \\
&= (e^{-sM} - 1) \times EAD \times e^{-rM} \\
&\approx -s \times M \times EAD \times e^{-rM}
\end{aligned}
$$

여기에서 PV_{CVA}는 CVA 손실위험의 현재가치, s는 신용스프레드, M은 만기, EAD는 거래상대방 익스포져 그리고 r은 무위험이자율을 말한다. 이 방식은 (1) 거래상대방 익스포져(EAD)를 무위험 가상채권(hypothetical bond)의 명목금액으로 간주하고, (2) 거래상대방 스프레드 변화에 따른 동 가상채권의 시장가치 변화(CVA 평가손실, PV_{CVA})를 산출한다. 즉 CVA 손실위험은 무위험 가상채권의 현재가치와 신용스프레드를 감안한 가상채권의 현재가치의 차이로 정의된다. 마지막으로 동 방식은 (3) 시장리스크 소요자기자본 산출방식을 이용하여 CVA 손실위험에 대한 규제자본을 산출한다.

13_아래의 식은 Benjamin(2010.6월)에서 인용하였다.

바젤위원회는 CVA 리스크요인으로서 신용스프레드만을 반영토록하였다. 이는 지난 금융위기 시에 CVA 관련 손실의 가장 중요한 원천이 신용스프레드였으며, 신용스프레드가 CVA 손실위험 측정을 위한 가장 객관적이고, 확인가능하며, 일관성 있는 지표라는 점을 감안한 것이다. 따라서 준거자산 가치, 상품가격, 환율, 금리 등 다른 시장리스크 요인의 변화에 따른 CVA 손실위험은 고려하지 않는다.[14]

하지만 이 방식은 CVA 손실위험 계산을 위한 빈약한 대용수단으로서 건전한 헤징 실무를 훼손한다는 논란이 지속적으로 제기되었다.[15] 또한 이 방식은 신용스프레드의 변화에도 민감하지 않다는 점이 지적되었다.[16] 이에 바젤위원회는 CVA 자본부과 방안을 재검토하였으며, 2010년 12월 바젤Ⅲ 기준서에서 최종적으로 국제스왑파생상품협회(ISDA) 등이 제안한 공식을 받아들여 더 복잡하면서 사용이 엄격히 제한된 고급 채권상당액 방식(advanced bond-equivalent approach)으로 알려진 다음과 같은 CVA 손실위험 계산방식을 제시하였다.[17]

14_공개초안에 대한 공개의견 수렴 과정에서 업계에서는 CVA 손실위험 평가를 위해 금융회사들이 실제 활용하고 있는 부도율 등 다양한 리스크요인을 인정해 줄 것을 요청하였으나 바젤위원회는 규제기준의 일관성을 위해 신용스프레드만을 CVA 리스크요인으로서 인정하였다.

15_Risk지, 2010년 2월, pp. 19-21.

16_risk지, 2010년 9월, pp.118-121.

17_이 식에 대한 자세한 설명은 Gregory(2010) pp.167~201 참조. 소요자본량 산출은 CVA를 단일 리스크요인인 신용스프레드(s)로 미분한 $\partial CVA/\partial s \times \Delta s$에 기초한다.

$$CVA = (LGD_{MKT}) \sum_{i=1}^{T} Max \left(0; \ exp \left(-\frac{s_{i-1} \cdot t_{i-1}}{LGD_{MKT}} \right) - exp \left(-\frac{s_i \cdot t_i}{LGD_{MKT}} \right) \right) \cdot \left(\frac{EE_{i-1} \cdot D_{i-1} + EE_i \cdot D_i}{2} \right)$$

여기에서 CVA는 CVA 손실위험, t_i는 i번째 시장가치 재평가 단위기간($t_0=0$), t_T는 거래상대방의 전체 상계군 내 최장계약만기, s_i는 잔여만기 t_i에서의 거래상대방 신용스프레드, LGD_{MKT}는 거래상대방의 시장성 금융상품에 내재된 부도시손실률, 합계(Σ) 내의 첫 번째 요소는 시간 t_{i-1}와 t_i 사이에 발생하는 시장내재 한계부도확률의 근사치, EE_i는 예상익스포져 그리고 D_i는 t_i 시점에서 무위험(default risk-free)할인계수로서 $D_0=1$에 해당한다. CVA 손실위험은 일반적으로 부도시손실률, 부도확률, 익스포져의 현재가치 등 세 개 항목의 곱으로 나타낼 수 있다.[18] 위 식은 한계부도율과 미래 예상익스포져의 할인 값을 시기별로 포착함으로써 CVA 손실위험을 정교하게 계산하기 위한 방식을 제시한 것이라고 할 수 있다.

이 방식은 공개초안에서 제시된 방식에 비해 다음과 같은 차이가 있다. 우선, 공개초안은 EAD를 고정된 값으로 가정하였는데 반해 개정방식은 미래의 각 시점별 예상익스포져(EE_t)의 변화를 반영토록 하여 기간별 헤지가 용이해지도록 하였다. 또한 공개초안이 CVA 리스크를 추정하기 위한 대용치로 위험이 없는 제로쿠폰 본드를 사용한데 반해 개정방식은 위험이 있는 쿠폰본드를 사용하였다.

2010년 12월의 기준서는 고급법과 함께 공개초안에서는 제시되지

18_즉 다음과 같이 나타낼 수 있다: CVA 손실위험 = 부도시손실률(LGD) × 부도확률(PD) × 익스포져의 현재가치.

않았던 표준법을 추가로 제시하였다. 표준법은 신용스프레드 변동성과 감독 당국이 정한 가중치를 입력요소로 사용하는 다음과 같은 일반적인 VaR 모형에 기초하여 소요자본량을 산출한다.

$$K = 2.33 \times \sqrt{h} \times avcs_i \times \sigma_i \times M_i \times EAD_i^{total}$$

여기에서, K는 무헤지 CVA에 대한 소요자본량, h는 1년의 리스크 측정기간(h=1), $avcs_i \times \sigma_i$는 거래상대방 i에 적용되는 가중치(신용 스프레드 변동성),[19] M_i는 거래상대방 i와의 거래 유효만기, EAD_i^{total}은 담보효과를 감안한 CEM, SM 또는 IMM에 의해 산출된 거래상대방 i의 합산기준 EAD를 말한다.

CVA 손실위험에 대한 규제자본과 관련하여 특기할 사항은 다음과 같다.

첫째, 바젤위원회는 CVA 손실위험의 평가대상을 장외파생상품 거래로 한정하였다. 중앙청산소와의 거래의 경우에는 거래상대방 스프레드 변동성이 낮아 평가대상에서 제외하였으며, 증권담보부거래의 경우에는 거래규모가 상대적으로 작아 평가 필요성이 낮다고 판단하였기 때문이다. 다만, 감독 당국이 증권담보부거래로부터 발생하는 CVA 손실위험이 중대하다고 판단하는 경우에는 이를 평가대상에 포함하도록 하였다.

19_바젤위원회는 2011년 6월 동 가중치를 최종확정하였다. 신용등급별로 가중치가 차등화되며 AAA 0.7%, AA 0.7%, A 0.8%, BBB 1.0%, BB 2.0%, B 3.0% 그리고 CCC 10.0%이다. 2010년 12월 기준서에는 CCC등급의 가중치가 18.0%였으나 과도하게 보수적으로 추정되었다는 은행들의 의견을 받아들여 10.0%로 하향 조정하였다. 바젤III 기준서에는 $avcs_i \times \sigma_i$를 w_i로 표시하고 있다.

둘째, 바젤Ⅲ는 CVA 손실위험에 대하여 새로이 규제자본을 부과하는 점을 고려하여 장외파생상품거래의 거래상대방에 대한 EAD 산출시 이미 인식된 CVA 손실(CVA incurred losses)을 차감하도록 하였다.[20] 즉 장외파생상품거래의 거래상대방에 대한 EAD는 '0'과 '거래상대방의 모든 상계군에 대한 EAD 합계액에서 금융회사가 이미 손실로 인식하여 상각처리한(또는 충당금으로 설정한) CVA 손실액을 차감한 금액' 중에서 큰 금액으로 결정되도록 하였다. 다만, CVA 손실위험에 대한 규제자본은 이러한 '기인식 손실을 차감한 EAD'가 아니라 차감하기 이전의 총익스포져 기준으로 산출하도록 하였다.

마지막으로, 바젤Ⅲ는 CVA 손실위험에 대한 적격 헤지수단으로 준거자산이 1개인 단일계약 CDS(single-name CDS, contingent single-name CDS 포함)와 인덱스 CDS를 인정하였다. 다만, 인덱스 CDS를 헤지수단으로 사용할 경우 거래상대방 스프레드와 인덱스 CDS 헤지 스프레드와의 차이로 인해 발생하는 베이시스 리스크는 CVA 손실위험에 반영(헤지로 미인식)하도록 하였다. 다시 말해 거래상대방 스프레드 중 인덱스 CDS 헤지 스프레드에 의해 설명한 부분(베타 또는 systematic correlation) 만큼만 헤지로 인정한 것이다. 공개초안에서는 인덱스 CDS를 적격 헤지수단으로 인정하지 않았으나 금융회사들의 강력한 항의에 의해 바젤Ⅲ 기준서에는 이를 헤지로 인정하였다.

20_ 인식된 CVA 손실을 부도시 익스포져(EAD)에서 차감하지 않을 경우 동일한 익스포져에 대하여 손실을 이중으로 계산하는 결과를 초래하게 된다.

(2) 상관리스크에 대한 규제강화

오(誤) 방향 상관리스크(wrong-way risk: 이하 상관리스크)란 일반적으로 거래상대방 익스포져가 거래상대방의 신용도와 음(−)의 상관관계를 가지는 것을 의미한다. 바젤II에서는 신용도가 부도확률을 의미하는 것으로 그 의미를 명확히 정의하였다. 따라서 바젤II 하에서 상관리스크는 거래상대방 익스포져와 부도확률이 양(+)의 상관관계를 가질 때 발생하게 된다. 상관리스크는 일반상관리스크(general wrong-way risk)와 개별상관리스크(specific wrong-way risk)로 구분된다. 개별상관리스크는 특정 거래상대방과의 거래 특성으로 인해 거래상대방 익스포져와 부도확률이 양(+)의 상관관계, 즉 거래상대방 익스포져가 증가할수록 거래상대방의 부도확률이 증가하는 리스크를 의미한다. 예컨대, 거래상대방이 자신의 주식을 담보로 제공한 상태에서 거래상대방 주식에 대한 풋옵션을 매입한 경우가 이에 해당한다. 거래상대방 주식가격이 급락하면 그 풋옵션은 내가격(In-The-Money)이 되는 한편, 거래상대방의 채무상환능력을 저하시키는 것이다.[21]

일반상관리스크는 거래상대방 익스포져와 부도확률 간의 양(+)의 상관관계를 초래하는 그 밖의 다른 모든 요인들을 기술하기 위한 용어이다. 2006년에 수정된 바젤II 기준서에는 거래상대방의 부도확률이 시장리스크 요인(금리, 주가, 환율 등)과 양(+)의 상관관계를 가질 때

21_이것은 Merton의 구조모형을 생각하면 이해하기 쉽다. 주가 하락의 이면에는 자산가치 하락이 있고 자산가치가 하락하여 부채수준에 도달하면 부도 발생 위험이 높아진다.

일반상관리스크가 발생하는 것으로 정의하였다.

바젤II에서 상관리스크는 거래상대방 익스포져 산출을 위해 유효기대익스포져 금액에 곱하는 승수 알파(α)에 반영하여 인식하였다. 즉 상관리스크가 높은 거래상대방에 대하여는 큰 알파값을 적용할 것을 요구한 것이다. 또한 금융회사들은 일반상관리스크의 증가를 초래하는 익스포져를 모니터링함과 아울러 개별상관리스크를 초래할 수 있는 거래를 모니터링 · 통제하는 프로세스를 구축할 것이 요구되었다. 그러나 지난 금융위기 과정에서 스트레스기간 동안 상관리스크가 크게 증가한다는 점이 명백해짐에 따라 상관리스크에 대한 자본규제를 강화할 필요성이 제기되었다.

이에 따라 바젤위원회는 우선, 일반상관리스크에 대한 규제강화를 위해 유효기대익스포져 방식을 개선하거나 다른 방식으로 변경할 필요성을 검토하였다. 기존 방식은 현재 시점에서 미래 익스포져의 평균을 추정(point-in-time estimate of average future exposure)함에 따라 경기변동에 따른 급격한 가치 변동 및 이에 따른 증거금 감소로 인한 마진콜 발생 가능성 등을 충분히 반영하지 못하기 때문이었다. 바젤위원회는 다양한 대안들을 검토한 결과, 유효기대익스포져 방식이 일부 결함을 갖고 있음에도 불구하고, 이를 유지하는 것이 바람직하다는 결론에 도달하였다. 이는 유효기대익스포져 방식보다 더 좋은 방식을 찾기 어렵다는 현실적인 이유와 함께 승수 알파(α) 추산에 이미 상관리스크를 고려한 조정이 포함되어 있다는 점을 고려한 것이다.

그러나 바젤위원회는 최근의 금융위기를 포함한 역사적인 스트레스 상황을 반영하여 유효기대익스포져 산출공식을 일부 수정할 필요성을 인식하였다. 유효기대익스포져 산출공식의 패러미터(변동성, 상관계수 등) 값을 추정하는 데 있어서 스트레스상황을 반영할 필요성을 인식하였던 것이다. 이러한 인식에 따라 바젤Ⅲ는 현재 시점의 시장 데이타를 사용하여 유효기대익스포져 방식으로 산출된 소요자본량과 스트레스기간을 포함하는 3년간의 역사적 데이타를 사용하여 유효기대익스포져 방식으로 산출된 소요자본량 중 큰 값을 거래상대방의 부도리스크에 대한 소요자본량으로 결정하도록 하였다.

또한 바젤Ⅲ는 일반상관리스크에 대한 모니터링 및 통제 요건을 강화하였다. 거래상대방 부도확률과 양(+)의 상관관계를 갖는 시장리스크 요인들을 식별하고 반영할 수 있도록 스트레스테스트와 시나리오분석에 대한 요건을 강화하였으며, 일반상관리스크를 상품별, 지역별, 업종별 및 기타 영업 부문별로 모니터링할 것을 요구하였다. 또한 상관리스크의 현황 및 이에 대한 대응조치들을 고위 경영진 및 이사회에 정기적으로 보고할 것을 의무화하였다.

바젤위원회는 이상과 같이 일반상관리스크에 대하여 간접적인 방식(즉 유효기대익스포져 추정에 스트레스 기간을 반영하는 방식)으로 자본규제를 강화한 반면, 개별상관리스크에 대하여는 보다 직접적이고 명시적인 방식으로 자본규제를 강화하고자 하였다. 이는 업계에서 이미 2001년에 이와 같은 방식을 제안한 점을 고려한 것이다.[22] 구체적으로 개별상관리스크가 존재하는 거래에 대하여는 동일 거래상대

22_ISDA가 바젤위원회에 제출한 문서(www.isda.org/c_and_a/pdf/RGresser-Letter-Sept701.pdf)를 참조.

방의 상계군으로부터 분리하여 별도로 익스포져를 산출하도록 하였
다. 따라서 내부모형법(IMM)을 사용하는 금융회사는 개별상관리스크
가 있는 거래에 대하여는 기대익스포져방식을 적용해서는 안 된다.
예를 들어 개별상관리스크가 있는 단일계약 CDS의 경우 부도시 익
스포져는 기초자산의 잔존 공정가치의 총기대손실(기발생 시장가치 손
실 – 기대회수액)로 정의하였다.[23]

2. 대형 금융회사에 대한 자산 상관계수의 상향

바젤II에서는 내부등급법(IRB: Internal Ratings-Based Approach)
을 이용하여 위험가중자산을 산출하는 경우 차주간의 상관관계(asset
value correlation)를 고려하도록 하고 있다. 앞에서 설명한 바와 같이
금융회사 비트레이딩 계정의 신용익스포져(정부·은행·기업·소매 등
으로 구분)에 대한 위험가중자산은 위험가중치 함수에 의해 산출하도
록 하고 있는데, 동 함수는 자산상관관계를 반영토록 하고 있는 것이
다. 앞에서 제시된 상관관계 공식을 다시 쓰면 아래와 같다.

$$\rho = 0.12 \frac{1 - \exp(-50 \times PD)}{1 - \exp(-50)} + 0.24 \left[1 - \frac{1 - \exp(-50 \times PD)}{1 - \exp(-50)} \right]$$

23_당초 공개초안('09.12월)에서는 기초자산의 명목금액을 EAD로 규정하였으나,
업계에서 명목금액을 사용하는 것은 기대익스포져 방식에 비해 지나치게 과도한
규제강화라고 주장하면서 EAD 산출시 회수금액(recovery)을 반영할 것을 요구
하였다. 이에 따라 최종 바젤III 기준서에는 EAD의 개념을 잔존 공정가치의 기
대손실로 완화하였다.

여기에서 exp(-50)이 매우 작은 수라는 점을 고려하면, 위 식은 다음과 같이 단순화할 수 있다.

$$\rho = 0.12(1 + \exp(-50 \times PD))$$

위 식은 부도율과 자산 상관계수가 반비례함을 보여 주고 있다. 부도확률이 0(제로)에 근접하면 상관계수는 0.24에 가까워지며, 부도확률이 1에 근접하면 상관계수는 0.12에 가까워진다. 즉, 상관계수는 0.12에서 0.24 사이의 값을 가지게 되는 것이다. 이와 같은 반비례 관계는 기업의 신용도가 저하될수록 부도율이 증가하며, 시장 전반적인 상황보다는 개별 기업에 고유한 요소에 의해 부도율이 결정된다는 경험적인 관찰에 근거한 것이다.

그런데 지난 금융위기 과정에서 금융회사의 신용도는 타 금융회사의 신용도 악화에 따라 동반 악화되는 높은 상관관계를 시현하였으며, 이에 따라 금융회사는 비금융회사보다 시스템리스크에 더 민감하게 반응한 것으로 판명되었다. 이는 금융회사의 경우 자산 상관관계가 바젤II의 내부등급법(IRB)에 반영된 것보다 훨씬 클 수 있음을 시사하는 것이었다. 이에 따라 바젤위원회는 자산 상관계수에 대한 분석을 새로이 실시하였으며, 동 분석결과를 토대로 금융회사의 자산 상관계수 관련 규정을 다음과 같이 수정하였다.

첫째, 금융회사의 경우 자산 상관계수가 비금융회사보다 25% 이상 높은 것으로 나타난 점을 고려하여 금융회사의 자산 상관계수에 대하여는 1.25의 승수를 곱하도록 하였다. 따라서 금융회사 익스포져에 대한 자산 상관계수는 기존의 12~24%에서 15~30%로 확대되었다.

둘째, 동 승수의 적용대상이 되는 금융회사에는 금융회사뿐만 아니라 보험회사, 브로커/딜러, 헤지펀드 등 규제 및 비규제 대상 금융회사를 포함하도록 하였다. 규제대상 금융회사 중에서 금융위기시 부도상관성이 민감하게 변동하지 않았던 중소형 금융회사에 대하여는 동 승수의 적용을 배제하였다. 당초 공개초안에서는 승수의 적용대상을 자산규모 250억 달러 이상의 금융회사로 규정하였으나 최종 기준서에서는 자산규모 1,000억 달러 이상으로 대상을 축소하였다. 한편, 비규제 대상 금융회사의 경우에는 자산규모에 불구하고 모두 승수를 적용토록 하였다.

자산 상관계수가 상승하면 앞에서 설명한 바와 같이 WCDR이 상승하며, 이는 소요자본량의 증가를 초래한다. 그런데 자산 상관계수와 WCDR의 비선형의 관계로 인해 소요자본량은 자산 상관계수의 상승분보다 더 많이 증가하게 된다. 바젤위원회의 분석 결과에 따르면 자산 상관계수가 25% 증가할 경우에 소요자본량은 최대 35%까지 증가할 수 있는 것으로 나타났다.

3. 담보관리 및 리스크담보기간 처리기준 강화

바젤위원회는 지난 금융위기 과정에서 바젤II 내부모형법(IMM) 하에서의 기존 담보요건에 대한 적정성을 평가하고, 그 결과를 토대로 기존의 담보요건을 수정하거나 새로운 담보요건을 제시하였다.

(1) 리스크담보기간의 확대

거래상대방 신용리스크를 경감하기 위한 수단의 하나로서 담보유지약정(margin agreement)이 있다. 증거금(담보)이란 증권 또는 파생상품 거래에서 결제를 보장하기 위하여 거래금액의 일정 비율을 딜러/청산소 등에 예치한 금액을 의미한다. 담보유지약정이란 한쪽 혹은 양쪽의 거래상대방이 무담보 익스포져와 기설정된 담보[24] 간의 차이가 신용최고한도(margin threshold) 수준을 초과하는 경우에 추가담보(증거금, margin)를 설정하도록 하는 법적으로 유효한 약정을 의미한다. 양자간 담보유지약정이 체결된 경우 양쪽의 거래상대방은 포지션 가치를 정기적으로 평가(대체로 일일평가)하고, 포트폴리오의 순가치가 사전에 결정된 신용최고한도를 상회하는지 여부를 점검한다. 포트폴리오의 순가치가 동 최고한도를 상회하게 되면 거래상대방은 동 초과분을 커버하기 위한 추가담보를 제공하여야 한다. 따라서 담보유지약정은 담보에 의해 커버되지 않는 익스포져 규모를 일정 수준 이하로 제한하는 효과를 가져 온다.

담보유지약정이 있는 경우의 거래상대방 익스포져 및 담보가치는 다음과 같이 간단히 나타낼 수 있다.

$$EAD(t) = \max\{V(t) - C(t), 0\}$$

$$\text{여기에서 } C(t) = \max\{V(t - \delta t) - H, 0\}$$

24_선물거래에서 개시증거금이 이에 해당한다.

여기에서 EAD(t)는 t시점에서의 익스포져 규모, V(t)는 t시점에서의 네팅 후 포트폴리오 순가치(대체비용), C(t)는 t시점에서의 담보가치, H는 신용최고한도를 의미한다. 위의 첫번째 식은 담보가 있는 거래상대방에 대한 익스포져가 포트폴리오 순가치와 담보가치의 차이에 의해 결정됨을 보여 주고 있으며, 두번째 식은 담보가치가 $t-\delta t$ 시점의 포트폴리오 순가치와 신용최고한도의 차이에 의해 결정됨을 보여 주고 있다.

담보가치 평가에서 시차(δt)가 존재하는 이유는 추가담보 요청 (margin call)이 제기된 시점으로부터 거래상대방의 대응―즉 추가담보의 제공 또는 파산절차의 진행―이 있기까지의 시간이 소요되기 때문이다. 이와 같은 시차(δt)를 리스크담보기간(margin period of risk)이라고 하는데, 이는 구체적으로 추가담보 요청이 제기된 시점으로부터 부도상대방과의 거래를 청산하고 그에 따른 시장리스크를 다시 헤지하기까지의 기간을 의미한다. 이와 같은 리스크담보기간이 길수록 포트폴리오 순가치가 신용최고한도를 상회할 가능성, 즉 담보에 의해 커버되지 않는 익스포져(EAD) 규모가 커질 가능성이 높아지게 되며, 이러한 익스포져의 증가는 결과적으로 거래상대방 신용리스크에 대한 소요자본량의 증가를 초래하게 된다. 이러한 점을 감안하여 바젤II는 리스크담보기간이 길수록 담보의 표준차감률이 커지도록 규정하고 있다. 리스크담보기간은 사전적으로 확정하기가 어려운데 이는 부도상대방과의 거래청산 및 시장리스크의 헤지에 소요되는 기간을 알 수 없기 때문이다. 그러나 바젤II는 기존의 시장관행 등을 고려하여 일일 담보가치평가 및 일일 시가평가 대상인 환매조건부 유형의 거래에 대해서는 5일, 그 밖의 기타 장외파생상품거래에 대해서는 10일의 리스크담보기간을 규정하고 있었다.

바젤위원회는 금융위기 과정에서 이와 같은 리스크담보기간의 적정성을 재평가하고, 기존의 리스크담보기간이 대체로 적정한 것으로 판단하였다. 그러나 동시에 바젤위원회는 거래 유동성이 낮거나 포지션의 헤지비용이 과다하거나, 상계군의 규모가 크거나, 또는 긴 마진콜 분쟁기간이 소요되는 등의 경우에는 리스크담보기간을 확대해야 할 필요성을 인식하였다. 이들의 경우에는 리스크담보기간을 조정하지 않으면 익스포져가 과소평가될 가능성이 있는 것으로 판단한 것이다.

이에 따라 바젤Ⅲ 기준서에서는 일일 담보가치평가(daily remargining) 또는 시가평가회계가 적용되는 거래의 경우에는 종전과 같은 리스크담보기간(환매조건부유형의 거래는 5일, 장외파생상품거래는 10일)을 유지하되, 다음과 같은 경우에는 리스크담보기간을 확대하도록 하였다. 첫째, 분기중 어느 시점에서든지 거래 건수가 5,000건을 초과하는 상계군의 경우에는 다음 분기중 리스크담보기간을 20일로 확대하였다. 둘째, 유동성이 낮은 담보 또는 대체성이 낮은 장외파생상품거래가 1건 이상 포함된 상계군에 대해서는 리스크담보기간을 20일로 확대하였다. 여기에서 담보의 비유동성 또는 장외파생상품거래의 비대체성은 스트레스 시장상황 하에서 판단하도록 하였다. 비유동성 거래의 예로서는 일일 시가평가되지 않는 거래, 또는 평가목적으로 특수한 회계처리기준을 적용받는 거래(장외파생상품, 레벨3 증권을 인용하는 환매조건부거래 등) 등을 들 수 있다. 셋째, 금융회사는 담보로 보유중인 금융자산이 특정 거래상대방에 집중되어 있는지, 그러한 거래상대방이 시장에서 갑자기 이탈할 경우 대체거래를 할 수 있는지 여부 등을 고려하여 감독상의 최소기간 이상의 리스크담보기간을 적용토록 하였다.

이와 함께 바젤위원회는 마진콜 분쟁으로 인해 리스크담보기간이 규정상의 최소기간보다 길어진 경험이 있는 상계군에 대하여는 리스크담보기간을 확대하도록 하였다. 특정 상계군에서 지난 2분기 동안 리스크담보기간이 감독상의 최소기간보다 길어진 경우를 2건 이상 경험하였다면, 향후 두 분기 동안 당해 상계군에 대한 리스크담보기간을 규정상 최소기간의 두 배 이상으로 적용토록 한 것이다.

한편, 담보가치평가가 N일의 주기로 이루어지는 경우에는 바젤II에서는 리스크담보기간을 10일로 규정하였으나, 바젤III에서는 감독상의 최소기준(F)에 평가주기(N)를 더하고 1을 차감한 값($F + N - 1$)으로 리스크담보기간을 규정하였다.

(2) 유효 기대익스포져 산정을 위한 간편법의 수정

간편법(shortcut methods)은 담보유지약정이 있는 유효기대익스포져(이하 유효EPE담보)를 간편하게 산정하기 위해 바젤위원회가 개발한 방식이다. 간편법은 담보유지약정이 없는 유효기대익스포져(이하 유효EPE무담보)를 모형화할 수 있으나 담보유지약정이 있는 유효기대익스포져를 정교하게 모형화하기 어려운 금융회사에 적용된다. 기존의 바젤II에서 간편법에 의한 유효EPE담보은 다음과 같이 산정되었다.

유효EPE$_{담보}$ = min{(신용최고한도+추가항목), 유효EPE$_{무담보}$},

즉 유효EPE$_{담보}$는 신용최고한도에 추가 항목을 더한 값과 유효 EPE$_{무담보}$ 중에서 작은 값으로 결정된다. 여기에서 추가 항목은 리스크담보기간 동안 발생할 수 있는 유효익스포져의 잠재적 증가분을 나타내는 것이다. 이와 같은 간편법은 익스포져 산출에 있어 마진콜 분쟁이 발생하지 않으며, 모든 담보가 예정대로 수취되었음을 암묵적으로 가정하고 있다. 그러나 실제로는 지난 몇 년 동안 대규모의 장기간 분쟁이 발생하여 담보 수취에 애로가 발생하였으며, 이를 적절히 반영하지 않을 경우 익스포져가 과소평가될 우려가 제기되었다.

이에 따라 바젤III에서는 추가 담보요청 또는 분쟁 중인 담보를 제외하도록 간편법을 다음과 같이 수정하였다.

유효EPE$_{담보}$ = min{추가항목 + max(순커런트익스포져, 최대순익스포져),

(유효EPE$_{무담보}$+개시/독립증거금)}

즉 유효EPE$_{담보}$는 유효EPE$_{무담보}$에 개시/독립증거금을 더한 값과 추가 항목에 담보를 차감한 순익스포져(순커런트익스포져 또는 최대순익스포져 중 큰 값)를 더한 값 중에서 작은 값으로 결정된다. 여기에서 개시/독립증거금이란 일일 시가평가, 일일 증거금 정산 절차 또는 커런트익스포져와 연동되지 않은 증거금을 의미한다. 그리고 순커런트익스포져는 커런트익스포져에서 담보(보유/제공 담보를 반영하되 추가담보 요청 또는 분쟁중인 담보를 제외)를 차감한 값이며, 최대순익스포져는 담보유지약정 하에서 추가담보 요청을 발생시키지 않는 순익스포져(보유/제공중인 담보를 반영)의 최대값을 의미한다.

(3) 내부모형법 적용 금융회사의 담보 요건/관리 강화

바젤Ⅲ는 내부모형법을 적용하는 금융회사의 담보 요건/관리 강화를 위한 일련의 방안을 마련하였다. 첫째, 기존의 바젤Ⅱ 하에서 내부모형법을 사용하는 금융회사는 거래상대방의 신용등급 하락으로 인해 추가 담보를 제공받는 경우에는 동 추가담보 효과를 반영하여 EAD를 축소하는 것이 허용되었다. 그러나 지난 금융위기시 담보유지약정의 신용등급 하락시 추가담보수취조항(downgrade triggers)은 수많은 시장참가자에게 유동성경색의 원인이 되었으며 거래상대방의 신용도 악화를 초래하였다. 따라서 바젤Ⅲ는 금융회사가 이러한 담보유지약정상의 신용경보조항을 반영하여 EAD, 나아가서 소요자기자본을 감소하는 것을 명시적으로 금지토록 하였다.

둘째, 지난 금융위기 과정에서 담보의 관리와 관련한 비효율성 등의 문제가 드러났으며, 이는 금융시장 전반에 걸쳐 대규모의 장기적인 담보분쟁이 발생하는 원인이 되었다. 이에 따라 바젤Ⅲ는 내부모형법 적용 금융회사의 담보관리를 강화하기 위해 담보관리부서(collateral management unit)의 신설을 의무화하고, 그 업무 내용을 명확히 규정하였다. 담보관리부서는 담보가치의 평가 및 마진콜의 실시, 마진콜 관련 분쟁 처리 등의 업무와 함께 담보관리 관련 정보(일별 독립증거금, 개시증거금, 및 변동증거금 등)를 정기적으로 고위 경영진에 보고하는 등의 기능을 수행하도록 하였다.

셋째, 지난 금융위기 과정에서 내부모형법 적용 금융회사들은 거래상대방으로부터 수취한 담보를 재사용(재담보 또는 재투자)한 상태에서 거래상대방으로부터의 갑작스런 담보반환 통보로 인해 상당한 손실과 유동성 압박을 경험하였다. 이에 따라 바젤Ⅲ는 금융회사가 불리한 시장상황 하에서 발생할 수 있는 거래상대방으로부터의 마진콜, 초과담보(excess collateral)의 반환 요구 등에 기인한 유동성 리스크를 충분히 고려하여야 함을 명시하였다. 또한 거래상대방으로부터 수취한 담보의 재사용(reuse of collateral)과 관련한 정책이 금융회사의 유동성 수요와 부합하여야 함을 명시하였다.

넷째, 내부모형법에 대한 기존의 바젤Ⅱ 기준은 비현금담보(non-cash collateral)의 차감률에 대한 처리기준을 명시하지 않았으며, 이에 따라 금융회사들은 비현금담보를 현금등가물로 전환하는 데 있어 각기 다른 기준들을 적용하였다. 더구나 증권담보부거래에 대하여는 비현금담보의 모형화를 요구하지 않았으며, 그 결과 금융회사들이 리스크 측정시 익스포져와 담보간의 잠재적인 상관리스크(wrong-way risk)를 적절히 반영하지 못하는 결과를 초래하였다. 따라서 바젤Ⅲ는 장외파생상품의 EAD 산출에 있어 비현금담보에 대하여는 익스포져와 연계하여 모형화하거나, 금융담보의 포괄법 기준을 충족하는 자체 추정 차감률을 적용하거나 또는 감독 당국이 정한 표준차감률을 사용하도록 명시하였다. 또한 증권담보부거래의 EAD를 산출에 있어 비현금담보의 모형화를 의무화하였다.

다섯째, 기존의 바젤Ⅱ는 환매조건부유형의 거래에 있어 동일 등급의 유동화증권과 회사채에 대하여 동일한 표준차감률을 적용하였다. 그러나 금융위기 이후 유동화증권은 동일한 등급의 회사채보다 더 큰 변동성을 시현하여 왔으며, 이에 따라 유동화증권과 회사채에 대한 동일한 차감률 적용이 더 이상 금융시장의 현실과 일치하지 않게 되었다. 이에 따라 바젤Ⅲ에서는 유동화증권 담보에 대한 감독 당국의 표준차감률을 회사채의 2배 수준으로 상향하였다.[25] 이와 함께 재유동화증권은 어떠한 경우에도 적격 금융담보가 될 수 없음을 명확히 하였다.

마지막으로, 바젤Ⅲ는 금융회사가 장외파생상품 및 증권담보부거래와 관련한 담보유지약정이 적절히 관리될 수 있도록 충분한 자원을 투입하여야 하며, 적절한 담보관리정책을 수립/시행하여야 함을 명시하였다.

(4) 레버리지가 높은 거래상대방에 대한 처리

바젤위원회는 레버리지가 높거나 트레이딩 자산이 압도적으로 많은 거래상대방(차입자)에 대한 부도확률(PD) 추정시에는 변동성이 높은 위기상황시의 기초자산 운용성과를 반영하도록 하였다.

25_유동화증권 담보에 대한 표준차감률은 아래 표와 같다.

발행등급	AAA ~ AA-/A-1			A+ ~ BBB-/A-2/ A-3/P-3/무등급			BB+ ~ BB-
잔존만기	1년 미만	1~5년	5년 초과	1년 미만	1~5년	5년 초과	전체
표준 차감률	2%	8%	16%	4%	12%	24%	비적격

4. 중앙청산소

중앙청산소(CCP: Central counterparty)란 모든 거래참여자에 대해 거래상대방이 되어 결제이행을 보증하는 제도를 의미한다. CCP에 대한 익스포져는 바젤II 체계에서 영(0)의 값을 갖는 것으로 처리되었다. CCP는 부도위험이 전혀 없는 것으로 간주하고, 동 익스포져에 대하여는 0%의 위험가중치를 적용한 것이다. 그러나 바젤위원회는 CCP 익스포져에 대한 금융회사의 모니터링 유인을 제공하기 위해 위험가중치를 '0'이 아닌 양(+)의 값으로 상향할 필요성을 인식하였다. 특히 CCR에 대한 자본규제 강화로 향후 CCP를 이용한 거래가 크게 증가할 것으로 예상됨에 따라 CCP 부도로 인한 시스템리스크 가능성에 대비할 필요성을 인식하였다. 이에 따라 바젤위원회는 CCP에 대하여 엄격한 리스크관리 절차를 보유토록 하는 한편, CCP에 대한 자본규제를 도입하는 방안을 마련하고자 하였다. CCP에 대한 바젤위원회의 이러한 규제강화는 2011년 중으로 완료될 것으로 예상되고 있는 지급결제위원회(CPSS)와 국제증권감독기구(IOSCO)의 'CCP 규제기준(CPSS-IOSCO Recommendations for Central Counterparties)' 개정 움직임과도 부합하는 것이다. 바젤위원회는 후술하는 청산기금에 대한 자본부과 등 CCP에 대한 많은 제안이 2009년 12월의 공개초안에 포함되지 않은 점 등을 고려하여 2010년 12월에 발표된 바젤III 기준서에는 CCP 규제방안을 포함하지 않았으며, 별도의 공개초안[26]으로 분리하여 발표하였다.

CCP 공개초안은 CCP 익스포져를 크게 4개 범주로 구분하고, 이들 각각에 대한 자본규제방안을 제시하였다. 우선, CPSS-IOSCO의 기준을 충족하는 적격 CCP에 대한 거래 관련 익스포져(trade-related exposures or trade exposures)에 대하여는 2%의 위험가중치 적용을 제시하였다. 바젤위원회는 금융회사가 적격 CCP에 대한 거래 관련 익스포져를 무위험으로 인식하지 않고 지속적으로 모니터링하는 유인을 제공할 수 있도록 위험가중치를 '0'이 아닌 수준에서 결정되도록 함과 아울러 충분히 낮은 수준의 위험가중치를 적용토록 함으로써 CCP 이용의 확대를 유도하고자 하는 G20의 정책목표와도 부합되도록 하였다. 거래 관련 익스포져란 CCP 부도시 손실이 발생할 수 있는 익스포져를 의미하는데, 금융회사가 제공한 담보자산, 시가평가 대상 익스포져 그리고 미래의 잠재익스포져로 제한된다. 다만, 금융회사가 거래에 수반하여 제공한 담보가 CCP 부도위험으로부터 절연된 담보(bankruptcy remote collateral)인 경우에는 거래 관련 익스포져에 포함되지 않으며, 종전과 같이 0%의 위험가중치를 적용받도록 하였다.

둘째, 금융회사가 적격 CCP의 청산기금(default fund)에 투자한 금액(익스포져)에 대하여는 손실위험과 투자규모 등을 고려하여 차등적으로 자본을 부과하는 방안(risk sensitive waterfall approach)을 제시하였다.[27] 청산기금이란 지급불이행 청산소회원의 포지션 처리를 위하

26_"Capitalisation of bank exposures to central counterparties," BCBS, December 2010. 바젤위원회는 동 공개초안에 대한 공개의견수렴을 2011년 2월까지 진행하고, 이를 반영한 최종 CCP 자본규제 강화방안을 2011년 9월까지 마련할 예정이다.

여 CCP가 청산소회원으로부터 조성한 기금을 의미한다. 구체적으로 CCP 공개초안에서 제시된 청산기금에 대한 개별 금융회사의 소요자 본량 산출절차는 다음과 같다.

(1) CCP를 가상의 은행으로 간주하고, 동 CCP(가상은행)가 보유한 모든 거래상대방 익스포져를 커버하기 위해 요구되는 가상의 소요자 본량(hypothetical capital requirement: K_{CCP})을 산출한다.

$$K_{CCP} = \sum_{청산소회원들} 익스포져\ 금액 \times 위험가중치 \times 8\%$$

(2) 동 가상의 소요자본량(K_{CCP})[28]과 CCP가 보유한 청산재원총액 (출자금 및 이익잉여금 등으로 청산소회원들에 의해 조성된 청산기금($\sum DF_{CM}$)과 기타 재원(DF_{CCP})으로 구성)의 규모 및 구조를 종합적으로 고려(waterfall approach)하여 전체 회원금융회사들이 보유하여야 할 소요자본량의 총액($\sum K_{CM}$)을 산출한다. 이는 회원금융회사들의 청산기금 총액이 손실위험에 노출된 정도에 따라 차등적으로 회원금융회사의 총소요자 본량이 산출되도록 한 것이다.

27_청산기금 익스포져의 처리에 대해서는 회원국간 상이한 의견이 제시되었다. 일부 회원국들은 청산기금을 자본에서 전액 공제할 것을 주장한 반면, 다른 일부 회원국들은 거래 관련 익스포져와 동일한 낮은 위험가중치를 적용할 것을 주장하였다. 차등적 자본부과 방안은 이러한 양극단의 상반된 주장을 절충한 것이다.

28_BIS 비율 산출시 익스포져 금액에 위험가중치를 곱하면 위험가중자산이 산출된다. 이때 위험가중자산에 8%(BIS 비율 최소요건)를 곱하면 소요자본량(K)이 산출된다.

(3) 마지막으로 전체 회원금융회사들이 부담해야 하는 소요자본량 총액(ΣK_{CM})에 전체 회원금융회사들이 조성한 청산기금 총액(ΣDF_{CM})에서 개별 금융회사의 청산기금(DF_{CMi})이 차지하는 비중($DF_{CMi}/\Sigma DF_{CM}$)을 곱하여 개별 금융회사에 대한 소요자본량(K_{CMi})을 산출한다($K_{CMi} = \Sigma K_{CM} \times DF_{CMi}/\Sigma DF_{CM}$).

셋째, CPSS-IOSCO의 기준을 충족하지 못하는 적격비적격 CCP에 대한 거래 관련 익스포져는 기업 등의 익스포져와 동일한 방식으로 처리토록 하였다.

넷째, 비적격 CCP에 납부한 청산기금은 기납부액과 미래 납부약정액을 합한 총액을 전액 자본차감으로 인식(즉 1,250%의 위험가중치 적용)토록 하였다. 또한 적격 CCP에 대한 청산기금 익스포져 중에서 데이타의 획득 곤란 등으로 차등적 자본부과방안(risk sensitive waterfall approach)을 적용하기가 불가능한 경우에도 동일하게 전액 자본차감으로 인식토록 하였다.

CCP 익스포져에 대한 자본부과 방안

	적격 CCP	비적격 CCP
거래관련 익스포져	위험가중치 2%	기업 등 익스포져에 대한 신용위험가중치
청산기금 익스포져	손실위험 등을 고려한 차등적 자본부과	위험가중치 1,250%

5. 거래상대방 신용리스크 관리요건 강화

바젤위원회는 금융위기 과정에서 금융회사들이 CCR 익스포져를

적절히 인식, 측정, 통제하는데 실패한 것은 기존의 리스크관리요건
이 미흡한 데에도 그 원인이 있는 것으로 파악하고, 이를 강화하기
위한 방안을 마련하였다.

(1) 알파 추정값에 대한 감독 당국의 점검 강화

바젤위원회는 내부모형법에서 유효기대익스포져의 추정치를 조
정하기 위한 승수인 알파(α) 값의 재조정(recalibration)이 필요한지 여
부를 검토한 결과, 현재로서는 이를 상향 또는 하향 조정할 근거가
불충분하다고 판단하였다. 따라서 기존의 바젤II에서와 같이 알파는
1.4의 최저값(자체 추정의 경우에는 1.2의 최저값)을 갖는다. 그러나 바젤
위원회는 알파 값에 대한 추정치가 금융회사별로 상이하게 나타나는
것은 모형의 오류(mis-specification), 특히 알파 추정식의 분자항목 계
산시 비선형적 특성인 볼록성(convexity)에 상당히 기인하는 것으로
판단하고, 감독 당국이 이에 대해 주의깊게 관찰할 것을 요구하였다.

(2) 스트레스테스트

바젤위원회는 시장리스크 또는 전통적인 신용위험에 대해서는 스
트레스테스트가 리스크관리의 핵심 수단으로 사용되고 있으나 CCR
에 대하여는 스트레스테스트의 기법 개발이 뒤처져 있음을 인식하였
다. 이에 따라 바젤III는 내부모형을 이용하는 금융회사에 대하여 거
래상대방 신용리스크에 대한 종합적인 스트레스테스트 프로그램의
설치를 의무화하고, 동 프로그램이 포함하여야 할 요소를 구체적으
로 명시하였다.[29]

(3) 모델 적합성검증 및 사후검증

CCR 규제자본 산출을 위한 내부모형법(IMM)의 사용 승인을 받은 금융회사는 CCR 익스포져 산출모형에 대한 적합성 검증을 지속적으로 실시하여야 한다. 적합성 검증 절차의 한 요소로서 내부모형법에 의한 리스크 측정값과 실제값을 비교하는 사후검증(backtesting)이 있다. 바젤위원회는 금융위기 과정에서 내부모형법 사용 금융회사의 사후검증 능력에 중대한 결함이 있음을 인식하였으며, 특히 VaR 모형에 근거한 사후검증은 매우 부적절한 것으로 판단하였다.

이에 따라 바젤Ⅲ에서는 내부모형의 적합성 및 사후검증에 관한 요건을 개선하였다. 우선, 감독 당국이 금융회사 내부모형의 사용승인 심사시 적용하는 질적 기준(qualitative criteria)을 강화하고, 이러한 질적 기준에 포함되어야 할 사항들을 구체적으로 명시하였다.[30] 이에 더하여 바젤Ⅲ는 금융회사에 대하여 적합성 검증 절차의 상세한 문서

29_이들 요소는 다음과 같다: (a)개별 거래상대방별 스트레스테스트의 정기적 실시, (b)최소 월 단위로 주요 시장리스크 요인(예: 금리, 환율, 주가, 신용스프레드, 상품가격 등)별 익스포져 스트레스테스트의 실시, (c)최소 분기별 다중요인 스트레스테스트 시나리오를 적용하고 중요 비방향성 투자 리스크(예: 수익률곡선 익스포져, 베이시스리스크 등)의 평가, (d)최소 분기별 거래상대방의 익스포져와 신용도가 동시에 변동하는 스트레스 상황을 적용한 스트레스테스트의 실시, (e)익스포져 스트레스테스트와 신용도 및 익스포져의 결합 스트레스테스트를 개별 거래상대방 및 거래상대방이 속한 그룹(예: 산업 및 지역) 단위로 실시하고 전사적인 CCR 차원에서 종합, (f)스트레스테스트 결과의 정기적인 고위 경영진 보고, (g)리스크 요인의 충격 강도는 스테레스테스트 목적에 부합할 것(예를 들어 스트레스 상황에서의 지급능력을 평가하고자 하는 경우 역사적으로 극단적인 시장상황을 포함하여야 함), (h)역방향 스트레스테스트(reverse stress tests) 실시 검토, (i)스트레스테스트에서 고위 경영진의 선도적인 역할 수행.

화, 내부 EPE 모형의 평가기준 정의, 적합성 검증시 사용하는 대표 표본 거래상대방 포트폴리오의 정의, 하나 이상의 통계량 사용, 독립적인 리스크 통제부서의 설치 등을 의무화하였다.

30_질적 기준은 구체적으로 다음 사항들을 포함하여야 한다: (a)금융회사에 의한 사후검증의 정기적 실시, (b)금융회사 자체적으로 내부모형에 대한 초기 적합성 검증 및 이후의 지속적인 점검 실시(동 검증 및 점검은 모형개발자와 독립적으로 이루어져야 함), (c)리스크관리 절차에 이사회 및 고위 경영진의 적극적 참여, (d)익스포져 측정을 위한 내부모형은 금융회사의 일상적인 리스크관리 프로세스에 밀접하게 통합될 것, (e)리스크측정시스템은 금융회사 내부의 트레이딩 및 익스포져 한도와 연계되어 사용될 것, (f)리스크측정시스템의 운영에 관한 문서화된 정책, 통제 그리고 절차를 준수하고 있는지 여부를 일상적으로 점검하는 체제를 구축하고 있을 것, (g)리스크측정시스템에 대한 독립적인 점검을 자체 내부감사 절차에 따라 정기적으로 실시할 것, (h)고위 경영진에 의한 내부모형의 적합성에 대한 정기적 점검.

V. 맺음말

지난 금융위기를 계기로 글로벌 규제 당국은 장외파생상품시장의 취약성, 특히 거대 거래상대방의 신용리스크가 시스템리스크의 잠재적 원천이 될 수 있음을 인식하였다. 나아가 장외파생상품시장은 거래규모가 급증하고 금융혁신이 지속적으로 이루어지는 분야이기 때문에 장외파생상품의 CCR을 어떻게 효율적으로 관리하느냐가 향후 금융시스템의 안정적 발전을 위한 핵심 요소가 될 것으로 예상하였다.

이러한 인식 하에 G20를 비롯한 글로벌 규제 당국은 장외파생상품계약의 표준화 확대, 중앙청산소의 이용 확대 등 장외파생상품시장에 대한 광범위한 규제개혁을 추진 중에 있다. 바젤위원회가 추진한 CCR 규제강화는 장외파생상품시장에 대한 이러한 광범위한 규제개혁의 일환으로서 이루어진 것이라고 할 수 있다. 이와 같은 규제강화 조치로 인해 앞으로 장외파생상품시장의 성장이 당분간 위축될 가능성도 있으나 장기적으로는 시장하부구조의 개선과 리스크관리 강화가 이루어짐으로써 장외파생상품시장의 건전한 발전을 위한 계기가 마련될 것으로 예상된다.

CCR 규제강화로 인해 주요 선진 은행들은 신용위험가중자산이 약 11% 증가[31]하고 이에 따른 자본확충부담이 클 것으로 예상되는 반면, 국내은행들은 추가적인 자본확충부담은 그리 크지 않을 것으로 예상된다. 국내 은행들은 주요 선진은행들에 비해 장외파생상품거래의 규모가 크지 않은데다 바젤 III의 규제기준을 대부분 충족하고 있는 것으로 나타나고 있기 때문이다. 그러나 국내 은행업의 경쟁력 확보와 자본시장의 안정적 발전을 위해서는 장외파생상품의 CCR에 대한 효율적 관리가 불가결한 요소임을 고려할 때, 국내 은행업계와 감독 당국은 바젤 III CCR 규제강화가 신용리스크관리를 선진화하고 장외파생상품시장의 하부구조를 튼튼히 하는 계기가 될 수 있도록 적극 대응해 나가야 할 것이다.

31_바젤위원회가 2010년 12월 발표한 규제영향평가("Results of the comprehensive quantitative impact study") 참조.

제6장

신용평가제도의 개혁

I. 배경

신용평가는 "채무자가 금융채무를 적시에 상환할 수 있는 가능성, 즉 특정 기업 또는 채권의 신용위험을 평가하는 것"이라고 정의할 수 있다.[1] 그리고 이러한 신용평가를 수행하는 기관인 신용평가사는 오늘날 국제자본시장의 효율적 기능을 위한 필수불가결한 핵심적 시장 인프라로 인정받고 있다. 신용등급은 규제자본의 산출, 적격투자증권의 판별기준 등 감독규제수단으로서 광범위하게 활용되고 있으며, 시장참가자들은 투자증권의 신용위험 평가와 가격 결정을 위해 신용등급에 크게 의존하고 있다. 특정 증권(특히 부채증권)이 자본시장에서 거래되기 위해서는 감독기관이 인정한 '적격 신용평가기관'에서 설정한 신용등급을 보유하여야 한다. 따라서 신용평가사는 좁게는 자본시장, 그리고 넓게는 현대 금융시스템 전반의 안전성 보장을 위한 '수문장(gatekeeper)'으로서의 역할을 수행하고 있는 것이다.[2]

그러나 신용평가사는 1990년대 초반부터 효율적이고 중립적인 정보제공자로서의 역할을 충실히 수행하지 못하고 있다는 비난에 직면하여 왔다. 신용평가사들이 특정 기업 또는 국가의 임박한 부도위기에 대한 경고기능을 제대로 수행하지 못하거나 또는 부실한 신용평가를 통해 오히려 금융위기의 원인을 제공하였다는 것이다. 1994년

---

1 _ IOSCO(2003) 참조.
2 _ Partnoy(2006) 참조.

멕시코 위기, 1997-98년의 아시아 금융위기, 2001년의 엔론사 사태(Enron Scandal), 그리고 2007년 글로벌 금융위기의 배후에는 모두 신용평가사의 기능 실패가 자리하고 있다는 비난이 제기되었다. 특히 글로벌 금융위기가 확산·심화된 근본 원인의 하나로 신용평가사의 기능 실패가 있다는 인식이 대두되면서 신용평가사의 영업모델과 이해 상충, 부적절한 신용평가 관행, 과점적 시장구조 등 현행 신용평가제도의 문제점에 대한 근본적인 성찰과 개혁 움직임이 나타나게 되었다.

이러한 배경 하에서 G20 정상회의에서도 금융안정성 제고 방안의 일환으로 신용평가사의 규제개선을 주요 의제로 채택하여 활발한 논의를 하여 왔다. 2008년 11월 G20 워싱턴 정상회의에서는 단기 과제로서 신용평가사의 이해상충 방지, 공시강화, 복잡한 금융상품에 대한 차별화된 신용평가 기준의 도입을 권고하였으며, 중기 과제로서 신용평가기관의 등록시스템을 도입하는 방안을 제시하였다. 또한 2009년 4월 G20 런던 정상회의에서는 신설 금융안정위원회(FSB)로 하여금 신용평가의 주요 이슈를 검토하도록 하는 한편, 국제증권감독기구(IOSCO: International Organization of Securities Commissions)의 '신용평가사 행동규범'[3] 준수를 의무화토록 하는 등 신용평가사에 대한 규제 및 감독의 강화에 지속 노력하였다.

그리고 2010년 6월에 개최된 G20 토론토 정상회의에서는 신용평가사에 대한 의존도를 축소한다는 보다 근본적이고 새로운 개혁방

3_"Code of Conduct Fundamentals for Credit Rating Agencies," IOSCO Technical Committee, December 2004.

향을 제시하면서 금융안정위원회(FSB)에 대하여는 감독규제 법규의 외부신용등급에 대한 의존도 축소 방안을, 그리고 바젤위원회에 대하여는 규제자본체계에서 외부신용등급의 사용으로 초래되는 부적절한 인센티브를 해소할 방안을 각각 마련토록 지시하였다. 이러한 G20의 요구에 따라 금융안정위원회(FSB)와 바젤위원회는 각각 '외부신용등급에 대한 의존도 축소 원칙'[4]과 '바젤자본체계에서 외부신용평가에 대한 의존 완화 및 단층효과 최소화 방안'을 마련하였으며, 이는 2010년 11월 G20 서울 정상회의에서 승인되었다.

이 장에서는 FSB와 바젤위원회의 논의를 중심으로 하여 현행 신용평가제도의 근본적인 문제점과 개선방향에 대해서 살펴보기로 한다. 2절에서는 현행 신용평가제도의 문제점과 개선방향을 크게 세 가지로 나누어 정리하였다. 그리고 3절에서는 바젤자본체계에서 외부신용등급의 사용과 관련하여 제기되는 부적절한 인센티브 해소를 위한 바젤위원회의 규제개혁 내용을 정리하였다.

4_"Principles for reducing reliance on CRA ratings," FSB, October 2010.

II. 현행 신용평가제도의 문제점과 개선방향

1. 외부신용평가에 대한 과도한 의존도의 완화

지난 금융위기에서 드러난 가장 큰 문제점 중의 하나는 은행을 포함한 많은 시장참가자들이 신용평가사의 신용평가 결과에 지나치게 의존한다는 점이었다. 시장참가자들은 신용등급이 매겨진 금융상품에 대하여는 자체적인 리스크 평가 노력을 등한시한 채 외부신용등급에 의해서만 금융상품의 리스크를 평가하는 경향을 보였다. 이와 같이 시장참가자들이 외부신용평가에 과도하게 의존하게 된 주요 원인 중의 하나는 국제기구와 각국의 감독 당국이 각종 법규에 외부신용등급을 광범위하게 활용하고 있다는 점이었다.

외부신용등급을 감독수단으로 가장 먼저 활용한 국가는 미국이었다. 미국은 1930년대 대공황과 금융위기를 겪으면서 외부신용등급을 규제목적으로 활용하기 시작했다. 통화감독청(OCC: Office of the Controller of the Currency)이 1931년에, 그리고 연방준비은행(FRB: Federal Reserve Bank)이 1935년에 은행 보유 채권의 가치평가에 신용등급을 적용토록 한 것이 감독규제에 신용등급을 활용하는 첫 사례가 되었다. 이후 1970년대 초반에 발생한 신용위기를 계기로 증권거래위원회(SEC: Securities and Exchange Commission)는 감독규제 수단으로서 신용등급의 활용을 크게 확대하였다. 증권거래위원회는

1975년에 '공인신용평가기관(NRSRO: Nationally Recognized Statistical Ratings Organization)' 제도를 새로이 도입하고, 동 NRSRO의 신용등급을 금융기관(브로커-딜러)의 자기자본규제에 처음으로 활용하였으며, MMF(Money Market Fund) 등 일부 금융상품에 대해서는 NRSRO로 허가받은 신용평가기관으로부터 일정 등급 이상을 받은 채권에 대해서만 투자를 허용하는 등 금융회사의 적격 투자증권을 선별하는 기준으로 외부 신용등급을 활용하였다.

이후로 미국은 증권시장, 연기금, 은행업, 부동산업, 보험업 등 다양한 분야의 감독규제업무로 NRSRO 신용등급의 활용을 확대하였으며, 유럽 및 아시아의 주요 국가들도 감독규제수단으로서 외부신용등급을 활용하기 시작했다. 특히 외부신용등급의 이용이 전 세계적으로 확산되는 계기가 된 것은 2004년 6월에 최종 확정된 바젤II 자본체계의 도입이었다. 바젤II 자본체계가 규제자본의 신용리스크 민감도를 높이기 위한 방법의 일환으로 일정한 자격을 갖춘 '적격 신용평가기관'이 평가한 신용등급을 익스포져의 신용리스크 평가기준으로 활용토록 함에 따라 외부신용등급이 국제적으로 공인된 감독규제수단으로 등장한 것이다.[5]

이와 같이 외부신용등급이 각종 감독규제법규에 '긴밀히 접착

5_이와 같이 감독규제수단으로 외부신용등급의 사용이 확산되자 G7는 바젤위원회 산하의 Joint Forum에 대하여 그 현황을 조사해 줄 것을 요청하였다. 이러한 요청에 따라 Joint Forum이 12개 국가들을 대상으로 조사한 바에 따르면, 각국의 감독 당국은 외부신용등급을 바젤II 규제자본의 산출, 적격 투자증권의 지정, 유동화 증권의 신용위험 평가, 공시관련 규제, 투자설명서(prospectus)의 적격성 심사 등 크게 5개 목적으로 활용하고 있는 것으로 나타났다. BCBS(2009.6월) 참조.

(hard wiring)'되어 감독수단으로 광범위하게 활용함에 따라 시장참가자들이 외부신용등급에 과도하게 의존하는 결과가 초래되었던 것이다. 그리고 이는 나아가서 지난 금융위기에서 경험한 바와 같은 막대한 '단층효과(cliff effect)'와 '전염효과(spillover effect)'의 원인이 되었다. 예컨대 신용평가사들이 구조화 증권의 신용등급을 투자등급 이하로 급락[6]시킴에 따라 금융회사들이 이들 증권을 헐값에 매각(fire-sale)할 수밖에 없었으며, 이로 인해 금융시장 전반에 걸쳐 급격한 유동성 경색과 자산손실이 초래되었던 것이다.

이러한 인식에 따라 국제기구를 중심으로 외부신용평가등급에 대한 과도한 의존을 축소하기 위한 노력이 진행되었다. 금융안정위원회(FSB)는 G20의 요청에 따라 2010년 10월에 외부신용등급에 대한 의존 축소를 위한 일련의 원칙을 발표하였는데, 동 원칙은 크게 각종 법규의 외부신용등급에 대한 의존도 축소, 은행 등 시장참가자의 기계적인 외부신용등급 사용 자제 및 자체적인 신용평가 실시 등을 내용으로 하고 있다(세부 내용은 아래의 박스 참조). 또한 2010년 7월에 도입된 미국의 '도드-프랭크법(Dodd-Frank Act)'은 연방 감독기관으로 하여금 각종 법규에 산재해 있는 외부신용등급에 대한 의존도를 평가하여 이를 삭제하거나 다른 기준으로 대체할 것을 요구하였다.

외부신용등급에 대한 의존을 축소하고자 하는 규제 당국의 이러한 노력은 학계를 비롯한 국제금융사회에서 많은 지지를 받고 있는 것으로 보인다. 그러나 다른 한편 외부신용등급에 대한 의존도 축소가 초

6_예컨대 무디스는 2007년 10월~11월 초에만 198개의 AAA등급 CDO를 1회에 평균 7단계나 하향 조정하였다.

래하는 부작용에 대한 우려도 벌써 제기되고 있다. 각국의 은행들이 자체적인 내부신용평가를 활용함에 따른 신용평가의 객관성 및 일관성을 어떻게 확보할 것인지의 문제가 남아 있기 때문이다. 따라서 금융안정위원회가 제시한 '원칙'이 구체적으로 구현되어 실제로 운용되기까지는 상당한 시일이 소요될 것으로 예상된다.

외부신용평가에 대한 의존 완화를 위한 원칙(FSB)

1. 법규 | 규제제정기구(바젤위원회 등) 및 각국의 감독 당국은 기준/법률/규정에 산재해 있는 외부신용등급에 대한 의존도를 평가하여 최대한 이를 삭제하거나 신용도 평가를 위한 다른 기준을 개발하여 대체하여야 한다.

2. 시장 | 은행, 시장참여자, 기관투자자들은 외부신용등급에 기계적으로 의존하여서는 안 되며, 적합한 전문가와 시스템을 도입하여 자체적인 신용평가를 실시하고, 이러한 내용을 시장에 공시하여야 한다.

3. 중앙은행 공개시장조작 | 중앙은행은 공개시장조작 대상 증권에 대하여는 자체적으로 신용평가를 실시하여야 한다. 중앙은행은 담보 적격성 또는 할인율의 급격한 변화를 초래함으로써 단층효과를 확대할 수 있는 기계적 신용평가를 자제하여야 한다.

4. 은행에 대한 건전성 규제 | 은행은 보유 자산의 신용도 평가를 위해 기계적으로 외부신용등급에 의존하여서는 안 되며, 자체적인 신용

도 평가능력을 보유하여야 한다. (1) 대형은행은 투자 목적 또는 트레이딩 목적을 불문하고 모든 보유자산의 신용위험에 대한 내부평가를 실시하여야 한다. 대형은행의 내부평가를 권장하기 위해 거대 익스포져에 대한 내부평가의 의무화, 외부신용등급에 의존하는 포트폴리오 비율의 제한, 내부평가에 의존하지 않는 자산에 대한 요구자본량 상향 등의 방법을 고려하여야 한다. (2) 소형은행은 모든 투자자산에 대한 내부평가를 의무화하지 않아도 되지만 기계적으로 외부신용등급에 의존하여서는 안 되며, 신용평가방식을 시장에 공시하여야 한다.

5. 자산운용사 및 기관투자자 | 종류[7] 및 규모를 불문하고 모든 자산운용사 및 기관투자자는 자산의 신용도 평가를 위해 기계적으로 외부신용등급에 의존하여서는 안 된다. (1) 자산운용사는 투자자산의 복잡성 및 중요성에 상응하여 자체적인 신용위험 평가를 실시하여야 하며 자체적인 신용평가 절차를 공시하여야 한다. (2) 기관투자자의 고위경영진은 투자자산에 대한 내부평가 및 이와 관련한 공시에 대하여 책임을 부담하여야 한다. (3) 규제체계는 자산운용사 및 기관투자자가 기계적으로 외부신용등급을 사용하지 않도록 적절한 유인을 부여하여야 한다.

6. 마진거래 | 시장참여자 및 중앙거래상대방(CCP: Central Counter Party)은 파생상품/증권금융거래와 관련하여 기계적으로 외부신용평가를 사용하여서는 안 된다. 즉 외부신용등급 하락시 자동적으로

7_전업 자산운용사, 연기금, MMF 운용사, 집합투자기구, 보험 및 대형 전문투자자 등.

대규모의 추가담보요청(margin call)이 발동되도록 마진거래를 설계하여서는 안 된다. 이를 위해 감독기관은 시장참여자 및 중앙거래상대방이 마진거래에 대하여 기계적으로 신용등급을 적용하고 있는지 여부를 점검하여야 한다.

7. 증권 발행자에 의한 공시 | 증권 발행자는 투자자가 자체적인 신용도 분석에 근거하여 투자하는 환경을 조성하기 위해 포괄적인 정보를 시의성있게 공시하여야 한다.

2. 영업행태와 시장구조의 개선

현행 신용평가제도의 가장 큰 문제점은 신용평가사의 영업행태와 시장구조 등과 같은 신용평가산업에 내재한 특성에 있다. 여기에서는 부적절한 신용평가의 원인이 된 신용평가산업의 특성으로서 신용평가사의 영업모델, 신용평가의 관행, 그리고 시장구조에 대해서 살펴보기로 한다.

(1) 신용평가사 영업모델의 변경

현재 신용평가사들은 투자자(investor)가 아닌 발행인으로부터 보수를 받는 영업모델(issuer-pays)을 도입하고 있다. 이러한 영업모델에 대하여 이해상충과 부적절한 신용평가 등 현행 신용평가제도가 가진 가장 큰 문제의 근본적인 원인이 되고 있다는 지적이 지속적으로 제기되어 왔다.[8] 피평가자(발행인)의 등급쇼핑[9](rsting shopping)과 신용평가사 간의 시장점유율 경쟁이 결합되어 자연스럽게 신용등급을 부풀리게 하는 유인이 초래된다는 것이다. 이러한 이해상충의 문제를 해결하기 위한 방법의 하나는 영업모델을 변경하는 것이다. 그러나 발행인 비용부담의 영업모델에 대한 대안, 즉 투자자가 비용을 부담(subscriber-pays)하는 영업모델 역시 많은 문제점을 갖고 있다. 사실 1970년대에 신용평가사들은 투자자 비용 부담의 영업모델에서 발행인 비용 부담의 영업모델로 전환하였는데, 이는 복잡한 증권의 등장으로 인해 신용평가에 막대한 재원이 소요되는 반면 신용평가의 준공공재적 성격에 기인한 무임승차 문제로 인해 투자자로부터 적정한 평가비용을 부담시키는 것이 점점 어려워졌기 때문이다. 특히 정보통신기술의 발달로 인해 신용평가 내용이 널리 유포됨에 따라 무임승차 문제가 심화되고 신용평가사의 수익성이 악화되었던 것이다.

이와 같이 투자자 비용부담 모델이 가진 문제점과 신용평가사들이 영업모델 변경에 반대하고 있는 점 등을 고려하여 규제 당국은 신용평가사에 대하여 영업모델 변경을 요구하기보다는 이해관계와 관련한 공시 확대, 신용평가업무 관련 독립성 확보 등과 같은 이해상충 방지 장치 마련에 노력하고 있다.

한편, 신용평가사들은 신용평가의 공정성에 대한 일반의 신뢰, 즉 평판(reputation)에 의존하고 있는 신용평가산업의 특성상 이해상충의 문제가 발생하지 않는다고 항변하여 왔다. 신용평가사가 고객 기

8_Cinquegrana(2009) 참조.
9_피평가자가 자신에게 가장 양호한 등급을 부여하는 기관을 선택하기 위해 사전에 기관별 신용등급을 비교하는 행위를 의미한다.

업의 신용등급을 부적절하게 부풀려서 평가한다는 것이 알려지게 되면, 당해 신용평가사의 가장 중요한 자본인 평판이 손상되고, 나아가 신용평가사의 수익성이 악화될 것이므로 이해상충의 유인이 발생하지 않는다는 것이다. 그리고 이러한 항변은 최근까지 신용평가사에 대한 규율이 정부 규제보다는 시장기능에 맡겨지게 된 배경의 하나로 하나로 작용하였다.

(2) 신용평가 관행의 개선

신용평가의 과정 및 결과에 대하여 신용평가사가 충분한 책임을 지지 않는 관행도 신용평가사 실패의 주요 원인이 되었다. 신용평가사는 기업에서 제공하는 정보를 그대로 수용하여 신용평가를 수행하며, 이들 정보의 정확성에 대하여는 점검하지 않는 것으로 알려지고 있다. 신용평가사의 이러한 행태는 종종 부정확한 신용평가의 원인이 되었다. 예를 들어 2001년 S&P와 무디스는 엔론(Enron)사의 신용등급을 동 사의 파산 직전까지 투자등급으로 분류하였는데, 이는 엔론사가 파산 직전까지 신용평가사에 잘못된 정보를 제공하였기 때문이다. 또한 미국 은행들이 서브프라임 대출의 건전성에 대하여 신용평가사에 잘못된 정보를 제공함으로써 서브프라임 모기지증권에 대하여 부정확한 신용평가가 이루어지고 이로 인해 금융위기가 심화된 것은 잘 알려진 사실이다.

신용평가사들은 신용평가 결과, 즉 신용등급이 기업/증권의 신용도에 대한 하나의 '의견(opinion)'을 나타내는 것일 뿐이라고 주장하여 왔다. 이들에 따르면 신용도에 대한 '의견'은 어떤 증권의 매입/매도/보유를 위한 '권고(recommendation)' 내지는 '자문(advise)'과는 구별되는 것이다. 신용등급에 대한 신용평가사들의 이러한 견해는 미국에서 신용평가사들이 언론과 동등한 지위를 가지며 따라서 헌법상 보장된 권리인 '표현의 자유'에 의한 보호를 받아야 한다는 주장으로 연결되었다. 그리고 나아가서 이는 곧 신용평가의 내용이나 방법에 대해서 어떠한 정부 규제도 적용되어서는 안 된다는 주장으로 귀결되었다.[10]

미국을 제외한 여타 국가에서는 신용평가사들이 미국과 같은 수준의 법적 보호를 받지는 못하였다. 그러나 신용평가사들은 신용등급 이용자와의 계약서에 '의견'이 금융자문이 아니라는 점을 명확히 함으로써 법적 규제로부터 벗어날 수 있었다. 그리고 어떠한 법적 책임도 갖지 않는 이러한 자유로운 '의견'을 표명할 권리가 종종 부적절한 '의견'을 낳은 원인이 되었음은 과거의 역사적 경험이 드러내는 바와 같다.

(3) 과점적 시장구조의 개선

오늘날 신용평가산업은 3개의 선도기업(무디스, S&P, 피치)이 전 세계 신용평가시장의 94%를 차지하는 과점적 구조를 이루고 있다. 신용평가산업이 이러한 과점적 시장구조를 이루게 된 것은 평판에 의존하는 신용평가산업의 특성에 크게 기인한다. 평판을 형성하고 유지하는 데에는 엄청난 비용이 들기 때문에 신용평가산업에는 자연적인 진입장벽(natural barrier of entry)이 형성된 것이다. 그리고 앞에서

10_Katz(2009) 참조.

설명한 바와 같이 규제 당국이 일정한 자격을 갖춘 신용평가사('적격 신용평가기관')를 지정하고 이를 감독수단으로 활용한 것도 진입장벽이 형성된 원인의 하나로 작용하였다. 이러한 과점적 시장구조는 신용평가산업 내의 경쟁을 제한함으로써 효율적이고 공정한 신용평가를 저해하는 주요 요인이 되고 있다는 지적이 제기되어 왔다. 그리고 이러한 지적은 신용평가산업의 경쟁을 촉진하기 위한 규제 당국의 노력으로 이어졌음은 물론이다.

그러나 다른 한편에서는 경쟁의 촉진이 반드시 보다 양질의 신용평가를 보장하지는 않는다는 주장도 제기되었다. 새로 설립된 신용평가사는 기존의 선도기업과 경쟁하기 위해 발행인에게 보다 높은 신용등급 또는 보다 낮은 평가비용을 제시할 수밖에 없으며, 이는 곧 신용평가의 질적 수준과 신뢰도의 저하를 초래할 것이라는 것이 그 이유이다. 더욱이 소수 선도기업에 의한 과점적 시장구조가 갖는 장점도 지적이 되었다. 과점적 시장구조는 평가의 일관성과 통일성을 제고함으로써 다양한 국가에서 발행되는 증권의 비교 가능성을 높이는 장점을 갖는다는 것이다. 시장구조의 이러한 장단점을 고려할 때 과점적 시장구조의 문제는 현행 신용평가제도에 대한 비난의 핵심으로부터는 다소 벗어나 있는 것으로 보인다.

3. 신용평가사에 대한 감독규제의 강화

신용평가사의 신용등급이 감독규제의 핵심 수단으로 이용되어 온 반면에 신용평가사 자체에 대해서는 최근까지 감독규제가 거의 이루어지지 않았다는 것은 다소 아이러니한 사실이다. 평판을 기반으로 하는 특성으로 인해 신용평가업에 대한 규제는 시장기능에 의한 자율규제에 맡겨 졌으며, 정부 및 감독 당국에 의한 규제는 최소화되었던 것이다. 그러나 2000년대 들어 엔론사 사태 등을 계기로 신용평가사에 대한 감독규제가 점차 강화되어 왔으며, 특히 지난 금융위기를 계기로 글로벌 규제 당국은 신용평가산업에 대한 근본적인 규제개혁의 필요성을 인식하였다. 여기에서는 미국, 유럽, 국제증권감독기구(IOSCO)를 중심으로 신용평가사에 대한 규제의 변천 내용을 간략히 정리해 본다.

(1) 미국

미국은 증권거래위원회(SEC)가 1975년에 공인신용평가기관(NRSRO) 제도를 도입함으로써 신용평가산업에 대한 감독규제의 시발점을 마련하였다. 그러나 신용평가사에 대하여는 어디까지나 시장규율을 원칙으로 하였기 때문에 공인신용평가기관의 지정 및 감독이 비공식적으로 이루어지는 등 감독규제는 최소한의 수준으로 제한되었다.

그러다가 2000년대 들어 엔론사 사태를 비롯한 일련의 기업 파산 사건을 계기로 미 의회는 신용평가산업에 대한 규제개혁의 필요성을 인식하고, 2006년에 신용평가기관개혁법(Credit Rating Agency Reform Act)을 제정하였다. 동 법의 핵심적인 내용은 공인신용평가기관을 허가제에서 등록제로 전환한 것인데, 이는 한편으로 신용평가산업의 경쟁을 촉진함과 아울러 다른 한편으로는 등록과 관련한 요건 및 절차를 투명하게 제시함으로써 부적격 신용평가사의 시장진입을 방지하고자 하는 이중의 목적을 가진 것이었다. 또한 동 법은 증권거래위원회(SEC)에 신용평가사의 정보공시, 문서기록, 회계보고 등에 대한 감독검사 권한을 부여하였다.

서브프라임발 금융위기를 계기로 증권거래위원회(SEC)는 2009년에 신용평가사에 대한 보고 및 공시 관련 규정을 강화하는 한편 신용평가사에 대하여 이행상충을 초래할 수 있는 행위를 금지하는 규정을 새로이 도입하였다. 예컨대 신용평가기관이 자문서비스를 제공한 경우에는 신용등급의 평가를 금지하였으며, 평가업무에 참여한 애널리스트는 수수료 책정에 관여하지 못하도록 규정하였다. 그리고 2010년 7월에 통과된 '도드-프랭크법(Dodd-Frank Act)'은 한걸음 더 나아가 현행 신용평가제도의 근본적인 문제점을 시정하기 위한 야심찬 개혁 내용을 포함하였다. 동 법은 각종 법규에서 외부신용등급을 참조하도록 한 조항을 삭제하도록 요구하였다. 또한 신용평가와 관련한 신용평가사의 책임과 처벌을 강화하기 위한 일련의 제도적 장치(증권법 436(g) 조항 폐지,[11] 신용평가사에 대한 소송기준 완화 등)의 도입을 명문화하였다. 따라서 이러한 새로운 법규가 성공적으로 이행되면 신용등급을 단순한 '의견'으로 간주하여 어떠한 책임과 처벌로부터도 신용평가사를 자유롭게 하던 기존의 관행이 앞으로 크게 변화

11_증권법(The Securities Act) 436(g) 조항은 신용평가사가 채권에 부여한 신용등급이 전문가의 자문(expert advice)이 아니라 단순한 의견(opinion)에 해당되도록 함으로써 등급부여로 인해 발생할 수 있는 신용평가사의 법적 책임을 완화시켜 주는 조항이다.

될 것으로 예상된다.

(2) 유럽

유럽에서는 미국에 비해 신용평가사에 대한 감독규제가 더욱 늦게 도입되었다. 금융위기 이전에는 IOSCO 행동규범의 자발적인 준수를 규정한 것과 바젤II 자본체계의 도입과 관련하여 '적격 외부신용평가 기관'의 지정을 위한 기준을 마련한 것이 유럽연합(EU) 차원의 유일한 규제였다고 할 수 있다. 그러나 2007년에 발생한 글로벌 금융위기와 더불어 2009년 이후 유럽 국가들에 대한 신용평가사들의 잇단 신용등급 하향 조정을 계기로 유럽에서도 신용평가사에 대한 감독규제 강화 움직임이 급물살을 타게 되었다.

2009년 4월에 EU는 신용평가사에 대한 규제법률을 제정하여 감독규제 강화와 함께 이해상충 방지를 위한 장치를 마련하였다. 동 법은 신용평가사에 대한 의무등록제 도입, 이해상충 방지를 위한 공시 강화(신용평가모델, 신용등급 산출체계, 연간 수익 5% 이상을 차지하는 발행인 정보 등) 및 사외이사 도입 등을 내용으로 하고 있다.

그러나 이러한 감독규제 강화방안이 불충분하다는 지적이 제기됨에 따라 2010년 6월에 EU는 더 한층 강화된 추가적인 규제방안을 마련하였다. 동 방안은 유럽증권시장감독청(ESMA: Europeans Securities and Marker Authorities)에 신용평가사에 대한 직접적이고 종합적인 감독검사 권한 부여, 영미계 중심의 과점적 시장구조 완화를 위한 유럽신용평가사(European Ratings Agency)의 설립 등의 내용을 포함하고 있다. 이에 더하여 EU는 신용등급에 대한 과도한 의존, 영업모델, 이해상충 등 현행 신용평가제도에 내재하고 있는 근본적 문제에 대한 해결방안을 지속적으로 논의할 방침임을 표명하였다.

(3) 국제증권감독기구(IOSCO)

IOSCO는 2003년에 '신용평가사의 운영원칙'[12]을, 그리고 2004년에는 이를 구체화한 '신용평가사 행동규범'을 발표하였다. 동 행동규범은 (1) 평가절차의 질 및 신뢰성, (2) 신용평가사의 독립성 및 이해상충 방지, (3) 투자자 및 발행인에 대한 신용평가사의 책임, (4) 행동규범의 준수실태에 대한 공시 및 시장참가자의 의견수렴 등 4개 부문에 걸쳐서 신용평가사가 준수하여야 할 준칙을 제시한 것이다. 이러한 행동규범은 '원칙준수 예외공시(comply or explain)' 관례에 따라 신용평가사들이 자발적으로 준수하여야 하는 것으로서 IOSCO 스스로 밝히고 있듯이[13] 이행의 강제성이 없으며 신용평가사가 이러한 행동규범을 준수하고 있는지 여부를 판단할 수 있는 권한을 가진 국제적인 감독기구가 존재하지 않는다는 한계를 가지고 있었다.

금융위기로 인해 신용평가사 문제가 국제적인 이슈로 떠오르자 IOSCO는 2008년에 신용평가사 행동규범을 대폭 개정하였다. 동 개정은 신용평가 절차의 개선, 신용등급의 적정성에 대한 모니터링 강화, 구조화 증권의 설계에 신용평가사 애널리스트의 관여 금지, 공시의 확충, 보상정책의 정기적 검토, 구조화 증권에 대한 별도의 신용등

12_"IOSCO Statement of Principles Regarding the Activities of Credit Rating Agencies," IOSCO Technical Committee, September 2003.
13_IOSCO(2009) 참조.

급 체계 마련 등의 내용을 포함하고 있다. 이와 함께 IOSCO는 '행동규범'을 각국에서 신용평가사에 대한 감독검사시 '준거기준(template)'으로 활용할 것을 제안하였다.

한편 IOSCO 행동규범의 법적 강제성도 강화되고 있는 추세이다. 2009년 4월의 G20 런던 정상회의는 IOSCO의 행동규범의 준수를 의무화하였으며, EU 등 각 지역별 감독 당국에서는 이러한 G20의 결정을 받아 들이고 있는 추세이다. 또한 뒤에서 설명하는 바와 같이 바젤위원회는 바젤자본체계에 IOSCO 행동규범을 반영하여 '외부신용평가기관'의 적격성 요건을 강화하였다. 요컨대 IOSCO의 행동규범은 더 이상 신용평가사가 자발적으로 준수하여야 할 '업계 표준'이 아니라 반드시 준수하여야 할 '법적 기준'이 되고 있는 것이다.

III. 바젤자본체계와 외부신용등급

1. 바젤자본체계상 외부신용등급의 의의

2004년 6월에 최종 확정된 바젤II 규제자본체계(이하 바젤II)는 규제자본 산출을 위해 외부신용등급을 활용하고 있다. 이는 외부신용등급이 표준화되어 있고, 이해하기 쉬우며, 독립적인 평가결과를 제공한다는 점을 고려한 것이다. 금융기관 및 시장참가자들은 바젤II가 도입되기 이전부터 이미 위험관리절차에 외부신용등급을 광범위하게 이용하고 있었으며, 따라서 바젤II 체계에 외부신용등급을 도입한 것은 기존의 시장관행을 인정한 것이라고 할 수 있다. 바젤II에서 규제자본의 산출을 위한 외부신용등급의 활용은 신용리스크에 집중되어 있다. 시장리스크 또는 운영리스크에 대한 소요자기자본 산출을 위해 외부신용등급을 활용하는 경우는 매우 제한적이거나 사실상 거의 없다고 할 수 있다.[14] 따라서 여기에서는 신용리스크를 중심으로 외부신용등급이 어떻게 활용되고 있는지 개략적으로 살펴보기로 한다.

14_시장리스크의 경우에는 표준법에서 부채증권의 개별리스크 산출과 관련하여, 그리고 운영리스크의 경우에는 고급측정법에서 신용위험경감기법과 관련하여 외부신용등급이 활용되고 있다.

(1) 표준방법과 내부등급법

바젤II 는 규제자본의 신용리스크 민감도를 높이기 위해 신용등급을 광범위하게 활용하고 있다. 바젤II는 신용등급의 평가 방법에 따라 크게 표준방법(Standardised Approach)과 내부등급법(Internal-Rated based Approach)으로 구분된다. 내부등급법은 모든 익스포져(정부, 은행, 기업, 소매, 주식)에 대한 규제자본 산출 목적으로 내부적으로 추정한 신용등급을 사용하도록 하고 있다. 다만, 유동화익스포져에 대한 규제자본의 산출과 모델의 유효성 검증을 위한 경우 등에서와 같이 제한적으로 외부신용등급의 사용이 허용되고 있다.

따라서 외부신용등급은 주로 표준방법에서 활용된다. 표준방법은 기업, 정부, 은행 익스포져에 대하여 적격신용평가기관에서 평가한 신용등급에 따라 위험가중치를 달리 적용하도록 하고 있다. 외부신용등급과 위험가중치를 대응시키는 일련의 과정을 매핑(mapping)이라고 한다. 바젤II는 익스포져 유형별로, 즉 정부, 기업, 은행 익스포져에 대하여 각각 별도의 매핑 표를 제공하고 있다. 예컨대 기업익스포져의 경우 신용등급별 위험가중치는 다음과 같다.

기업익스포져에 대한 신용등급별 위험가중치

기업의 표준 신용등급	AAA ~ AA-	A+ ~ A-	BBB+ ~ BB-	BB- 미만	무등급
위험가중치	20%	50%	100%	150%	100%

(2) 신용위험경감기법

바젤II는 신용위험경감(credit risk mitigation) 기법과 관련하여 부분적으로 외부신용등급을 사용하고 있다. 바젤II는 신용위험경감 기법으로서 담보, 보증, 상계, 신용파생상품 매입의 네 가지를 허용하고 있는데, 이 중 담보와 관련하여서는 일정 요건(표준신용등급 등)을 충족하는 적격금융담보에 대하여만 신용위험경감효과를 인정하고 있으며, 신용등급 등에 따라 담보의 가치를 달리 적용하고 있다. 또한 보증과 관련하여 표준방법과 기초내부등급법을 사용하는 은행에 대하여 '적격 보증인(eligible guarantors)' 요건을 부과하고 있다. 이에 대해서는 뒤에서 다시 살펴보기로 한다.

(3) 유동화익스포져

바젤자본체계는 유동화익스포져에 적용하는 신용리스크 측정방법이 유동화 대상이 되는 기초익스포져에 적용하는 신용리스크 측정방법과 일치하도록 규정하고 있다. 따라서 기초익스포져에 대한 신용리스크 측정시 표준방법을 적용하는 은행은 유동화익스포져에 대하여도 표준방법을 적용하여야 하며, 기초익스포져에 대해 내부등급법 사용을 승인받은 은행은 유동화익스포져에 대해서도 내부등급법을 적용하여야 한다. 내부등급법은 다시 신용등급법(RBA: Ratings-Based Approach), 내부평가법(IAA: Internal Assessment Approach), 함수법(SFA: Supervisory Formula Approach)으로 구분된다.

표준방법은 적격 외부신용평가기관에서 평가한 외부신용등급에 따라 위험가중치를 적용하는 방법이다. 신용등급법은 외부신용등급이나 추정등급(inferred rating)이 있는 유동화익스포져에 대하여 적용한다는 점에서 표준방법과 동일하나 신용등급 및 선순위 여부 등에 따라 위험가중치를 세분화[15]하고 있다는 점에서 표준방법과 차이가 있다. 외부신용등급/추정등급이 없을 경우에는 내부평가법 또는 함수법을 적용한다. 내부평가법은 은행 자체적으로 평가한 내부평가등급을 외부신용평가기관의 신용등급에 매핑한 후 신용등급법(RBA) 위험가중치표상의 위험가중치를 적용하는 방법으로서 은행이 ABCP 프로그램에 대해 제공한 익스포져(예: 유동성지원 약정 또는 신용보강)에 대해서만 적용 가능하다. 함수법은 바젤위원회가 제공한 함수를 이용하여 규제자본량을 산출하는 방법이다. 그리고 표준방법에서 무등급 유동화익스포져와 내부등급법에서 신용등급법/내부평가법/함수법을 적용할 수 없는 유동화익스포져는 자기자본에서 차감(위험가중치 1,250%)하도록 하였다.

유동화익스포져에 대한 소요자기자본량 산출방법

| 표준방법 | 내부등급법 | | | 그 밖의 경우 |
	신용등급법	내부평가법	함수법	
- 외부신용 등급에 따라 위험가중치 적용 - 무등급은 원칙적으로 전액 자본 차감	- 외부신용등급 이용 - 표준방법보다 위험가중치를 세분화	- 내부등급을 외부신용등급에 매핑한 후 신용등급법의 위험가중치 적용	- 바젤위원회가 제공한 공식을 이용	- 전액 자본에서 차감

(4) 적격 외부신용평가기관

바젤II는 각국의 감독 당국으로 하여금 적격 외부신용평가기관을

15_신용등급법에서는 신용등급이 같더라도 유동화익스포져의 선순위 여부, 분산도에 따라 적용되는 위험가중치가 달라진다.

지정토록 하고, 동 적격 외부신용평가기관에서 평가한 신용등급만을 규제자본의 산출에 이용할 수 있도록 하였다. 그리고 바젤II는 신용평가사가 적격 외부신용평가기관으로 인정받기 위한 요건으로서 객관성, 독립성, 국제적 이용가능성 및 투명성, 공시의 적정성, 평가인력의 적정성, 신뢰성 등을 제시하고 있으며, 특정 신용평가사가 동 6개 요건을 충족하는지 여부를 각국의 감독 당국이 판단토록 하였다.

2. 바젤III와 외부신용등급

바젤위원회는 금융위기 이후 G20의 요청에 의하여 바젤자본체계의 외부신용등급 관련 제도를 전면 재검토하였으며, 이 과정에서 외부신용등급의 사용과 관련하여 몇 가지 잘못된 인센티브(negative incentives)가 있음을 발견하였다.

첫째는 은행들이 외부신용등급에 과도하게 의존하면서 독립적이고 내부적인 신용리스크 평가를 태만히 한다는 점이다. 둘째는 신용평가사들이 익스포져에 대해 정확하고 보수적으로 평가하지 않고 '우량 등급(good rating)'을 남발하는 경향이 있다는 점이었다. 발행자는 물론 대출을 제공하는 은행 및 투자자도 우량 등급을 선호하였는데, 이는 우량 등급의 경우 규제자본량이 축소되고 적격투자증권의 범위가 확대되는 효과가 있기 때문이었다. 그리고 마지막으로 신용등급의 하락시 소요자기자본 산출이 갑자기 크게 증가하는 단층효과(cliff effect)가 발생한다는 점이었다.

이러한 문제점에 대응하는 한 가지 방안은 바젤자본체계에서 외부신용등급의 사용을 금지하는 것이다. 이 경우 표준방법 및 자산유동화와 관련하여 다음과 같은 대안을 고려할 수 있다. 우선, 표준 방법에 대한 대안으로서는 모든 익스포져에 대하여 신용도와 관계없이 동일한 위험가중치(예: 100%)를 부과하는 '바젤I' 유형의 방식으로 회귀하는 방안을 고려할 수 있다. 그러나 동 방안은 익스포져에 내재하는 리스크에 상응하여 규제자본을 부과한다는 바젤II 자본체계의 근간을 훼손한다는 점에서 바람직한 대안이 아니라고 할 수 있다.

다음으로 유동화익스포져에 대해서는 내부등급법(IRB) 사용 은행으로 하여금 내부 신용위험모델을 통해 추정한 부도율(PD), 부도시 손실률(LGD) 등을 사용하여 소요자본량을 산출하도록 하는 방안을 고려할 수 있다. 그러나 바젤위원회는 최근 경험에서 은행의 내부 신용위험모형이 적절히 작동하지 않았던 점 등을 고려하여 이 방안에 대해서도 회의적인 시각을 표명하였다. 또한 바젤위원회는 유동화익스포져에 대하여 내부모형의 사용을 허용할 경우 은행업계로부터 바젤II 전반에 대하여 내부모형을 확대 사용할 수 있도록 하는 요구가 제기될 가능성이 있다는 점도 우려하였다.

이와 같이 바젤II 체계에서 외부신용등급의 사용을 금지하는 경우 새로운 더 큰 문제가 야기될 수 있는 점을 고려하여 바젤위원회는 외부신용등급의 사용을 금지하는 방안보다는 외부신용등급 관련제도를 개선하여 부정적 인센티브를 시정/완화하는 방안이 더 바람직하다고 판단하였다. 이를 위해 바젤위원회는 구체적으로 다음의 여섯 가지 개선 방안을 제시하였다.

(1) 외부신용등급이 부여된 유동화익스포져에 대한 자체적인 신용분석 강화

2009년 7월 바젤위원회는 유동화익스포져와 관련하여 은행의 외부신용등급에 대한 의존도를 완화하기 위한 장치를 마련하였다. 은행이 유동화익스포져의 신용리스크 평가를 위해 외부신용등급을 이용하는 경우에는 유동화익스포져에 대한 은행의 자체적인 신용도 평가/분석을 병행토록 하는 요건[16]을 부여한 것이다. 구체적으로 은행에 대하여 기초자산의 신용리스크를 평가할 수 있는 다양한 정보(익스포져 유형, 연체자산비중, 부도율, 신용평점, LTV 비율 등)를 수집하고, 이를 토대로 기초자산의 신용도를 계속적으로 시의성 있게 평가할 수 있는 능력을 갖추도록 요구하였다. 동 요건은 표준방법 및 내부등급법에 모두 적용되며, 동 요건을 충족하지 못할 경우에는 유동화익스포져의 신용리스크 평가에 있어 외부신용등급을 이용하지 못하도록 하였다. 따라서 동 요건을 충족하지 못하는 은행은 자본에서 해당 유동화익스포져를 차감하여야 한다.

(2) 신용위험경감과 관련한 신용등급 단층효과의 완화

바젤II는 신용위험경감 기법으로서 담보, 보증, 상계, 신용파생상품 매입의 네 가지를 허용하고 있으며, 이 중 보증과 관련하여 표준방법과 기초내부등급법을 사용하는 은행에 대하여 '적격 보증인' 요

16_동 요건은 바젤II 자본체계의 565조에서 규정한 '외부신용등급의 이용과 관련한 운영요건'에 추가되었다. 기존의 운영요건은 외부신용평가기관이 갖추어야 할 적격성 기준, 외부신용등급의 적용 원칙 등을 포함하고 있으나 은행의 자체적인 신용도 분석에 대하여는 어떠한 요건도 부여하지 않았다.

건을 부과하고 있음은 앞에서 언급한 바와 같다. 이를 보다 구체적으로 보면, 표준방법에서는 적격보증인(신용보강 제공자)의 인정 범위를 (1) 거래상대방보다 낮은 위험가중치를 적용받는 정부, 중앙은행, 공공기관, 증권회사와 (2) A- 이상의 신용등급을 가진 '기타 기관(other entities)'으로 한정하고 있다. 그리고 기본내부등급법에서는 적격보증인의 범위에 표준방법에서 허용된 적격보증인에 더하여 신용등급 A- 이상에 상응하는 부도율(PD)의 내부 신용등급을 보유한 기업을 포함하고 있다.

이러한 적격보증인 범위와 관련하여 바젤위원회는 보증인의 신용등급이 A- 이하로 하락할 경우 보증에 의한 신용위험경감이 더 이상 유효하지 않게 되고, 이는 해당 익스포져에 대한 신용리스크의 급격한 증가(cliff effect)를 초래할 수 있는 문제점을 인식하였다. 이에 따라 바젤위원회는 표준방법 및 기본내부등급법상의 적격보증인의 범위에 'A- 이상의 신용등급' 요건을 삭제하였다.

한편, 바젤II 자본체계는 유동화익스포져에 대하여는 적격 보증인 요건을 규정하지 않고 있었다. 그러나 바젤위원회는 유동화익스포져에 대한 자본규제 강화의 일환으로 유동화익스포져에 제공되는 신용보장(credit protection)에 대하여도 적격 보증인 요건을 새로이 도입하였다. 그리고 바젤위원회는 유동화익스포져에 대하여는 적격 보증인 요건에 신용등급 요건을 부과함으로써 일반 익스포져에 비해 신용위험경감과 관련하여 한층 엄격히 규제하고자 하였다. 다만, 신용보장을 제공하는 '기관(other entities)'은 신용보장의 제공 시점에서는 A- 이상의 신용등급을, 그리고 계속적으로 BBB- 이상의 등급을 보유토록 규정함으로써 신용등급의 하락에 따른 단층효과를 최소화하는 장치를 마련하였다.

(3) 무등급 익스포져에 대한 위험가중치 부여의 적정성 기준 마련

바젤II의 표준 방법 하에서 BB- 미만 신용등급을 가진 국가, 기업, 은행에 대한 익스포져는 무등급(unrated) 차주보다 더 높은 위험가중치를 적용하도록 되어 있다. 이에 따라 은행들은 BB- 보다 낮게 평가되는 기업에 대하여는 신용평가를 받지 않으려는 유인을 갖게 된다. 이러한 잘못된 유인을 시정하기 위하여 바젤위원회는 무등급 익스포져에 대한 위험가중치의 적정성 평가 원칙을 Pillar 2(감독 당국에 의한 자본적정성의 점검)에 새로이 도입하였다. 구체적으로 은행은 모든 보유 익스포져(신용등급이 있는 익스포져 및 신용등급이 없는 익스포져)에 대하여 표준방법에서 제시된 위험가중치가 고유위험에 비추어 적정한지 여부를 판단하고, 익스포져(특히 무등급 익스포져)의 고유 위험이 해당 익스포져에 할당된 위험가중치보다 훨씬 높다고 판단될 경우에는 자본적정성 평가시보다 높은 신용위험 수준을 적용하도록 하였다.

(4) 미평가 익스포져에 대한 추정등급 처리지침의 명확화

바젤II의 표준방법은 국가별 감독 당국으로 하여금 적격 외부신용평기기관의 신용등급과 표준방법의 위험가중치를 대응시켜 각 신용등급별로 위험가중치를 결정/공시하도록 규정하고 있다. 은행이 보유한 특정 채권이 신용평가를 받은 경우에는 당해 신용등급을 적용하여 위험가중치를 매핑하며, 당해 채권이 신용등급이 없는 미평가 익스포져(unassessed exposure)인 경우에는 추정등급(inferred rating)을 사용하여 위험가중치를 매핑하도록 하였다. 여기에서 바젤II는 추정등급의 결정방식을 다음과 같이 두 가지 경우로 나누어 규정하였다.

첫째, 거래상대방의 준거채권 등급 또는 발행인 등급이 '높은 신용등급(high quality credit assessment)'에 해당하는 경우이다. 여기에서 '높은 신용등급'이라 함은 무등급(unrated) 채권보다 낮은 위험가중치에 매핑됨을 의미한다. 바젤II는 거래상대방이 '높은 신용등급'에 해당하는 준거채권을 보유하고 있는 경우에는, 당해 거래상대방에 대한 미평가 채권이 준거채권보다 동순위/선순위인 경우에 한하여 당해 준거채권과 동일한 신용등급을 적용받을 수 있도록 하였다. 한편, 거래상대방의 발행인 등급은 일반적으로 거래상대방에 대한 선순위 무담보채권에 적용된다. 따라서 거래상대방의 발행인 등급이 '높은 신용등급'에 해당하는 경우에는 당해 거래상대방에 대한 미평가 채권이 선순위 채권인 경우에만 당해 발행인 등급과 동일한 등급을 적용받을 수 있도록 하였다. 반면 그렇지 않은 경우, 즉 당해 미평가 채권이 준거채권에 비해 후순위이거나 또는 후순위채권인 경우에는 이를 무등급으로 분류하고, 이에 상응하는 위험가중치를 적용하도록 하였다.

둘째, 거래상대방의 준거채권/발행인 등급이 '낮은 신용등급 (low quality credit assessment)'인 경우이다. 여기에서 '낮은 신용등급'이라 함은 무등급보다 높은 위험가중치에 매핑됨을 의미한다. 바젤II는 이 경우 은행이 보유한 미평가 채권이 선순위/후순위인지 여부를 불문하고 당해 '낮은 신용등급'에 대응하는 신용위험가중치를 적용토록 하였다. 특히 다수의 준거채권 중 '낮은 신용등급'을 보유한 채권이 하나라도 존재하는 경우에는 당해 '낮은 신용등급'을 적용토록 하였다.

바젤위원회는 바젤II의 미평가 채권에 대한 처리지침 중 두번째 경우에 불합리한 추정등급이 초래될 수 있음을 인식하였다. 예를 들어, 기업이 B등급의 후순위채무를 가지고 있고, 은행이 동 기업에 대해 미평가 선순위 익스포져를 보유하고 있다면, 비록 당해 기업이 '높은 신용등급(예: AA)'을 보유한 다른 선순위 채권을 갖고 있더라도 당해 미평가 채권에 대하여 B등급에 해당하는 위험가중치(150%)를 적용하여야 하는 것이다.

이에 따라 바젤위원회는 두번째의 경우, 즉 거래상대방의 준거채권/발행인 등급이 '낮은 신용등급'인 경우와 관련하여 미평가 익스포져에 대한 추정등급 처리지침을 명확히 하였다. 즉 은행이 보유한 미평가 채권이 준거채권보다 동순위/후순위이거나 또는 후순위채권인 경우에 한하여 '낮은 신용등급'에 대응하는 위험가중치를 적용토록 한 것이다. 이는 그 이외의 경우 즉, 미평가 채권이 준거채권보다 선순위이거나 또는 선순위 채권인 경우에는 무등급으로 분류하고, 이에 상응하는 위험가중치를 적용함을 의미하는 것이다.

미평가 익스포져에 대한 추정등급 처리지침

준거채권/발행인 등급	미평가 채권 순위	미평가 채권의 추정등급	
		바젤II 체계	바젤III 체계
높은 신용 등급	준거채권보다 동/선순위 또는 선순위	준거채권/발행인 등급 (높은 등급)	좌동
	준거채권보다 후순위 또는 후순위	무등급	좌동

낮은 신용 등급	준거채권보다 동/선순위 또는 선순위	준거채권/발행인 등급 (낮은 등급)	무등급
	준거채권보다 후순위 또는 후순위	준거채권/발행인 등급 (낮은 등급)	좌동

(5) 바젤II 체계에 IOSCO 신용평가사의 행동규범 반영

바젤II의 표준 방법은 외부신용평가기관(ECAI: External Credit Assessment Institution)의 적격성 판단을 위한 기준으로서 객관성, 독립성, 국제적 이용가능성/투명성, 공시, 평가인력 및 시스템, 신뢰성 등 6개를 제시하고 있다는 점을 앞에서 언급하였다. 바젤위원회는 이러한 ECAI 적격성 요건을 강화할 필요성을 인식하였으며, 이를 위해 IOSCO의 '신용평가사 행동규범'을 ECAI 적격성 요건에 반영코자 하였다. 구체적으로 바젤위원회는 감독 당국에 대하여 ECAI의 적격성 요건 충족 여부를 '지속적으로(on a continuous basis)' 확인할 책무를 새로이 부여하였으며, 감독 당국이 ECAI의 적격성 여부 결정시 IOSCO의 행동규범을 참조토록 하였다. 그리고 이에 더하여 ECAI 적격성 요건 중에서 국제적 이용가능성/투명성 요건과 공시 요건을 강화하였다.[17]

17_각각 다음과 같이 강화되었다. (1) 국제적 이용가능성/투명성: 발행인에게만 제공되는 사적 평가의 경우를 제외하고, 개별 평가, 주요 평가 요소, 발행인의 평가절차 참여 여부 등을 모두 공개하여야 한다. 또한 ECAI가 평가시 활용하는 일반적인 절차, 방법, 가정 등이 모두 공개적으로 이용 가능해야 한다. (2) 공시: ECAI는 다음 정보를 공시하여야 한다: 행동규범, 평가의뢰인과의 보수계약, 평가방법론(부도의 정의, 관측기간, 등급의 정의 등), 각 평가 유형별 실제 경험 부도율, 등급 전이.

(6) 무의뢰 평가에 대한 허용기준 강화

무의뢰 평가(unsolicited rating)란 발행자의 의뢰가 없는 상황에서 신용평가기관이 금융시장 참여자의 필요에 의해 평가를 진행하여 신용등급과 평가의견을 시장에 공표하는 것이다. 신용평가기관이 무의뢰 평가를 시행하는 이유는 평가대상의 범위를 넓힘으로써 자본시장과 신용시장에서의 역할을 증대시킬 수 있다는 장점이 있기 때문이다. 또한 무의뢰 평가는 발행자의 등급 쇼핑을 견제할 수 있는 좋은 도구이기도 하다. 발행자들은 가능하면 높은 등급을 받기 위해서 여러 평가기관을 접촉하며, 이러한 환경 하에서 신용평가사들은 양호한 평가등급을 부여코자 하는 왜곡된 유인이 발생할 수 있다. 따라서 무의뢰 평가를 통해 신용평가기관은 투자자 입장에서 보다 더 객관적인 신용평가를 할 수 있는 것이다.

다른 한편, 무의뢰 평가는 대부분 공개 정보에 의존해야 하는 한계로 인해 부정확한 평가등급을 산출할 가능성이 있다는 단점이 있다. 또한 신용평가기관이 기업에 대하여 평가등급을 의뢰하도록 압력을 행사하기 위한 수단으로 무의뢰 평가를 사용할 가능성이 있다. 바젤위원회도 무의뢰 평가가 가진 이러한 문제점을 인식하고 있었으며, 따라서 바젤II는 이러한 행위가 발견되는 경우 감독 당국으로 하여금 해당 외부신용평가사의 적격성 충족 여부를 재심사하도록 규정하였다.

바젤II 자본체계는 발행자의 의뢰에 의해 적격 신용평가기관이 산출한 평가등급(solicited rating)을 사용하는 것을 원칙으로 하고 있다. 바젤II는 이와 동시에 각국 감독 당국의 재량에 의해 은행들이 무의뢰 평가를 사용할 수 있는 길을 열어 놓았다. 그러나 바젤II는 무의뢰 평가의 사용과 관련한 어떠한 기준도 제시하지 않았으며, 이에 따라 국가별로 무의뢰 평가의 사용에 있어 비일관성이 발생하고 있다는 지적이 제기되었다. 이러한 지적에 따라 바젤위원회는 무의뢰 평가의 국제적 일관성을 제고하기 위한 최소한의 기준을 마련하고자 하였다. 구체적으로 무의뢰 평가가 질적 수준에 있어 적격 신용평가기관의 평가등급(solicited rating)보다 열등하지 않은 경우에만 감독 당국이 무의뢰 평가의 사용을 허가하도록 하는 요건을 새로이 규정하였다.

Ⅳ. 맺음말

　글로벌 금융시스템에서 차지하는 신용평가의 중요성과 현행 신용평가제도가 가지는 문제점의 중대성은 양립할 수 없는 모순 관계에 있다. 이 둘의 모순 관계는 금융의 글로벌화와 함께 증가하여 왔으며, 지난 금융위기를 계기로 마침내 발현하였다고 할 수 있다. 이러한 모순의 해소를 위해 글로벌 규제 당국은 신용평가사에 대한 미시적인 감독규제의 강화로부터 출발하여 보다 근본적으로는 신용평가사에 대한 의존도를 축소하는 방향으로 나아가고 있다. 그러나 신용평가사에 대한 미시적 감독규제 강화만으로 신용평가제도의 근본적인 문제를 개선할 수 없듯이 신용평가사에 대한 의존도를 완전히 제거하는 것 또한 바람직한 해결책이 될 수는 없을 것이다. 따라서 앞으로 규제개혁방향은 외부신용등급에 대한 의존도를 부분적으로 축소하면서 현행 신용평가제도의 단점을 보완할 수 있는 미시적 감독규제를 강화하는 것이라고 할 수 있다. 그 타협점을 찾는 것은 글로벌 규제 당국에게 남겨진 과제라고 할 것이다.

　바젤규제체계는 규제자본 산출을 위해 외부신용등급을 활용하고 있다는 점에서 근본적인 결함을 갖는다. 신용평가등급은 일반적으로 예상손실 위험에 대한 평가지표를 제공하는 데 반해, 규제자본은 예상손실뿐만 아니라 예상하지 못한 손실까지를 커버하는 것을 목적으로 하고 있기 때문이다. 신용평가제도에 대한 바젤Ⅲ 규제개혁은 외부신용등급의 사용과 관련한 일부 부정적 인센티브를 시정하기 위한 방안을 제시하고 있으나, 외부신용등급과 관련한 이러한 근본적인 결함을 해소하는 데에는 미흡한 것으로 보인다. 따라서 앞으로 바젤위원회는 외부신용등급에 대한 의존도를 더욱 축소하는 방향으로 바젤규제자본체계를 개선해 나갈 것으로 예상된다. 예를 들어 신용위험에 대한 규제자본 산출에 있어 외부신용등급의 반영도를 낮추고 여타 리스크 요인(만기, 모델리스크 등)의 반영도를 높이는 것이 하나의 방안이 될 수 있을 것으로 보인다.

제7장

레버리지비율규제의
도입

I. 레버리지와 레버리지비율

은행업과 관련하여 업계, 학계 등에서 사용하여 온 레버리지의 개념에는 대차대조표 레버리지(balancesheet leverage), 경제적 레버리지(economic leverage), 리스크조정 레버리지(risk-adjusted leverage), 그리고 내재레버리지(embedded leverage)가 있다.

대차대조표 레버리지는 가장 널리 사용되는 전통적인 개념의 레버리지이다. 은행의 자산이 자본을 초과하면 대차대조표상 레버리지가 발생하게 된다. 은행은 자본의 수익률을 제고하기 위해 차입을 통해 자산을 확대하며, 이 과정에서 레버리지가 발생하게 되는 것이다. 대차대조표 레버리지는 단순히 대차대조표상의 총자산(통상 영업권 등 무형자산을 차감하고 산출)을 자본(통상 기본자본을 사용)으로 나눈 값으로 구할 수 있다. 후술하는 바와 같이 금융위기 이전까지 미국은 대차대조표 레버리지 개념을 사용하여 레버리지를 규제하였다. 대차대조표 레버리지와 관련하여 제기되는 가장 큰 이슈는 국가별로 회계기준, 특히 상계(netting)와 관련한 처리기준이 상이하여 국제적으로 일관된 레버리지비율을 산출하기 어렵다는 점이다. 국제회계기준(IFRS: International Financial Reporting Standards)은 미국의 일반회계기준(GAAP: Generally Accepted Accounting Principles)에 비해 상계와 관련하여 보다 엄격한 기준을 적용하고 있다. 따라서 IFRS 기준으로 산출할 경우 미국의 GAAP 기준으로 산출한 경우에 비해 익스포져 규모가 더 커지게 되고, 레버리지가 높아지는 결과가 초래된다.

경제적 레버리지는 보유 포지션의 가치 변화가 포지션의 취득 가격보다 클 가능성 있는 경우에 발생한다. 지급 보증, 파생상품 등과 같은 난내자산이 경제적 레버리지의 대표적인 경우라고 할 수 있다. 1990년대 이후 파생상품 등을 포함한 난외자산이 급격히 증가함에 따라 난내자산만을 대상으로 한 대차대조표 레버리지가 은행의 진정한 레버리지를 정확히 측정하지 못한다는 인식에 따라 경제적 레버리지 개념이 등장하게 되었다. 경제적 레버리지는 대차대조표 레버리지 개념이 가지는 문제, 즉 회계기준(특히 상계처리)이 국가별로 상이하다는 문제를 가진다. 이에 더하여 경제적 레버리지는 난내자산을 난내자산과 비교할 수 있도록 어떻게 적정한 익스포져 규모로 환산할 것인지 하는 문제도 가진다. 아래에서 논의하는 바와 같이 바젤위원회는 대차대조표 레버리지와 경제적 레버리지를 모두 포괄하는 레버리지 개념을 사용하여 레버리지비율을 정의하였다.

리스크조정 레버리지는 익스포져의 리스크 수준에 따라 가중치를 달리 적용하여 산출한 레버리지를 의미한다. 바젤자본체계에 따라 산출한 BIS 기준 자기자본비율이 바로 리스크조정 레버리지 개념에 해당하는 것이다. 은행업계에서는 VaR(Value-at-Risk)를 사용하여 리스크조정 레버리지를 측정하기도 한다.

내재레버리지는 이미 레버리지된 익스포져를 취득하는 경우에 발생한다. 이의 대표적인 예가 부채담보부증권(CDO: Collateralized Debt Obligation) 등의 구조화 상품이다. 투자자는 이미 레버리지가 높은 구조화 상품에 대한 투자를 통해 기초자산에 직접 투자하는 경우에 비해 수 배의 익스포져, 즉 손실위험에 노출된다. 바젤위원회 산하의 Joint Forum은 CDO에 대한 후순위 트랑쉐(equity tranche)의 레버리지는 기초자산 레버리지의 약 15배에 이르는 반면, 선순위 트랑쉐(senior tranche)의 레버리지는 기초자산 레버리지의 약 1/10 내지 1/3에 불과한 것으로 추정하였다.[1] CDO 등 구조화 상품은 고도로 복잡한 모델을 이용하기 때문에 개별 은행은 물론 은행시스템 내에 축적된 내재레버리지를 정확히 측정하기가 매우 어렵다. 구조화 상품, 특히 서브프라임 모기지 증권을 기초자산으로 하는 CDO의 내재레버리지 증가는 금융위기를 촉발한 중요한 요인 중의 하나로 거론되고 있다.

통상적으로 레버리지는 자산 또는 부채를 자본으로 나눈 값(예: 50배), 즉 레버리지 승수(leverage multiflier)로 정의된다. 바젤위원회는 이러한 통상의 방식을 따르지 않고 자본에서 익스포져를 나눈 값(예: 20%), 즉 레버리지비율로 레버리지를 측정·규제하고자 하였다. 레버리지를 이와 같이 비율의 개념으로 정의한 것은 자기자본비율(자본/위험기준자산)과의 일관성을 위한 것이다. 이러한 정의에 따를 경우 레버리지가 높은 은행은 레버리지비율이 낮게 나타난다.

1_BCBS(2005) 참조.

II. 레버리지비율규제의 도입배경

2007년의 금융위기를 계기로 국제금융사회에서는 기존 리스크기반의 자본규제에 더하여 리스크에 기반하지 않은 단순한 자본규제, 즉 레버리지규제의 도입 필요성에 대하여 광범위한 공감대가 형성되었다. 이에 따라 2009년 4월과 2009년 9월 G20 정상회의는 글로벌 차원의 레버리지규제의 도입을 요구하였으며, 이러한 G20의 요구에 따라 바젤위원회는 바젤Ⅲ 규제체계개편의 일환으로 레버리지 규제 기준을 도입하였다.

각국의 정책당국, 국제기구, 학계 등을 망라한 국제금융사회에서 레버리지에 대한 규제 필요성을 인식한 것은 크게 다음 세 가지 이유에 기인한다.

첫째, 난내(on-balance), 난외(off-balance)를 막론하고 은행의 과도한 레버리지 증가가 금융시스템의 취약성을 증폭시키고 금융위기를 심화시키는 중요한 요인의 하나로 작용한다는 점이다. 글로벌 주요 은행의 대차대조표 레버리지(총자본/총자산)는 2000년대 초반 20배 수준에서 금융위기 직전에는 30배 수준까지 급격히 상승하였다. 레버리지의 폐해는 무엇보다 레버리지가 신용의 팽창기에 증가하고 신용의 수축기에 감소하는 경기순응성을 가지는 데서 비롯된다. 신용의 팽창기에 은행들은 경쟁적인 자산 확대 경쟁을 통해 레버리지를 증가시킴으로써 신용팽창과 자산가격의 상승을 초래한다. 반면 신용의 수축기에 은행들은 자산을 축소하는 디레버리징을 진행함으로써 실물경제에 대한 신용공급의 위축과 자산가격의 급락을 초래하고 위기를 심화시키는 것이다.

특히 금융위기가 가장 심각한 국면으로 진행되었던 2008~9년에 시장참가자들은 은행 레버리지의 급격한 축소를 요구하였으며, 이는 자산가격의 하락 압력을 가중시키고, 은행 손실 확대, 자본 감소, 신용 축소의 악순환을 초래하였던 것이다. 이와 같이 레버리지의 과도한 증가가 금융위기의 원인으로 작용한다는 점을 인식한 국제금융사회는 레버리지의 규제 필요성을 제기한 것이다.

주요 글로벌 은행의 대차대조표 레버리지[1]의 추이 (단위: 배)

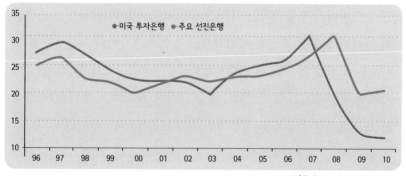

자료: Bankscope, Bloomberg

1) 총자산/총자본비율(총자산 비중으로 가중평균)

둘째, 바젤II는 선진은행들이 사용하는 고도의 리스크관리기법을 규제자본체계에 도입한 것으로서 리스크 유형별로 위험가중치를 세밀하게 조정함으로써 은행들의 리스크 추구 유인을 최소화하고자 하는 효율적인 규제체계이다. 그러나 학계는 물론 감독 당국 내부에서도 도입 초기부터 바젤II 자본체계가 가지는 한계를 보완하는 장치로서 레버리지규제가 필요하다는 주장이 제기되었다. 예를 들어 미국의 예금보험공사(FDIC)는 의회청문회에서 리스크 포괄범위의 불완전성, 모형(특히 내부모델)에 대한 유효성 검증의 어려움, 가정의 부적절성, 데이터의 오류 가능성 등을 바젤II 자본체계가 가지는 주요한 문제점으로 지적하면서 리스크기반의 바젤II 자본체계는 레버리지규제와 동시에 적용될 때만 유효한 감독수단이 될 수 있음을 주장하였다.[2]

리스크에 고도로 민감한 바젤II 자본체계의 또 다른 중요한 단점은 은행들이 낮은 위험가중치 적용을 받기 위해 복잡한 구조화 상품을 개발하고자 하는 유인을 갖게 된다는 점이다. 이러한 유인이 확산되면 은행시스템 전반적으로 구조화 익스포져가 누적되어 시스템 차원의 레버리지가 증가하는 결과가 초래된다. 레버리지규제는 은행들의 이러한 잘못된 유인을 시정함으로써 리스크기반의 자본규제를 보완하는 역할을 할 것으로 기대되었다.[3] 이 밖에도 학계에서는 리스크기반의 자본규제와 레버리지규제를 동시에 실시하는 것이 보다 우월한 감독효과를 거둔다는 실증적인 연구결과[4]를 제시하였다.

금융위기 직전까지 총자산과 위험가중자산이 크게 괴리되었다는 사실은 바젤 자본체계의 불완전성을 단적으로 드러내는 것이다. 2000년대 들어 글로벌 신용팽창 과정에서 글로벌 은행들의 총자산은 크게 증가하였으나 위험가중자산은 상대적으로 안정적인 추세를

2_Curry(2005) 참조.
3_Hilderbrand(2008), Bichsel and Blum(2005), Blum (2008) 등 참조.
4_Avery and Berger(1991), Estrella et al.(2000) 등 참조.

유지하였다. 이러한 괴리는 주로 소요자기자본율[5]은 낮으나 레버리지가 높은 트레이딩 계정 자산(특히ABS, CDO 등 구조화 신용파생상품)의 큰 폭 증가에 기인한 것이었다.[6] 이에 따라 글로벌 은행들은 BIS 자기자본비율은 여전히 양호한 수준을 유지하고 있었음에도 레버리지가 높은 수준으로 증가하였다. 요컨대 BIS 자기자본비율이 모든 익스포져에 대하여 리스크를 적정 수준으로 포착하는 데 실패하였으며, 이것이 레버리지의 증가로 나타났던 것이다. 바젤위원회를 비롯한 글로벌 규제 당국이 리스크기반의 바젤자본체계에 더하여 직접적 방식으로 레버리지를 규제하고자 한 것은 이러한 사실을 배경으로 하고 있는 것이다.

글로벌 10대 대형은행의 총자산 및 위험가중자산 추이[1] (단위: 조 유로)

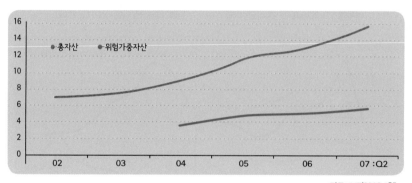

자료: IMF(2008.4월)

1) 미국 및 유럽의 10대 대형은행 기준으로 산출

5_익스포져 단위당 요구자본량을 나타낸다.
6_FSA(2009), IMF(2008.4월) 참조.

〈참고〉 지역별 은행 레버리지 추이

지역별로 주요 글로벌 은행의 대차대조표 레버리지 추이를 보면, 미국 투자은행과 유럽계, 영국계 은행은 크게 증가한 반면 미국의 상업은행은 장기간 13~4배 수준에서 안정적인 모습을 보였다. 일본계 은행은 2000년대 초반에 레버리지가 크게 증가하였다가 금융위기 직전까지는 오히려 큰 폭으로 하락하는 모습을 보였다. 한편, 리스크조정 레버리지, 즉 위험가중자산/기본자본(기본자본비율의 역수)은 금융위기 발생 이전까지 지역을 불문하고 대체로 안정적이거나 하락하는 모습을 보였다.

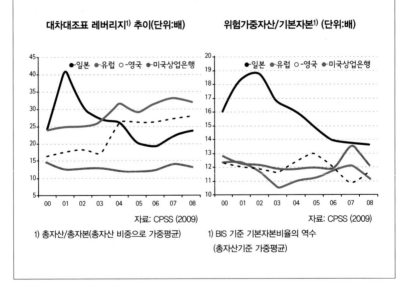

대차대조표 레버리지[1] 추이(단위:배)

자료: CPSS (2009)

1) 총자산/총자본(총자산 비중으로 가중평균)

위험가중자산/기본자본[1] (단위:배)

자료: CPSS (2009)

1) BIS 기준 기본자본비율의 역수
   (총자산기준 가중평균)

셋째, 캐나다와 미국은 리스크기반의 자본규제와 별도로 레버리지규제를 이미 도입·운영하고 있었다. 미국은 레버리지비율을 적기시정조치의 기준으로 활용하는 등 레버리지비율규제를 필수불가결한 감독수단의 하나로 활용하여 왔으며, 캐나다는 2000년에 난내는 물론 난외자산을 포함하는 엄격한 레버리지비율규제를 도입하였다. 또한 스위스도 자국의 양대 은행인 UBS와 Credit Suisse에 대하여 2013년부터 바젤II 의 Pillar 2의 일환으로 레버리지비율규제를 적용할 계획임을 2008년에 밝힌 바 있다. 이들 3개국들은 글로벌 레버리지 규제기준의 도입에 대한 적극적인 옹호자의 역할을 수행하였다. 특히 미국은 2006년에 이미 글로벌 레버리지 규제기준의 도입 필요성을 주장[7]하였으며, 캐나다는 자국의 은행들이 금융위기 과정에서 G7 국가 중 유일하게 자본 투입, 부실자산 매입 등의 구제금융 지원 없이 높은 건전성을 유지할 수 있었던 것은 엄격한 레버리지규제에 기인한다고 주장하며 글로벌 기준의 도입을 옹호하였다.

이러한 배경 하에서 바젤위원회는 레버리지비율 규제기준의 도입 목적을 다음 두 가지로 제시하였다. 첫째, 은행 부문의 레버리지 증가를 억제하고, 이를 통해 금융시스템과 거시경제의 손실을 초래하는 디레버리징 과정을 미연에 방지한다. 둘째, 리스크에 기반하지 않은 단순 자본규제기준을 도입하여 위험기준 자본규제를 보완한다.

7_Bair(2006) 참조.

Ⅲ. 바젤Ⅲ 레버리지비율 규제기준의 주요 내용

1. 레버리지비율의 정의

바젤위원회는 레버리지비율을 기본자본에서 익스포져로 나누는 값으로 정의하였다. 익스포져는 B/S상의 난내자산에 지급보증, 약정 등 일부 부외항목을 합하고 공제항목 등을 차감하여 산출한다. 바젤위원회는 익스포져 산출시 신용리스크 경감수단(담보 등)과 예대상계는 불인정하되 파생상품계약과 증권금융거래에 대하여는 바젤체계에 의한 상계를 허용하였다. 난외항목에 대하여는 바젤자본체계상의 표준환산율이 아닌 100% 신용환산율을 적용(다만 무조건부 취소 가능 약정에 대하여는 10% 신용환산율 적용)하도록 하였다. 또한 바젤위원회는 자본과 익스포져 측정의 일관성 유지와 이중 계산 방지를 위해 기본자본에서 공제하는 항목은 익스포져에서도 공제하도록 하였다. 바젤위원회는 레버리지비율의 최저수준을 3%로 설정하였다.

$$\text{레버리지비율} = \frac{\text{기본자본}}{\substack{\text{자산총계}+\text{부외항목(지급보증, 약정, 파생상품잠재익스포져}^8 \text{ 등} \\ +\text{무조건부취소가능약정의 } 10\%)-\text{공제항목(무형자산 등)}}} \geq 3\%$$

2. 자본의 정의(분자)

바젤위원회는 레버리지비율(자본/익스포져)의 분자인 자본의 개념을 어떻게 정의할 것인가에 대하여 세 가지 방안 – 보통주자본, 기본자본, 총자본 – 을 검토하였다. 이들 방안의 장단점을 보면, 우선 보통주자본의 경우 가장 순수한 형태의 자본(purest form of capital)으로서 산출방식에 있어 국제적인 일관성이 가장 높다는 점이 장점으로 부각되었다. 그러나 보통주자본은 지나치게 협의의 개념으로서 규제의 강도가 지나치게 높을 우려가 있고, 새롭게 도입된 개념으로서 시장참가자들에 여전히 생소하며, 그 유효성이 아직 입증되지 않은 점 등이 단점으로 지적되었다.

일부에서는 총자본의 사용을 주장하였는데, 이는 총자본이 협의의 개념인 보통주자본 또는 기본자본을 사용할 경우 초래되는 문제점, 즉 레버리지비율의 변동성과 경기순응성 등을 방지할 수 있다는 이점이 있는 것으로 생각되었기 때문이다. 그러나 총자본은 계속기업관점에서 자본의 질을 제고한다는 규제자본체계 개혁의 기본적인 목표와 부합하지 않는 것으로 평가되어 대부분의 회원국들은 이에 반대하였다.

기본자본은 계속기업(going concern)의 관점에서 타당한 자본개념이면서도 보통주자본에 비해 포괄 범위가 넓어 규제의 강도가 적절한 것으로 평가되었으며, 시장참가자들에 가장 친숙한 개념이라는 점이

8_파생상품 익스포져는 현재익스포져와 잠재익스포져로 구성되며, 현재익스포져는 난내항목으로 반영되고, 잠재익스포져는 난외항목으로 반영된다.

장점으로 부각되었다. 또한 기본자본은 총자본과 달리 계속기업의 관점에서 자본의 질 제고라는 규제자본체계 개혁의 목표에도 부합하는 것으로 평가되었다. 이와 같은 장점들을 고려하여 대다수의 시장 참가자와 회원국들은 기본자본의 사용을 지지하였으며, 바젤위원회도 기본자본을 레버리지비율의 분자로 최종 결정하였다. 이와 동시에 바젤위원회는 경과기간 중 총자본과 보통주자본 기준에 의한 레버리지비율도 산출하고 규제영향을 평가하기로 하였다.

3. 익스포져의 정의(분모)

(1) 일반 원칙

바젤위원회는 익스포져를 리스크에 기반하지 않은 단순한 회계적 방식(accounting measure)에 의해 측정토록 하였다. 회계적 방식이 데이터의 투명성이 높고 획득이 용이하다는 장점이 있을 뿐만 아니라 리스크에 기반하지 않은 단순 익스포져 측정치를 제공한다는 점에서 레버리지비율규제의 도입 취지와도 부합하기 때문이었다. 앞에서 설명한 바와 같이 바젤위원회는 리스크기반의 바젤자본체계에 대한 보완장치로서 비리스크기반의 단순한 레버리지비율규제를 도입하고자 한 것이다.

회계적 방식에 의해 레버리지를 측정함에 있어 가장 큰 문제는 회계기준이 각국별로 차이가 있다는 점이었다. 이에 따라 바젤위원회는 회계적 방식에 의한 익스포져 측정이 국제적 일관성을 갖도록 다음과 같은 세 가지 원칙을 제시하였다.

첫째, 파생상품을 제외한 난내 익스포져는 충당금과 평가조정(예: 신용가치조정)을 상계하여 산출하도록 하였다.

둘째, 물적·금융 담보, 지급보증, 신용리스크 경감수단(예: 신용보장매입) 등은 익스포져를 줄이는 데 사용할 수 없도록 하였다. 이에 대해 은행업계에서는 익스포져가 실제보다 부풀려서 측정될 뿐만 아니라 담보를 이용한 건전한 리스크관리 유인을 저해한다는 점을 들어 반대의견을 표명하였다. 그러나 바젤위원회는 담보가치의 평가와 관련한 불확실성 그리고 물적 담보의 회수에 소요되는 시간 등을 고려하여 공개초안의 제안을 유지하였다.

셋째, 공개초안에서는 파생상품, 증권금융거래, 그리고 예금/대출의 상계를 불인정토록 하였다. 이는 상계를 일률적으로 불인정함으로써 상계처리와 관련한 국제적 일관성을 확보할 수 있다는 점과 아울러 상계를 통해 익스포져가 제로(0)로 되더라도 여전히 거래상대방 리스크, 운영리스크 등이 잔존하고 있는 점을 고려한 것이다. 그러나 은행업계와 회원국들은 파생상품, 증권금융거래의 상계 불허 방침에 대하여 극심한 반대 의견을 표명하였다.[9] 상계의 불인정은 익스포져(즉 레버리지)를 실제 이상으로 과장하며, 헤징 유인을 감소시킴으로써 은행시스템의 리스크를 오히려 증가시키는 결과를 초래할 수가 있고, 또한 상계 계약의 이용을 권장하는 회계기준 및 바젤규제체계와도 상충된다는 점 등이 주요 논거로 제시되었다. 이에 따라 바젤Ⅲ

9_상계에 대한 처리는 레버리지비율 관련 이슈 중에서 은행업계로부터 가장 많은 반대의견이 제기되었고, 회원국들 간에도 가장 마지막까지 협의를 이루기 어려웠던 분야이다.

기준서에서는 파생상품과 증권금융거래에 대하여는 바젤체계에 의한 상계(regulatory netting)를 인정하되 예금/대출에 대해서는 공개초안에서와 같이 상계를 불허하기로 하였다.

(2) 고유동성 자산의 포함 여부

공개초안은 고유동성 자산을 포함한 모든 자산을 익스포져에 포함토록 하였다. 이에 대해 은행업계에서는 고유동성 자산을 익스포져에서 제외할 것을 요청하였다. 그 근거로서는 고유동성 자산의 경우 위험이 없어 규제의 실익이 없다는 점, 새로이 도입되는 유동성 규제와 상충될 소지,[10] 예금 및 주거용 부동산 담보대출 등을 많이 보유한 소매금융 은행들의 부담 증가 등이 제시되었다. 이러한 업계의 반대에도 불구하고 대다수의 회원국들은 고유동성 자산을 포함토록 하는 기본제안을 유지하는 데 합의하였다. 이는 레버리지비율이 비리스크 기반의 규제라는 점과 아울러 고유동성 자산의 규모가 예상보다 클 경우 단순성 및 예외 최소라는 레버리지비율 규제 도입의 기본 원칙이 무너질 수 있는 점을 고려한 것이다.

(3) 유동화자산

바젤위원회는 공개초안에서 회계적 방식에 의해 유동화 익스포져를 측정할 것을 제안하였다. 회계적 방식은 각국이 도입하고 있는 관련 회계기준에 따라 유동화 익스포져를 측정하면 되므로 적용하기

10_유동성규제는 저위험의 고유동성자산을 충분히 유지토록 하고 있는데, 이는 레버리지비율을 높이는 요인으로 작용하게 된다.

가 용이하다는 장점이 있다. 그러나 회계기준(매각된 유동화자산의 대차대조표 인식 여부, 연결기준에 의한 인식여부 등)에 따라 익스포져가 달라지게 되는 비일관성의 문제가 발생한다. 예컨대, 매각자산을 대차대조표에 인식하지 않는(de-recognition) 전통적 유동화 방식을 채택하는 국가의 경우에는 매각자산이 익스포져에 포함되지 않는다. 이 경우에는 매각되지 않은 잔여분으로서 은행이 보유하는 포지션과 은행이 유동화자산에 제공한 신용보강(유동성공여 약정 등)만이 익스포져에 포함된다. 반면, 매각자산을 대차대조표에 인식하는 방식(non-de-recognition)을 채택한 국가의 경우에는 유동화의 기초자산이 모두 익스포져에 포함된다.

바젤위원회는 자산을 매각하지 않고 신용위험의 이전만을 초래하는 합성유동화(synthetic securitizations)에 대해서는 기초자산 익스포져의 축소효과를 인정하지 않기로 하였다. 이는 난내자산에 대하여 신용위험경감을 인정하지 않기로 한 원칙에 따른 것이다. 합성유동화에 대한 이와 같은 엄격한 처리는 CDO 등 합성유동화가 금융위기를 심화시키는 요인으로 작용하였으며, 따라서 이에 대한 규제강화가 필요하다는 글로벌 규제 당국의 공통된 인식을 배경으로 하고 있는 것이다.

한편, 일부 은행업계 또는 회원국은 회계적인 익스포져 측정방식에 대하여 이의를 제기하였다. 위에서 언급한 바와 같이 회계적 방식은 회계기준에 따라 익스포져가 달라지는 비일관성의 문제가 있기 때문이다. 또한 회계적 방식은 은행이 이미 매각한 유동화자산을 대차대조표에 재산입[11]하는 경우에는 익스포져, 즉 레버리지비율이 상승할 수 있는 점을 고려하지 못하는 단점이 있다. 이와 같은 문제점을 고려하여 바젤위원회는 유동화의 대상이 된 기초자산 전체를 익스포져에 포함하는 대안적 방식을 고려하였다. 그러나 대부분 회원국들은 이러한 대안을 지지하지 않았다. 이는 대안적 방식이 익스포져, 즉 레버리지를 실제 이상으로 과도하게 부풀리는 문제가 있으며, 이로 인한 자본규제가 지나칠뿐만 아니라 금융위기 과정에서 크게 위축된 유동화시장의 활성화를 저해할 수 있다는 점이 우려되었기 때문이었다.

이에 따라 바젤위원회는 공개초안에서 제시된 바와 같이 회계적 방식에 의해 레버리지비율의 익스포져를 측정하기로 최종 합의하였다. 그러나 이와 동시에 바젤위원회는 병행운영기간 동안 회계기준의 차이가 레버리지비율에 미치는 영향을 지속적으로 모니터링하고, 이를 토대로 이 문제를 다시 논의하기로 하였다.

(4) 증권금융거래

바젤위원회는 증권금융거래(SFT: Securities Financing Transactions)[12]가 담보부 자금조달의 일종으로서 레버리지 증가의 중요한 원천이라는 점을 인식하였다. 이에 따라 바젤위원회는 공개초안에서 증권금융거래가 난내자산인 점을 고려하여 회계적 방법에 따라 측정하여 익스포져에 포함하되 상계는 허용하지 않을 것을 제안하였다.

11_예를 들어 유동화자산의 신용도가 예상보다 떨어지는 경우에 은행은 평판리스크를 고려하여 유동화자산을 재매입할 수 있다.

12_증권금융거래는 RP거래, 역RP거래, 증권대차거래, 마진대출거래 등을 말한다.

여기에서 상계를 허용하지 않기로 한 것은 국가별로 증권금융거래의 상계처리에 대한 회계기준이 달라 상계를 허용할 경우 국가별로 레버리지 측정의 비일관성이 초래될 것이 우려되었기 때문이다. 그러나 대부분 회원국들과 은행업계는 상계를 불허할 경우 레버리지가 실제 이상으로 과도하게 측정될 뿐만 아니라 증권금융거래의 담보자산이 되는 국채시장이 크게 위축될 수 있음을 우려하였다. 이에 따라 바젤위원회는 증권금융거래에 대하여 회계적 방식으로 측정을 하되 바젤 II 체계에 따른 상계를 허용하기로 하였다. 이를 통해 증권금융거래에 따른 익스포져 측정과 관련하여 국제적 일관성과 규제기준의 적정성을 동시에 달성코자 하였다.

(5) 파생상품

파생상품관련 익스포져는 (i) 계약의 공정가치를 나타내는 '난내계정의 현재가치'[13]와 (ii) 기초계약의 경제적 효익을 나타내는 '명목익스포져'로 구분된다. 바젤위원회는 공개초안에서 회계적 방식에 따라 측정한 익스포져에 바젤II의 '커런트익스포져방식'을 사용하여 측정한 잠재 익스포져를 합산하는 방식으로 파생상품에 대한 익스포져를 측정하되 상계를 허용하지 않을 것을 제안하였다.

이러한 제안에 대하여 두 가지가 이슈로 제기되었다.

첫째, 은행업계와 일부 회원국에서는 파생상품에 대하여 바젤체계에 의한 상계를 허용할 것을 주장하였으며, 이러한 주장은 앞에서

13_일반적으로 계약 당시의 현재가치는 0이나 시간의 경과에 따라 기초자산에 대한 시장가격(금리, 환율, 스프레드 등)이 변화하면서 양(+) 혹은 음(−)이 된다.

언급한 바와 같이 최종 기준서에 반영되었다.

둘째, 일부 은행업계 등에서는 커런트익스포져 방식에 의한 미래 잠재익스포져의 측정 방식에 대하여 이의를 제기하였다. 미래 잠재익스포져를 합산하는 것은 비리스크 기반의 레버리지비율 규제의 도입 취지와 어긋난다는 것이 그 이유였다. 또한 다른 일부는 기대익스포져(EPE: expected positive exposure) 방식에 의한 잠재익스포져 측정도 인정해 줄 것을 요구하였다. 그러나 대부분 회원국들은 미래의 잠재익스포져를 제외할 경우 파생상품 익스포져가 과소하게 측정될 우려가 있으므로 이를 반드시 포함할 것을 주장하였다. 또한 이들은 잠재익스포져를 포함하는 것이 비리스크 기반의 레버리지비율 규제원칙과 상충되지 않는다고 주장하였다. 그러나 잠재익스포져가 표준적인 방식(커런트익스포져 방식)에 의해 측정되어야 하며, 리스크에 민감한 기대익스포져 방식에 의해 측정하는 것은 바람직하지 않다고 주장하였다.

이러한 점을 감안하여 바젤위원회는 최종 기준서에서 파생상품 익스포져에 대하여 공개초안에서 제시된 바와 같이 회계적 방식에 따라 측정한 익스포져에 '커런트익스포져 방식'으로 측정한 잠재익스포져를 합산하여 산출하되, 바젤체계에 의한 상계를 허용하기로 하였다.

(6) 난외자산

대형 금융회사에 의한 난외자산의 급격한 증가가 금융위기의 일원인이었으며, 난외자산을 레버리지비율 규제대상에 포함할 필요가 있다는 점에 대하여는 정부, 감독 당국 및 은행업계 등에서 광범위한 공감대가 형성되었다. 특히 난외자산을 레버리지비율 규제대상에서 제외할 경우 은행들이 레버리지 축소를 위해 인위적으로 난내자산을 난외로 이전하고자 하는 유인을 갖게 될 것이라는 점이 우려되었다. 이러한 인식 하에서 2009년 4월 런던 G20 정상회담에서도 난외자산을 레버리지비율 규제대상에 포함할 것을 명시적으로 요구하였던 것이다.

레버리지비율규제의 적용 대상이 되는 난외자산은 신용/유동성 공여 약정, 무조건부 취소가능약정, 직접적 신용대체거래, 인수, 예비신용장, 무역신용장, 실패한 거래, 미결제 증권 등이 포함된다. 공개초안에서는 이들 난외자산에 대하여 100%의 신용환산율(CCF: credit conversion factor)을 적용하여 전액 익스포져에 반영할 것을 제안하였다.

이에 대해 은행업계는 서로 다른 특성을 가진 모든 난외항목에 대하여 일률적으로 100%를 적용하는 것은 논리적으로 부당하며, 과도한 규제로서 난외거래의 위축, 비용 증가, 신용공여 축소 등과 같은 부작용을 초래할 우려가 있음을 주장하였다. 은행업계는 난외자산에 대하여 100% 신용환산율 대신 바젤II의 표준환산율(standardised CCF)을 적용할 것을 요구하였다.

일부 은행들은 특히 무조건부 취소가능약정(unconditionally cancellable commitment)과 무역금융(trade finance)을 적용대상에서 제외해 줄 것을 요청하였다. 무조건부 취소가능약정과 관련하여서는 은행들이 즉시 일방적이고 무조건적으로 최소 가능한 데다 약정금액이 일시에 모두 사용된다고 가정하는 것은 비합리적이므로 낮은 신용환산율을 적용해 줄 것을 요청하였다.[14] 또한 무역금융과 관련하여서는 상품거래 등에 따라 고객의 요청에 의해 발생하는 것으로서 내재된 위험성이 낮은데다 은행이 자체적으로 통제하기가 어려우며, 익스포져에 포함할 경우 국가간 무역거래와 글로벌 경기회복 등에 부정적으로 작용할 우려가 있음을 제기하면서 낮은 신용환산율의 적용을 주장하였다.

은행업계의 이러한 요청들에 대한 면밀한 검토결과, 바젤위원회는 난외 항목이 잠재적으로 레버리지에 중대한 영향을 줄 수 있는 점과 모든 난외 항목에 대하여 일관적인 처리를 하는 것이 바람직한 점을 감안하여 100%의 신용환산율을 적용토록 한 공개초안을 유지하기로 합의하였다. 다만, 무조건부 취소가능약정에 대하여는 10%의 신용환산율을 적용하되, 이의 적정성 여부를 과거 경험 등을 바탕으로 추가 검토할 계획임을 밝혔다.

14_미국 은행업계는 지난 금융위기 기간 중 고객의 신용카드 사용 한도와 다양한 약정들을 적극적으로 취소하여 실제 익스포져로 연결되지 않도록 한 사례를 제시하였다.

레버리지비율규제 관련 논의내용 개요

	공개초안	업계 의견	최종 기준서
자본의 정의	• 기본자본	• 기본자본(일부는 총 자본)	• 공개초안 유지
익스포져의 측정	• 충당금 등 상계	• 동의	• 공개초안 유지
	• 담보/신용리스크 경 감수단 등의 불인정	• 담보 등의 인정 요구	• 공개초안 유지
	• 파생/증권금융거래/ 예대상계의 불인정	• 상계 허용 요구	• 예대상계 불허(공개 초안 유지) • 파생/증권금융거래: 바젤II 상계 허용
고유동성 자산	• 익스포져에 포함	• 익스포져에 불포함	• 공개초안 유지
유동화 자산	• 회계적 방식으로 측정	–	• 공개초안 유지
파생상품	• 회계적 방식으로 측 정하되 상계 불인정	• 상계 허용 요구	• 바젤II 상계 허용
	• 커런트 익스포져 방식	• 커트런 익스포져를 불포함(또는 기대익 스포져도 허용)	• 공개초안 유지
난외자산	• 100% 신용환산율 적용	• 바젤II 표준환산율 적용	• 공개초안 유지
	• 무조건부 취소가능 약정 및 무역금융도 동일하게 취급	• 무조건부 취소가능 약정 및 무역금융 제외	• 무조건부취소가능 약정은 10%의 신용 환산율 적용 • 무역금융은 공개초 안 유지

Ⅳ. 평가: 의의와 한계

새로운 규제수단인 레버리지비율의 의의는 크게 두 가지로 나누어 볼 수 있다.

첫째, 레버리지비율규제는 개별 은행의 자본확충을 목적으로 하는 미시건전성 규제수단임과 동시에 은행시스템의 경기순응성을 완화하기 위한 거시건전성 감독수단으로서의 성격을 가진다. 레버리지는 신용팽창기에 증가하고 신용수축기에 감소하면서 신용주기를 증폭하는 경기순응성을 가진다. 레버리지비율규제는 레버리지가 가지는 이러한 경기순응성을 크게 완화할 것으로 기대된다. 우선, 레버리지비율규제는 레버리지에 대한 한도를 설정함으로써 신용의 팽창기에 은행의 과도한 레버리지 증가를 억제하는 효과를 가진다. 또한 레버리지비율규제는 신용수축기에 과도한 디레버리징을 억제하는 효과도 가질 것으로 기대되는데, 이는 신용의 팽창기에 이미 과도한 레버리지 증가가 억제되어 디레버리징의 필요성이 그 만큼 감소되기 때문이다. 그러나 신용의 수축기에 레버리지비율규제가 가지는 경기순응성 축소 효과는 그리 크지 않을 수도 있다. 은행들이 레버리지비율의 준수를 위해 신용수축기에 디레버리징을 더욱 촉진할 수도 있기 때문이다.[15] 이러한 점을 고려하여 바젤위원회는 레버리지비율규제

15_Hildebrand(2008), Hulster(2009) 참조.

를 Pillar 1의 규제수단으로 도입하기 이전에 레버리지비율의 움직임과 규제도입에 따른 파급효과를 신용주기의 모든 국면에 걸쳐서 모니터링하는 경과기간을 가지도록 하였다.

둘째, 레버리지비율의 보다 중요한 의의는 리스크기반의 자본규제체계에 대한 보완장치(backstop measure)라는 점이다. 여기에서 보완장치라는 것은 두 가지 의미를 동시에 가진다. 하나는 리스크기반의 규제자본체계의 단점을 보완하는 규제수단이라는 점이다. 앞에서 설명한 바와 같이 복잡/정밀한 모형에 기반한 바젤자본체계는 모델의 적합성, 가정의 적정성 등에서 결함을 가지고 있다. 이러한 결함을 보완하기 위해 바젤위원회는 한편으로 바젤자본체계의 지속적인 개선을 추진함과 동시에 리스크에 기반하지 않는 단순 자본비율인 레버리지비율을 도입한 것이다.

보완장치의 다른 의미는 레버리지비율이 리스크기반의 규제자본보다 중요시되거나 우선시되는 규제수단이 아니라는 점이다. 즉 규제자본체계에서 가장 중요한 규제수단은 어디까지나 리스크기반의 규제자본이며, 레버리지비율은 위험기준 자본비율이 효과적인 규제수단으로 작동하지 않는 만일의 경우를 대비한 보완장치로서 기능한 것이다. 이는 레버리지비율이 가지는 치명적인 결함, 즉 리스크에 상응하여 규제자본을 부과하는 기능을 갖지 못하기 때문이다. 리스크에 상응하는 규제자본의 부과가 이루어지지 못할 때 은행들은 위험자산을 증가시키고자 하는 잘못된 유인을 갖게 되는 것이며, 리스크기반의 바젤자본체계는 바로 이러한 잘못된 유인을 바로잡기 위해 도입되었던 것이다.

한편, 레버리지비율규제의 도입에 대한 반대자들은 미국이 레버리지비율규제를 도입하고 있었음에도 불구하고 글로벌 금융위기의 진원지였다는 사실을 들고 있다. 레버리지비율이 금융위기를 예고하지 못한 것은 무엇 때문이었는가. 이에 대하여는 우선, 미국의 레버리지비율이 대차대조표 자산만을 대상으로 하고 있었다는 점을 들 수 있다. 앞에서 본 바와 같이 미국 상업은행의 대차대조표 레버리지비율은 금융위기 직전까지 하향안정세를 시현하여 왔으며, 따라서 이를 기준으로 하는 미국 예금보험공사(FDIC)의 적기시정조치는 어떠한 예고 기능도 수행할 수 없었던 것이다.

다음으로, 2000년대 들어 레버리지의 증가는 주로 경제적 레버리지 또는 내재 레버리지를 중심으로 이루어졌다. 이러한 경제적 레버리지 또는 내재 레버리지의 증가는 난내자산만을 대상으로 하는 레버리지비율에 의해서는 포착되지 못하였다. 바젤위원회가 새로이 도입한 레버리지비율규제가 난내자산 뿐만 아니라 난외자산을 포함토록 한 것은 이러한 사실을 배경으로 하고 있는 것이다.

마지막으로 금융위기의 원인으로는 비단 레버리지의 증가뿐만 아니라 유동성리스크의 확대, 대출심사기준의 약화 등과 같은 복합적인 요인이 작용하였다는 점이다. 금융위기의 재발 방지를 위해서는 레버리지비율규제를 포함한 종합적인 감독규제체계의 개혁이 요구되는 것이다.

레버리지비율의 캘리브레이션

레버리지비율은 분자인 자본과 분모인 자산을 어떻게 정의하느냐에 따라 여러 가지 형태를 가질 수 있다. 따라서 레버리지비율에 대한 캘리브레이션을 위해서는 먼저 어떠한 레버리지비율을 규제할 것인지가 결정되어야 한다. 이를 위해 바젤위원회는 네 가지 종류의 레버리지비율 – (1) 총자본/총자산, (2) 기본자본/총자산, (3) 보통주자본/총자산, (4) 유형자기자본/유형자산 – 중에서 어느 비율이 부실은행과 건전은행에 대한 판별능력이 가장 뛰어난지 여부를 분석하였다. 여기에서 이들 비율은 바젤위원회가 최종적으로 정의한 레버리지비율(기본자본/익스포져)과 엄밀히 일치하지는 않는다(예를 들어 이상의 4개 비율은 부외자산을 포함하지 않는다)는 점을 주의할 필요가 있다.

아래의 표는 19개 국가의 117개 대형 은행들을 대상으로 2007~2009년의 금융위기 기간에 부실화된 은행과 건전한 은행들의 레버리지비율의 평균을 비교한 것이다. 여기에서 부실화된 은행이란 파산, 흡수합병 또는 구제금융이 투입된 경우를 말한다. 레버리지비율은 금융위기가 발생하기 이전인 2006년 말 기준으로 계산되었다.

아래의 표에서 보는 바와 같이 모든 경우에서 부실은행의 레버리지비율이 건전은행의 레버리지비율 보다 낮은 것으로 나타나고 있다. 특히 4개 비율 중에서 유형자기자본/유형자산비율의 차이가 가장 크게 나타나고 있다. 한편, 금융위기 이전에 레버리지비율 규제를 이미 실시하고 있었던 국가(미국, 캐나다)의 은행들을 제외할 경우에는 부실은행과 건전은행 간 레버리지비율 차이가 더욱 크게 나타나고 있는 것을 알 수 있다.

부실은행과 건전은행의 레버리지비율[1]평균 비교(2006년 말 기준)

(단위: %)

	부실은행		건전은행		
	은행 수	레버리지비율	은행 수	레버리지비율	
총자본/총자산	19	5.50	66	6.57	*[2]
기본자본 / 총자산	20	3.89	69	4.19	
보통주 자본 / 총자산	27	4.07	79	5.12	
유형자기자본[3]/유형자산	27	2.65	79	3.81	**
레버리지비율 규제를 실시중인 국가를 제외한 경우					
총자본/총자산	14	4.37	51	6.28	**
기본자본 / 총자산	15	3.02	54	3.65	*
보통주 자본 / 총자산	17	2.64	63	4.48	***
유형자기자본/유형자산	17	2.22	63	3.62	***

자료: 바젤위원회(2010.10월)

1) 레버리지비율은 금융위기 직전인 2006년 말 기준으로 산출
2) ***은 1% 수준에서 유의, **는 5% 수준에서 유의, *는 10% 수준에서 유의함을 의미
3) 유형자기자본(TCE) = 보통주 자본 – 영업권(goodwill) – 무형자산(intangibles)

레버리지비율에 대한 캘리브레이션의 주된 목적은 부실은행과 건전은행을 판별하는 임계점이 되는 레버리지비율을 판별하는 것이다. 즉 금융위기 기간 중 부실화된 대부분의 은행들은 2006년 시점의 레버리지비율이 동 임계점 이하이고, 금융위기 기간 중 건전성을 유지한 은행들은 대부분 2006년 시점의 레버리지비율이 동 임계점 이상이어야 한다. 엄밀하게는 동 임계점이 100%의 판별능력을 갖는 것이 가장 바람직하다. 그러나 실제 분석과정에서

어떠한 임계점도 이와 같은 높은 판별능력을 갖지는 않는 것으로 나타났다.

아래의 표에서는 세 가지 종류의 레버리지비율에 대하여 50% 이상의 판별능력을 갖는 임계수준 범위를 나타내고 있다. 여기에서 50%라는 기준은 상당히 자의적인 것으로서 엄밀성이 떨어지는 것이다. 그러나 바젤위원회는 동 기준이 데이터 허용 범위 내에서 가장 엄밀한 것이며, 규제레버리지비율의 캘리브레이션을 위한 지침 설정에 유용하게 활용될 수 있다고 주장하였다.

50% 기준을 적용하여 산출한 임계수준 범위는 아래 표에서와 같이 기본자본/총자산비율의 경우 3~4%로 나타나고 있다. 바젤위원회는 이러한 분석결과를 토대로 2010년 7월 GHOS 회의에서 레버리지비율의 규제수준을 3%로 합의하였다. 다만, 여기에서 캘리브레이션에 사용된 레버리지비율의 개념과 GHOS 회의에서 최종 합의된 레버리지비율의 개념이 상이하다는 점을 주의할 필요가 있다.

레버리지비율의 캘리브레이션

(단위: %)

	임계수준 범위
기본자본 / 총자산	3.0 – 4.0
보통주자본 / 총자산	3.0 – 4.0
유형자기자본[1] / 유형자산	2.5 – 3.0

자료: 바젤위원회(2010.10월)

1) 유형자기자본(TCE) = 보통주 자본 – 영업권(goodwill) – 무형자산(intangibles)

제8장

글로벌 유동성
규제기준의 도입

● 이 장의 내용은 한신대학교 이건범 교수와
　공동으로 작성하였다.

I. 머리말

2007년 봄에 시작된 글로벌 금융위기는 유동성위기로서의 성격이 강하다는 점에서 과거의 금융위기와 구별된다. 서브프라임 모기지대출의 부실이라는 국지적 신용위기에서 촉발된 금융위기는 국제금융시장의 유동성경색과 결부되면서 극심한 글로벌 금융위기로 발전·심화되었다.[2] 금융위기의 초기 단계에서 서브프라임 모기지대출의 부실이 자산담보부기업어음(ABCP: Asset Backed Commercial Paper), 부채담보부증권(CDO: Collateralized Debt Obligation) 등 유동화·구조화시장 전반에 대한 신뢰상실로 파급되자 단기금융시장, 특히 은행 간 자금공여 시장이 경색되기 시작하였다. 구조화시장의 불안으로 인한 잠재적인 유동성 수요에 대비할 필요성과 함께 거래상대방 리스크 증가에 대응하여 은행들이 다른 은행에 대한 신용공여를 기피하기 시작한 것이다. 특히 서브프라임 모기지증권과 관련한 거래상대방의 익스포져 규모와 손실 정도를 파악하기 어려워짐에 따라 은

2_금융위기의 발전단계를 구분해 보면 다음과 같다: 서브프라임 모기지대출의 부실 (1단계)→ ABCP, CDO 등 구조화 증권시장으로의 부실 확산(2단계)→ 은행 간 신용공여 기피 등 금융시장의 유동성 경색 발생(3단계) → 자산 헐값 매각 등으로 인한 은행 손실 확대(4단계) → 담보할인율 급등, 추가 증거금 요청 등 유동성 악화의 악순환으로 인한 금융시스템 전반의 유동성경색 심화(5단계) → 은행의 금융중개 기능 약화로 인한 금융위기의 실물경제로의 파급(6단계). 금융위기의 전개과정에 대한 논의는 Allen & Carletti(2008) 참조.

행들은 초단기자금을 제외하고는 거래상대방에 대한 유동성 공급을 극도로 기피하게 되었다.

은행들은 유동성 확보를 위하여 자산의 헐값 매각(asset fire sale)에 나서지 않을 수 없었으며, 이로 인해 CDO 등 유동화 · 구조화 증권의 시장가격이 신용도에 근거한 경제적 가치보다 크게 낮은 수준으로 떨어지게 되었다. 시장가격의 하락은 다시 담보할인율의 상승과 추가 증거금 요청(margin call)을 초래하고 은행의 유동성리스크 관리 강화를 유발함으로써 유동성경색을 더욱 심화시키는 유동성 악화의 악순환(downward liquidity spiral)을 초래하였다. 이와 동시에 시장가격의 하락은 시가평가제도 하에서 은행 대차대조표 손실의 확대와 자본충실도의 하락, 그리고 나아가서 은행 부문에 대한 전반적인 시장신뢰의 상실로 이어지는 결과를 초래하였다.

이와 같이 금융위기가 심각한 국면으로 진행되면서 금융시스템의 안정성 유지를 위한 중앙은행의 전례없는 대규모 유동성 공급에도 불구하고 다수의 은행들이 극심한 유동성 부족으로 도산, 합병, 청산되는 사태를 맞이하게 되었으며, 은행 금융중개기능의 전반적인 저하로 글로벌 실물경제의 전반적인 침체가 초래되었다. 이와 같이 서브프라임 모기지대출의 부실사태는 유동성위기를 매개로 하여 글로벌 금융위기와 실물경제의 침체로 확산되었던 것이다.

금융위기 과정에서 은행들이 이러한 극심한 유동성위기에 직면한 이면에는 유동성리스크의 관리 실패가 자리하고 있었다. 금융위기 이전에는 저금리에 기인한 글로벌 유동성의 풍부한 공급과 자산시장의 호황을 배경으로 금융기관들이 단기금융시장을 통한 유동성

조달이 용이하였다. 이에 따라 글로벌 규제 당국은 엄격한 유동성기준의 도입에 태만히 하였으며, 은행들도 유동성리스크 관리에 방만해지게 되었다.

예컨대 미국 상업은행의 총자산 중 현금(보유 현금+연준 예치금)이 차지하는 비중은 1980년대의 10% 수준에서 금융위기 직전에는 3% 수준까지 하락하게 되었다. 그러나 시장상황이 급반전되면서 유동성이 급격하게 고갈되었으며, 유동성경색이 예상을 초월하여 상당히 오랜 기간 지속되었다. 이에 따라 많은 은행들이 자본을 충분히 보유하고 있었음에도 불구하고 유동성 관리에 어려움을 경험하였던 것이다.

미국 상업은행의 현금/총자산 비중 추이 (단위: %)

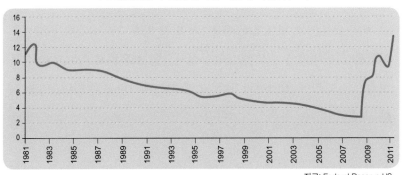

자료: Federal Reserve H8

이와 같은 금융위기, 유동성위기를 계기로 감독 당국과 시장참가자들은 금융시장과 은행 부문의 원활한 작동을 위해서는 유동성관리가 중요하다는 점을 재인식하게 되었다. 이러한 배경 하에 바젤위원회는 2008년 9월 유동성리스크 관리에 있어 은행들이 준수해야 할 핵심원칙과 감독 당국의 역할을 규정한 '건전한 유동성리스크 관리 및 감독을 위한 원칙'[3]을 발표하였다. 동 건전한 원칙에는 조달유동성리스크(funding liquidity risk)의 관리와 감독을 위한 구체적인 지침을 포함하고 있어 은행과 감독 당국이 동 건전한 원칙을 제대로 이행할 경우 유동성 부문의 리스크관리체계를 크게 개선할 것으로 기대를 모았다.

나아가서 바젤위원회는 바젤Ⅲ 규제개혁의 일환으로 1980년 후반 이래 오랫동안 중단되어 온 국제적 유동성 규제기준의 도입을 위한 노력을 재개하였다. 구체적으로 바젤위원회는 유동성조달에 대한 두 가지 최저비율(two minimum standards)을 개발하여 유동성규제체계를 보다 강화하고자 하였다. 이들 기준은 상이하면서도 상호보완적인 두 개의 목표를 달성하기 위해 개발되었다.

첫째 목표는 은행들로 하여금 1개월 간 지속되는 심각한 스트레스 상황을 견뎌내기에 충분한 고유동성자산을 보유토록 함으로써 유동성리스크 관리에 있어서의 단기 복원력을 제고하는 것이다. 이를 위해 바젤위원회는 유동성커버리지비율(LCR: Liquidity Coverage Ratio)을 개발하였다.

둘째 목표는 은행들이 은행영업에 필요한 자금을 보다 구조적인 차원에서 안정적인 자금조달원을 통해 확보하도록 유도함으로써 장기 복원력을 제고하는 것이다. 순안정자금조달비율(NSFR: Net Stable Funding Ratio)은 1년 동안 자산·부채의 지속가능한 만기구조를 유

3_"Principles for Sound Liquidity Risk Management and Supervision," BCBS, September 2008.

지하도록 하기 위해 개발되었다.

　이 장은 이와 같은 바젤Ⅲ 유동성 규제기준의 주요 내용과 도입과정에서의 논의를 살펴보고 유동성 규제기준의 의의와 한계에 대하여 평가를 하는 것을 목적으로 한다.

II. 유동성규제기준의 도입 배경

1. 유동성리스크의 의의

바젤위원회는 유동성을 자산증가와 채무상환을 위해 필요한 자금을 합리적인 비용으로 조달할 수 있는 능력을 의미하는 것으로 정의하였다.[4] 은행의 가장 기본적이면서도 고유한 기능은 단기자금을 조달하여 장기로 운용하는 만기변환에 있으며, 이러한 기능에는 향후에 필요하게 될 유동성을 충족하지 못할 위험, 즉 유동성리스크가 내재되어 있다. 유동성리스크는 크게 조달유동성리스크(funding liquidity risk)와 시장유동성리스크(market liquidity risk)로 구분된다. 조달유동성리스크란 은행의 재무상태 또는 정상적인 영업활동에 영향을 미치지 않으면서 현재 및 미래의 예상하거나 예상하지 못한 필요 현금흐름 또는 담보제공 요구를 효율적으로 충족하지 못할 위험을 의미한다. 그리고 시장유동성리스크란 시장붕괴 등으로 인해 시장가격으로 보유 포지션을 상쇄하거나 제거하지 못할 위험을 의미한다.

이러한 유동성리스크의 측정·관리를 위해 글로벌 금융회사들이 사용하여 온 유동성비율지표는 크게 세 가지가 있다.

첫째는 대차대조표상의 유동자산법(balance sheet liquidity asset

4_BCBS(2008) 참조.

approach)으로서 유동성 위험(총부채 또는 유동부채 등) 대비 일정 수준 이상의 유동자산을 보유토록 하는 방식이다. 동 비율은 특정 시점에서 매각 또는 담보제공 등을 통해 쉽게 현금으로 전환될 수 있는 유동자산의 수준이 어느 정도인지를 나타낸다는 장점이 있으나 유동성리스크의 중요 요소인 기간별 현금흐름을 고려하지 못하는 단점이 있다.

둘째는 현금흐름매칭법(cash flow matching approach)으로서 특정 기간별(예: 1주 또는 1개월) 현금 유출입 불일치 규모의 최대치를 설정하여 관리하는 방식이다. 동 방식은 첫번째 방식과는 상반된 장단점을 갖는다. 즉 유동성리스크에 기간별 현금흐름을 명시적으로 고려한다는 장점이 있으나 유동자산의 매각 또는 담보제공을 통한 현금 유입을 고려하지 못하는 단점을 가진다.

셋째는 혼합법(mixed approach)으로서 특정 기간 내 순현금유출(현금유출-현금유입) 대비 유동자산의 비율을 설정하여 관리하는 방식이다. 혼합법은 상기 첫번째와 두번째 방식의 장점을 동시에 가진다는 점에서 이상적인 유동성리스크 관리방식이라고 할 수 있다. 바젤위원회가 바젤Ⅲ의 일환으로 새로이 도입한 유동성커버리지비율은 바로 이 혼합법에 기초를 두고 있는 것이다. 한편, 바젤위원회가 2006년도에 글로벌 금융그룹을 대상으로 조사[5](BCBS 2006)한 바에 따르면 증권회사들은 주로 유동자산법을, 은행과 보험회사들은 현금흐름매칭법이나 혼합법을 사용하고 있는 것으로 나타났다.

5_"The management of liquidity risk in financial groups," BCBS, The Joint Forum, May 2006.

이상과 같이 금융위기 이전부터 글로벌 은행들이 유동성리스크 관리기법, 특히 혼합법에 의한 선진적인 기법을 운용하여 왔음에도 불구하고 2007년 서브프라임 모기지대출의 부실로 촉발된 신용위기가 극심한 유동성 위기로 확산된 이유는 무엇인가. 이는 결국 금융환경의 변화에 대응하여 유동성 규제기준을 적절하게 강화하지 못한 데 기인한다고 볼 수 있다.

2. 금융환경의 변화와 은행 유동성리스크 관리전략의 변화

2000년대 들어 금융혁신과 국제금융시장의 발전에 따라 유동성리스크의 성격이 과거에 비해 크게 변화되었다.

첫째, 자금의 조달측면에서 은행들은 기업어음(CP: Commercial Paper), 환매조건부계약(RP: Repurchase Agreement), 기타 단기금융상품을 이용한 도매자금조달을 이전보다 더욱 확대하였다. 이는 전통적인 예금을 통한 소매조달자금만으로는 2000년대 들어 급격한 팽창세를 보인 신용의 수요를 충당할 수 없었다는 수요측면의 요인과 함께 글로벌 과잉유동성으로 인해 단기금융시장을 통한 저금리의 자금조달이 용이하였다는 공급측면의 요인이 함께 작용한 결과였다. 그러나 단기금융시장은 전통적인 소매시장에 비해 변동성이 높다는 취약성을 가진다. 위기상황에서 단기금융시장은 만기의 단기화, 프리미엄의 상승, 그리고 심지어는 유동성 공급의 거부 등이 발생하며, 이는 은행에 새로운 유동성리스크를 초래하는 것이었다.[6]

6_BCBS(2008.2월) 참조.

둘째, 자금의 운용측면에서 은행들은 단기유동성 자산의 보유 비중을 축소하였다. 이는 글로벌 과잉유동성으로 인한 단기금리 하락에 따라 유동성 자산 보유에 따른 기회비용이 증가하였다는 점과 함께 양호한 금융시장 상황 하에서 보유자산의 매각을 통한 비유동성 자산의 유동성 자산으로의 전환이 용이하였다는 점이 그 주요한 배경으로 작용하였다. 은행들은 고수익률을 제공하는 비유동성 자산을 보유하다가 유동성이 필요한 시점에 이를 금융시장에서 매각함으로써 유동성을 조달하였던 것이다. 이와 같은 시장을 통한 유동성 조달(liquidity through marketability)은 2007년 이전까지 개별 은행의 관점에서는 매우 유효한 전략이었다. 그러나 금융위기의 발생과 함께 모든 은행들이 동시에 보유자산의 매각을 통한 유동성 자산의 확보에 나서게 되자 이 전략의 유효성이 급격히 사라지게 되었다.[7]

셋째, 증권화, 담보거래, 복잡한 구조화 상품 등 금융혁신 내지 금융거래 관행의 변화이다. 이러한 금융혁신은 도매금융시장에서의 단기자금조달과 비유동자산의 매각을 통한 유동성 확보 전략을 가능하게 한 물적 토대를 이루는 것이었다. 그러나 이러한 금융혁신은 금융위기 상황에서는 유동성 상황을 더욱 악화시키는 결과를 초래하였다. 우선, 증권화[8]는 정상적인 시장상황에서는 대출자산의 매각을 통해 유동성을 증가시키는 효과를 가져왔다. 그러나 유동화는 자산의

7_FSA(2009) 참조.

8_증권화는 30년 이상의 오랜 역사를 갖고 있지만 2000년대 들어 그 이용이 급속하게 증가하였다. 이러한 증권화의 확산으로 인해 상업은행의 영업모델이 전통적인 Lend-and-Hold 모델에서 벗어나 Originate-and-Distribute 모델로 이동하였다는 주장이 제기되기도 하였다.

풀링(pooling), 특수목적회사(SPV: special purpose vehicle)에 풀링자산의 매각, 신용등급 평가, 유동화 증권의 발행 등에 상당 기간이 소요되는데, 비정상적 시장상황에서는 이러한 유동화 과정이 지체되면서 은행에 막대한 규모의 자금이 소요되는 비유동성 자산이 쌓이게 되는 결과를 초래하였다. 또한 일부 유동화 자산(ABCP 등)은 우발적 유동성리스크(contingent liquidity risk)를 초래한다.

예를 들어, 은행은 유동화 자산의 원리금 상환을 보장하기 위해 특정 사건 발생시 유동성을 공급하기로 하는 약정(liquidity backstop arrangement)을 체결할 수 있는데, 이는 은행에 대하여 예측하지 못한 유동성 수요를 발생시키는 것이다. 다음으로 금융회사의 거래관행이 담보를 이용하는 형태로 변화하면서 담보의 이용이 급증하였다.[9] 이러한 담보이용의 증가는 정상적인 시장상황에서는 거래상대방 리스크의 축소를 통한 유동성 조달을 용이하게 하는 효과가 있었으나 위기상황에서는 짧은 기간 내에 추가 담보요구 등으로 인해 은행의 유동성리스크, 특히 조달리스크의 관리를 더욱 어렵게 하는 요인으로 작용하였다.

마지막으로 신용부도스왑(CDS: credit default swap) 등 복잡한 구조화 금융상품은 시장에서의 낮은 거래량, 신용등급 하락시 조기상환 등의 옵션조항 등으로 인해 특히 위기상황에서 가격 결정 및 미래의 현금흐름 예측을 매우 어렵게 하였다.

9_리스크 경감수단으로 담보의 이용, 레포거래, 쌍무담보약정(bilateral collateral agreement), 재담보(rehypothecation) 등이 크게 증가한 것에 기인한다. 2006년 ISDA의 조사에 따르면 담보협약이 2000년에는 12,000건에 불과하였으나 2006년에는 110,000건으로 증가하였다. BCBS(2008.2월) 참조.

이상과 같이 2000년대 들어 유래없이 양호한 금융시장 상황과 금융혁신을 배경으로 은행들은 내부적인 유동성 자산의 준비에 의존하는 방식에서 도매금융시장을 이용하는 방식으로 유동성 확보 전략을 변경하였다. 그러나 이와 같은 전략 변경은 두 가지 측면에서 개별 은행은 물론 금융시스템 전체의 유동성리스크를 증폭시키는 요소를 잠재하고 있었다. 우선, 장기자산의 운용에 소요되는 자금을 점차 단기조달에 의존하게 됨으로써 전통적인 만기불일치 위험이 심화되고 유동성비율이 저하되는 결과를 초래하였다. 이는 정상적인 시장상황에서는 수익성을 제고시키는 전략이 될 수 있으나 금융위기 상황에서는 급격한 유동성 부족을 초래할 소지를 내포하고 있는 것이었다.

그리고 이보다 더욱 중요한 것은 이러한 전략변경이 은행의 유동성을 단기금융시장 여건에 크게 의존하게 만들었다는 점이다. 단기금융시장에 대한 의존도 증가는 시장이 경색되는 금융위기의 상황에서 유동성의 악화를 더욱 증폭시키는 결과를 초래하는 것이다. 요컨대 금융위기 이전까지 금융시스템 내에 유동성리스크가 누적되어 왔으며, 어떤 외부 충격 발생시 시장 유동성의 소멸, 은행들의 대폭적인 자산 할인매각(fire sale) 등으로 금융시스템 전반적인 유동성위기로 확산될 위험이 잠재하고 있었던 것이다.

3. 국제적 유동성 규제기준의 부재

은행의 유동성리스크관리가 방만해진 데에는 규제 당국이 엄격한 유동성규제기준을 도입하지 않았다는 점이 주요한 요인으로 작용하였다. 바젤위원회는 신용리스크 · 시장리스크 · 운영리스크에 대하여는 국제적으로 통일된 리스크 측정방법과 감독기준을 제시하였는 데 반해 유동성리스크에 대하여는 국제적 규제기준을 제시하는 데 실패하였다.

사실 바젤위원회는 출범 초기부터 지급능력(자본충실도)과 유동성이 상호 밀접히 연관되어 있으며, 은행시스템의 안정성과 건전성 확보를 위해서는 이 둘 모두가 중요함을 잘 인식하고 있었다. 1975년 제1차 바젤위원회 회의에서 초대 의장은 바젤위원회의 주요 목적이 '은행의 지급능력(solvency)과 유동성(liquidity)의 제고'에 있음을 언급한 바 있으며, 1980년 제19차 회의에서 당시 의장은 '국제영업은행의 자본적정성과 유동성'에 대한 논의를 바젤위원회에서 시작할 것을 제안한 바 있다. 당시까지만 하더라도 자본적정성과 유동성은 동시에 논의되고 규제되어야 할 분야로 인식되었던 것이다.

그러나 바젤위원회는1980년대 중반에 데이터의 비일관성 및 획득의 어려움, 각국의 상이한 제도, 국제적으로 합의된 유동성 개념의 부재 등 기술적인 어려움으로 인해 국제적인 유동성 규제기준의 도입이 사실상 불가능하다고 결론을 내렸다.[10] 이와 같은 결론의 배경에는 각국의 규제 당국이 기존의 국가별 유동성 규제기준을 유지하기를 희망하였으며, 국제적인 유동성 규제기준의 도입에 거부감을 표시한 점이 크게 작용하였다. 특히 적격담보자산에 대한 기준설정 등으로 은행시스템 내 유동성 관리의 중추적인 기능을 담당하는 중앙은행들이 자국의 독자적인 관행과 권한을 침해하는 것에 반대하고 있었다.

10_물론 자본규제기준에 대하여도 동일한 논리가 적용된다는 점을 고려할 때 이와 같은 기술적인 문제는 핑계에 지나지 않는 것이라고 할 수 있다.

또한 더욱 중요한 이유로서 당시 G-10 회원국들은 국제자본협약의 도입에 시간과 노력을 집중하고 있었으며, 유동성 문제에 대하여는 상대적으로 무관심하였다. 이는 당시 미국 저축대부조합 위기 등으로 자본적정성의 제고가 당면한 현안과제였던 반면에 유동성에 관한 어떠한 위기 징후도 나타나지 않았던 시대적 상황에 상당 부분 기인하는 것이다. 유동성의 경우에는 자본협약과 같은 강력한 정치적 동기가 결여되었던 것이다. 여기에다 자본협약이 신용위험가중치가 낮은 자산의 보유 유인을 증가시킴으로써 간접적으로 유동성 규제기준으로서의 역할도 일부 수행할 것이라는 낙관적인 기대도 한몫하였다. 위험가중 자기자본비율이 은행의 지급능력과 유동성 문제를 동시에 해결하는 마법의 탄환이라는 낙관론이 형성된 것이다.

이에 따라 유동성 규제기준은 각국의 재량에 맡겨지게 되었다. 그러나 국제기준이 부재한 상황에서 각국의 재량에 의한 규제기준의 강화에는 한계가 있을 수밖에 없었다. 국제적 합의없이 특정 국가만이 유동성 규제기준을 강화할 경우 자국의 은행산업은 심각한 경쟁력 저하에 직면할 우려가 있기 때문이었다. Algorithmics(2007)이 주요국을 대상으로 조사한 바에 따르면, 미국, 일본, 스페인, 이탈리아 등은 정량적인 규제기준(quantitative measure)을 도입하지 않고 감독당국이 각 은행의 유동성리스크 관리방식과 내부 통제장치가 적정한지를 점검하는 정성적 방식(quantitative approach)에 의해서만 유동성 규제를 실시하고 있었다.[11]

또한 영국, 독일, 프랑스, 싱가포르 등 정량적인 유동성비율 규제기준을 도입하고 있는 국가의 경우에도 유동성비율의 정의, 준수비율, 산정기간 등이 나라마다 상이하였을 뿐만 아니라 유동성 규제의 관건이라고 할 수 있는 유동자산의 보유의무도 명확히 설정하지 않았다.[12] 이와 같은 느슨한 규제로 인하여 금융위기 직전까지 글로벌 상업은행의 유동성비율이 지속적으로 하락하였으며, 보유 유동자산의 감소는 결국 금융위기 과정에서 심각한 유동성경색으로 발현되었던 것이다.

금융위기 이전 주요국의 유동성 규제기준

		유형	지표	준수비율	산정기간	유동자산 보유의무
영국	대형은행	혼합법	만기불일치금액/총예금	은행별로 차등설정	8일 또는 1개월	×
	소매은행	유동자산법	유동자산/순자금유출액	100%	5영업일	O
독일	표준법	혼합법	(현금유입액+유동자산)/현금유출액	100%	1개월	×
	내부모형법	n.a.	자체 지표 산출	감독 당국 승인	–	×
싱가포르	내부모형법	혼합법	유동자산/적격부채 ≥ Min[최저비율, 3× 현금유출액의 표준편차]	은행별로 차등설정	1개월	O
	기타 은행	유동자산법	유동자산/적격부채	18% 이상	n.a.	O
프랑스		혼합법	(현금유입액+유동자산)/현금유출액	100% 이상	1개월	×

자료: Algorithmics (2007)

11_예컨대 미 연준은 은행 수가 많고 은행들의 영업규모, 영업모델, 자산·부채구조가 다양하기 때문에 개별은행의 유동성 상황을 단일한 기준이나 지표로 평가할 수 없다("No single theory can be applied universally to all banks")고 주장하였다. Algorithmics(2007) 참조.

12_우리나라의 경우 외환위기 이후 주요국의 사례 등을 감안하여 잔존만기 3개월 이하 유동부채의 70~100% 이상을 잔존만기 3개월 이하 유동자산으로 보유토록 하는 유동성비율규제제도를 도입하였다.

III. 유동성규제기준의 주요내용

바젤Ⅲ 유동성 규제기준은 크게 3부분으로 구성되어 있다. 즉, 유동성커버리지비율(이하 LCR), 순안정조달비율(이하 NSFR), 그리고 모니터링수단(Monitoring Tools)이 그것이다. 바젤위원회는 이중에서 유동성커버리지비율에 대하여 논의를 집중하였다. 이는 동 비율이 가장 중요한 유동성 규제수단으로서 그 도입 필요성이 시급하다는 점때문이었다. 순안정조달비율에 대해서는 상대적으로 논의가 적게 이루어졌는데, 이는 동 비율에 대한 회원국 간 이견이 없어서라기보다는 그 이행시기를 뒤로 미루면서 논의를 사실상 유보하였기 때문이라고 할 수 있다. 한편, 모니터링 수단은 바젤위원회가 2000년에 마련하고 2008년에 개정한 '건전한 유동성리스크 관리 및 감독을 위한 원칙'의 연장선상에 있는 것이다. 따라서 이는 별다른 논의없이 공개초안의 내용이 바젤Ⅲ 기준서(rule text)에 반영되었다.

1. 유동성커버리지비율(LCR)

(1) 기본 개요

LCR은 심각한 스트레스상황 하에서 은행이 30일을 견딜 수 있는 충분한 유동자산을 보유하고 있는지 여부를 측정하기 위한 단기 유동성 지표로서 다음과 같이 정의된다.

$$\text{LCR} = \text{고유동성 자산} / \text{향후 30일간 순현금유출액} \geq 100\%$$

여기에서 고유동성 자산(분자)은 스트레스상황[13] 하에서도 가치 하락이 없거나 미미한 상태에서 어떠한 제약도 없이 즉시 현금화될 수 있는 자산을 의미하며, 30일간 순현금유출(분모)은 스트레스상황 하에서 30일간 예상되는 누적 현금유출액과 누적 현금유입액의 차이를 의미한다. 그리고 30일이라는 기간은 은행의 경영진이나 감독 당국이 적절한 조치를 취하거나 은행이 법적인 절차에 따라 정리되는 데 필요한 최소한의 기간으로서 설정되었다. 새로운 유동성 기준 하에서 은행들은 스트레스 시나리오가 적용되는 30일 동안의 순누적 현금유출액을 커버하기에 충분한 어떠한 제약도 없고 유동성이 높은 자산을 보유해야 한다. LCR은 은행들이 유동성리스크 관리를 위해 전통적으로 사용하여 온 '커버리지비율(coverage ratio)' 방식에 기초를 둔 것이다.

(2) 고유동성자산(분자)

시장 전반적인 또는 특정 금융기관 고유의 스트레스 상황 발생시

13_스트레스상황은 다음의 사건이 개별 은행 또는 시장 전체적으로 발생한 것을 의미한다. (1) 소매예금의 일부 상실, (2) 무담보부 도매자금 조달능력의 일부 상실, (3) 특정 담보 또는 거래상대방으로부터의 담보부 단기자금 조달능력의 일부 상실, (4) 3단계까지의 신용등급 하락, 추가담보적립 등에 따른 추가적인 계약상 현금유출, (5) 시장변동성 증가에 따른 담보가치 인정비율 하향조정, 추가담보 적립, 또는 기타 유동성 부족의 발생, (6) 신용·유동성 공여약정 중 미사용분의 예상치 못한 사용, (7) 평판리스크 완화를 위한 채무의 중도상환 또는 비계약적 채무의 인수 등에 따른 자금부족 발생.

에 유동성이 낮은 자산을 보유한 은행은 높은 시장리스크를 보상하기 위해 동 자산의 대폭적인 할인 매각 또는 큰 폭의 담보가치 인정비율 하향조정(haircut)이 불가피하다. 이는 은행에 대한 시장의 신뢰를 저하시킬 뿐만 아니라 이와 유사한 자산을 보유한 다른 은행 자산의 시장가치도 하락시켜 유동성 포지션을 압박하고 할인 매각, 자산가격 하락 및 유동성 감소 등의 악순환을 초래한다. 금융위기에서 경험한 바와 같이 이러한 최악의 상황에서 시장의 유동성은 매우 빠르게 사라지는 것이다.

고유동성 자산은 이와 같은 심각한 위기상황에서도 매각 또는 담보부 차입 등의 방식으로 현금 창출능력을 유지할 수 있어야 한다. 이를 위해 고유동성 자산은 다음과 같은 특성을 갖출 것이 요구되었다. 우선, 기본적 특성으로서 낮은 신용·시장위험, 가치평가의 용이성과 명확성, 위험자산과의 낮은 상관성, 선진적이고 인지도가 높은 거래소에 상장 등이 명시되었으며, 그리고 시장 관련 특성으로서는 활성화된 대규모 시장의 존재, 신뢰할 수 있는 시장조성자의 존재, 낮은 시장집중도, 안전자산 선호 등이 제시되었다.

고유동성 자산은 또한 일중 또는 오버나이트(overnight) 유동성 부족을 보전하기 위한 중앙은행의 담보 적격성을 충족할 것이 요구되었다. 중앙은행은 심각한 스트레스 상황 발생시 은행시스템에 유동성을 제공할 수 있는 안정장치를 제공하기 때문이다. 그러나 중앙은행 담보적격성이 고유동성 자산의 충분조건이 아님도 명시되었다.

이와 함께 고유동성 자산은 위기상황에서 어떠한 제약도 없이 (unencumbered) 현금으로 전환할 수 있을 것을 요구하였다. 여기에서 제약이 없다는 것은 명시적이든 암묵적이든 다른 거래의 담보로 제공되거나 헤지 · 신용보강수단으로 사용되지 않았음을 의미한다.[14] 이러한 '비제약성 요건'을 통해 고유동성 자산은 위기상황에서 우발적 사태에 대비한 자금원이라는 유일한 원칙 하에서만 관리되어야 함을 명확히 한 것이다. 또한 레포거래(repo) 또는 매각을 통해 유동성 자산의 일부를 정기적으로 현금화함으로써 그 이용 가능성을 테스트할 것을 요구하였다.

고유동성 자산은 1등급(Level 1) 자산과 2등급(Level 2) 자산으로 나뉜다. 1등급 자산에는 (1) 현금, (2) 중앙은행 예치금 중 위기상황시 인출 가능한 금액, (3) 국가, 중앙은행, 공공기관 등[15]이 발행 · 보증한 시장성 증권으로서 신용위험이 낮고(위험가중치 0%) 유동성이 높은 것,[16] (4) 유동성 위험이 발생한 국가 또는 해당 은행 본국의 통화로 표시된 정부 및 중앙은행 채권, (5) 외화로 표시된 자국 정부 및 중앙

14_그러나 레포거래 및 증권대차거래에서 담보로 제공받은 자산은 (1) 은행이 당해 자산을 보유하고 있고, (2) 다른 거래의 재담보로 활용되지 않았으며, (3) 법 또는 계약에 의해 은행이 동 자산을 활용할 수 있는 경우에는 '제약이 없는 자산'에 포함될 수 있다. 또한 고유동성 자산에 포함되는 자산으로서 중앙은행 또는 공공기관(PSE: public sector entities)에 담보로 제공된 자산 중 미사용분은 '제약이 없는 자산'에 포함될 수 있다.

15_구체적으로 비정부 공공기관(non-central government public sector entities), 국제결제은행(BIS), 국제통화기금(IMF), 유럽위원회(European commission), 다자간 개발 은행(multilateral development bank) 등을 지칭한다.

16_구체적으로 다음 조건을 충족하여야 한다. (1) 바젤II 표준법상 위험가중치가 0%일 것, (2) 크고, 깊고, 활발하며 집중도가 낮은 레포 및 현물시장에서 거래될 것, (3) 경색된 시장상황에서도 신뢰할 수 있는 유동성 조달원으로서의 전력(proven record)이 있을 것, (4) 금융회사 및 관계회사가 발행한 증권이 아닐 것.

은행 채권(단, 해당 국가 내에서의 은행 영업활동에 따른 외화수요에 상응하는 범위 이내일 것). 여기에서 마지막 항목은 공개초안에서는 포함되지 않았으나 최종 기준서에 포함되었다. 한편, 최종 기준서는 1등급 자산에 대해서는 할인율(haircut)을 적용하지 않았으나, 각국 감독 당국이 듀레이션, 신용·유동성리스크 등을 감안하여 1등급 자산에 대하여도 재량에 의해 할인율을 적용할 수 있음을 명시하였다.

이에 더하여 GHOS 회의는 2010년 7월에 2등급 유동성 자산을 고유동성 자산에 포함하는 방안을 승인하였다. 2등급 자산은 (1) 국가, 중앙은행, 공공기관 등이 발행·보증한 시장성 증권으로서 신용위험이 낮고(위험가중치 20%) 유동성이 높은 것(위기상황에서 가격 하락폭 및 할인율 상승폭이 10% 이내)[17]과 (2) 우량 등급[18](AA- 이상 등)의 회사채와 커버드본드(covered bond)로 구성된다. 2등급 자산에 대해서는 최소 15%의 할인율이 적용되고, 조정된 2등급 자산(adjusted level 2 asset)의 총액이 조정된 1등급 자산 총액(할인율 적용 이후 기준)의 60% - 또

---

[17] 구체적으로 다음 조건을 충족하여야 한다. (1) 바젤II 표준법상 위험가중치가 20%일 것, (2) 크고, 깊고, 활발하며 집중도가 낮은 레포 및 현물시장에서 거래될 것, (3) 경색된 시장상황에서도 신뢰할 수 있는 유동성 조달원으로서의 전력이 있을 것(즉 30일의 스트레스 기간 동안 가격 하락폭 또는 할인율 상승폭이 최대 10% 이내일 것) (4) 금융회사 및 관계회사가 발행한 증권이 아닐 것.

[18] 구체적으로 다음의 조건을 충족하여야 한다. (1) 회사채의 경우 금융기관 및 관계회사가 발행한 것이 아닐 것, (2) 커버드본드의 경우 당해 은행 및 관계회사가 발행한 것이 아닐 것, (3) 외부신용평가기관에 의한 평가등급이 최소 AA- 이상 이거나 은행 내부적으로 평가한 부도확률(PD)이 최소 AA- 해당할 것, (4) 크고, 깊고, 활발하며 집중도가 낮은 레포 및 현물시장에서 거래될 것, (5) 경색된 시장상황에서도 신뢰할 수 있는 유동성 조달원으로서의 전력이 있을 것(즉 30일의 스트레스 기간 동안 가격 하락폭 또는 할인율 상승폭이 최대 10% 이내일 것).

는 조정된 고유동성 자산(1등급+2등급) 총액의 40% – 를 초과할 수 없도록 규정하였다.[19] 그리고 이에 더하여 2등급 자산을 담보로 하여 조달한 현금과 1등급 자산도 2등급 자산에 포함되도록 하였다. 만약 2등급 자산을 담보로 하여 조달한 현금과 1등급 자산을 1등급 자산으로 분류할 경우에는 은행들이 2등급 자산을 이용한 담보거래를 통해 동 40%의 한도 규제를 회피할 수 있기 때문이다.

고유동성 자산의 정의와 관련하여 쟁점으로 부각된 것은 다음 세 가지이다.

첫째, 2등급 자산의 인정범위이다. 일부 회원국은 고유동성 자산을 1등급 자산에 한정하거나 2등급 자산의 인정범위를 고유동성 자산의 35% 이하로 할 것을 주장하였다. 이에 반해 다른 회원국들은 2등급 자산의 인정범위를 고유동성 자산의 50% 이상으로 확대하고, 2등급 자산에 금융채, 주식, 금, MMF 등을 추가로 포함하자는 의견을 제시하였다. 요컨대 고유동성 자산의 범위를 좁게 정의(narrow definition)하자는 주장과 넓게 정의(broad definition)하자는 주장이 대립하였던 것이다. 2등급 자산의 범위를 국채와 우량 등급의 회사채

19_여기에서 조정된 1등급 자산은 30일(역일 기준) 이내의 단기 담보부 조달자금, 담보부 대출, 1등급 자산과 비1등급 자산의 교환을 수반하는 담보스왑거래 등이 해소(unwound)된다고 가정할 경우의 금액이다. 조정된 2등급 자산 금액도 동일한 방식으로 정의된다. 예를 들어 1등급 자산이 레포 및 역레포 거래를 포함하고 있는 경우 조정 1등급 자산은 다음과 같이 계산된다.

1등급 자산	레포 거래의 해소에 따른 현금 유출	역레포 거래의 해소에 따른 현금 유입	조정 1등급 자산
100	-30	+20	90 = 100-30+20

등으로 한정하고, 40% 한도를 적용키로 한 것은 이와 같은 상반된 주장의 타협의 결과였다.

둘째, 2등급 자산의 인정기준이다. 미국은 2010년 7월 제정된 금융개혁법(Dodd-Frank Act)에서 신용평가사의 신용등급을 감독목적으로 사용하지 못하도록 금지한 점을 들어 신용등급 기준을 삭제하거나 신용등급 이외의 기준이 마련되어야 한다고 주장하였다. 이에 따라 회원국들은 신용등급에 지나치게 의존하는 것은 바람직하지 않다는 데 합의하고, 거래량, 매매율차(bid-ask spread), 회전율 등을 포함하는 추가적인 양적 · 질적 지표를 고유동성자산의 기준으로 활용하는 방안을 논의하였다. 그러나 바젤위원회는 추가 지표의 활용방안에 쉽게 합의를 보지 못하였으며, 따라서 관찰기간(observation period) 동안 다양한 양적 · 질적 지표에 대해 적합성 검증을 실시하고, 이를 바탕으로 다시 논의하기로 하였다.

셋째, 고유동성 자산이 부족한 국가에 대한 처리방안이다. 회원국 중 신흥국이나 건전한 재정정책을 수행하는 국가들은 1등급 자산의 가장 큰 부분을 차지하는 정부/중앙은행 채권이 충분하지 않아 LCR을 충족하는 데 어려움이 있음을 주장하였다. 특히 이들 국가들 중 일부는 2등급 자산도 불충분하여 고유동성 자산의 범위를 확대하는 등의 예외 인정 방안을 마련할 필요성을 주장하였다. 이에 따라 바젤위원회는 관찰기간 동안 일정한 기준(threshold)에 의해 고유동성 자산이 부족하다고 판별되는 국가에 대하여는 중앙은행을 통한 담보 유동성 공급약정 또는 일정한 범위 이내의 외화표시 유동성 자산을 고유동성 자산에 포함토록 허용하거나 2등급 자산의 허용한도를 높이는 등의 방안을 검토하기로 하였다.

(3) 순현금유출(분모)

앞에서 본 바와 같이 순현금유출은 누적 유출액과 누적 유입액의 차이이다. 누적 유출액은 대차대조표상의 부채 항목별 금액에 스트레스 상황시의 예상 이탈률(run-off rate)을 곱한 값과 부외거래약정에 이탈률 또는 사용(draw-down) 비율을 곱한 값의 합계로 산출한다. 누적 유입액은 수취 가능한 항목별 금액(receivable)에 예상 유입률을 곱하여 산출하되 누적 현금유출액의 75%를 초과하지 못하도록 하였다. 당초 공개초안에서는 현금유입액에 대한 제한을 두지 않았으나 최종 기준서에서는 은행이 유동성기준의 충족(현금유출액의 커버)을 위해 단지 예상 현금유입액에만 의존하지 않도록 75%의 제한을 부과하였다. 이는 현금유출액의 최소 25%에 상당하는 고유동성 자산을 보유하여야 함을 의미한다.

30일 동안의 순현금유출액 =
현금유출액 - Min[현금유입액, 현금유출액의 75%]

여기에서 분모의 현금유입에 산입되는 자산은 분자인 고유동성 자산에는 포함되지 못하도록 함으로써 자산의 이중계산을 불허하였다. 유동성 규제와 관련하여 가장 많은 논의의 대상이 된 것은 부채 항목별 이탈률을 결정하는 문제였다. 아래에서는 이를 항목별로 살펴보기로 한다.

(i) 현금유출액

소매예금

소매예금은 개인(법인이 아닌 자연인)에 의해 예치된 요구불 및 정기예금으로 정의된다. 소매예금은 다시 은행과의 거래관계 등으로 예금주에 의한 인출 가능성이 낮고 예금보험 보호대상이라는 두 가지 조건을 동시에 충족하는 안정예금(stable)과 두 가지 조건 중 하나를 충족하지 못하는 불안정예금(less stable)[20]으로 구분된다. 공개초안은 안정예금에 대해서는 최소 7.5%, 불안정예금에 대해서는 최소 15%의 이탈률을 적용토록 하였다. 여기에서 공개초안은 7.5%/15%가 이탈률의 최저치로서 각 국의 감독 당국이 필요시에는 재량적으로 더 높은 이탈률을 적용할 것을 명시하였다. 한편, 공개초안은 소매 정기예금(fixed or time deposits)에 대하여도 잔존만기에 불문하고 요구불예금과 동일한 이탈률을 적용토록 하였다. 다만, 잔존만기가 30일을 초과하는 정기예금 중에서 중도해지에 따른 불이익이 이자손실보다 큰 경우(즉 원금손실이 발생하는 경우)에는 0%의 이탈률을 적용토록 하였다.

이상과 같은 공개초안의 내용에 대하여 한국을 비롯한 대부분의 회원국들은 과거 금융위기시 소매예금의 이탈률이 공개초안의 이탈

20_불안정예금의 포괄범위는 각국이 재량적으로 정할 수 있으며, 일반적으로 효과적인 예금보험제도에 의해 보호되지 않는 예금, 거액예금(high value deposits), 거액개인예금(deposits of sophisticated or high net worth individuals), 즉시 인출가능한 예금(인터넷 예금 등), 외화예금 등이 포함된다.

률(7.5%/15%)에 비해 낮은 수준[21]이었음을 지적하며, 이를 하향 조정할 필요성을 제기하였다. 특히 한국은 금융시장 불안시 오히려 자본시장의 자금들이 안전자산 선호현상에 따라 은행으로 유입되는 성향이 있는 점을 고려하여야 함을 강력하게 주장하였다. 이와 같은 회원국들의 의견을 반영하여 바젤위원회는 2010년 7월 GHOS 회의에서 안정/불안정 소매예금의 이탈률을 각각 5%/10%로 하향 조정하였다.

정기예금의 처리와 관련하여서는 일부 회원국에서 정기예금에 대해 요구불예금과 다른 이탈률을 적용하는 것은 차익거래(arbitrage)의 유인을 제공할 소지가 있으므로 만기에 관한 요건을 강화할 필요성을 제기하였다. 이에 따라 정기예금 이탈률은 다음과 같이 수정·강화되었다. 즉 잔존만기 또는 약정서상 사전공지기간(withdrawal notice period)이 30일 이상인 정기예금에 대한 0% 이탈률 적용은 (1) 조기 해지 패널티로 원금손실이 발생(공개초안과 동일)하거나 또는 (2) 예금주가 30일 이전에는 예금을 인출할 수 있는 법적 권한이 없는 경우에 허용토록 하되, 만약 은행이 이를 위반하여 조기인출을 허용하는 경우에는 해당 군(category)에 있는 모든 정기예금에 대하여 요구불예금과 동일한 수준의 이탈률을 적용토록 하였다.[22]

무담보부 도매조달자금

무담보부 도매조달자금은 법인(개인사업자 포함)으로부터 조달되고, 파산, 청산, 정리 등에 대비하여 차입은행의 자산이 담보로 제공되지

21_소매예금 이탈률의 경우 한국은 지난 금융위기시 3.4%, 일본은 1999년 금융위기시 2~3% 수준이었음을 지적하였다.

않는 채무로서 정의된다. 파생거래 관련 채무는 무담보부 도매조달 자금에 포함되지 않는 것으로 정의되었다. 동 도매조달자금에는 30 일(스트레스상황 지속 기간) 이내에 차입은행 또는 자금제공자에 의한 조 기상환·해지의 옵션행사가 가능한 자금, 30일 이내에 만기가 도래 하는 자금, 또는 만기가 정해지지 않은 자금을 포함한다.

여기에서 차입은행에 의한 조기상환 옵션이 있는 조달자금에 대 하여는 차입은행의 평판리스크(reputational risk)를 고려할 것을 명 시하였다. 즉 차입은행은 조기상환 옵션을 행사하지 않을 경우 평판 이 나빠질 수 있음을 우려하여 유동성위기 상황에서도 조기상환 옵 션을 행사할 유인이 있는 것이다. 따라서 이러한 조기상환 옵션부 조 달자금을 현금유출에 반영하도록 한 것이다. 무담보부 도매조달자금 과 관련하여 쟁점으로 부각되어 최종 기준서에서 수정된 사항은 아 래와 같다.

첫째, 단일 기업으로부터의 총 자금조달액(total aggregate fund-ing)[23]이 1백만 유로 미만인 소규모 기업예금에 대한 이탈률은 소매예

22_한편, 한국은 정기예금에 대하여 잔존만기를 불문하고 요구불예금과 동일한 이탈 률을 적용하는 것은 불합리하며, 향후 은행들로 하여금 요구불예금 조달을 확대 시켜 은행 전체의 유동성리스크를 확대시키는 결과를 초래할 수 있으므로 정기예 금 중 비만기도래분에 대하여 낮은 이탈률을 적용할 것을 주장하였다. 그러나 일 부 회원국은 이에 반대하면서 위기시에는 만기에 상관없이 정기예금 전체를 이탈 대상으로 보아야 한다고 주장하였는데, 이는 이들 국가의 은행들이 예금 약정서 상 30일 이전에는 예금인출 권한이 없도록 하는 사전공지조항을 이용하여 정기예 금의 비만기도래분에 대하여 사실상 0%의 이탈률을 적용할 수 있기 때문이었다.
23_총자금조달액은 소규모 기업으로부터의 조달자금의 총 합계로서 해당 기업에 대 한 여신을 차감하지 않은 금액(gross amount)이다.

금과 동일하게 하향 조정되었다. 즉 공개초안은 안정/불안정예금에 대하여 각각 7.5%/15%의 이탈률을 적용하였으나, 최종 기준서는 이를 5%/10%로 하향 조정하였다. 그리고 소기업 정기예금의 경우에도 소매 정기예금과 동일한 방식으로 처리토록 하였다.

둘째, 업무목적의 예금(deposits and other extensions of funds for operational purposes)에 대한 이탈률 규정이 대폭 수정되었다. 공개초안은 대기업, 국가, 중앙은행, 공공기관 등에 의한 업무목적의 예금에 대해서는 25%의 낮은 이탈률을 적용토록 하였다. 여기에서 '업무목적'은 고객의 계속적 영업활동을 지원하기 위한 긴밀한 현금관리 내지는 자금거래 관계를 의미하는 것으로 다소 애매하게 정의하였다. 그리고 다른 금융기관(은행 및 비은행)으로부터의 업무목적 예금은 25% 이탈률의 적용대상에서 제외하였다.

이러한 공개초안에 대하여 일부 회원국은 금융기관으로부터의 업무목적 예금은 일반적 자금운용 목적의 예금과 안정성이 확연히 다르므로 이를 25% 이탈률 대상에 포함할 것을 강력히 주장하였다. 이러한 주장에 따라 최종 기준서에서는 금융기관의 업무목적 예금도 25% 대상에 포함하는 한편, 그 악용 가능성을 방지하기 위한 제도적 장치들을 마련하였다. 즉 업무목적 예금을 청산(clearing), 보호예수(custody), 결제(settlement), 일부 현금관리서비스[24](cash management)를 의미하는 것으로 엄격하게 정의[25]하고, 업무목적 예금 여부에 대해 감독 당국으로부터 승인을 받도록 하였다.

24_주간사(prime brokerage) 업무, 대리은행업무(correspondent banking) 등은 현금관리서비스 업무에서 제외되었다.

또한 업무목적 예금 중에서도 이들 서비스 제공에 필요한 최소한의 예금에 대하여만 25%의 이탈률을 적용토록 하였다. 업무목적 예금으로 예치되어 있더라도 업무수행에 필요한 이상의 초과 여유자금은 인출 가능성이 높은 것으로 간주되며 100%의 이탈률을 적용토록 한 것이다. 또한 이들 예금은 위기상황에서 자금을 예수한 은행(depositing institution)이 활용할 수 없는 자금이며, 따라서 0%의 유입률 가중치를 적용받도록 하였다. 한편, 대기업, 국가, 중앙은행, 공공기관 등으로부터의 업무목적 예금 중 예금보험 보호대상인 예금에 대하여는 공개초안과 동일하게 5%의 이탈률을 유지하였다.

셋째, 비업무목적의 예금에 대한 이탈률 규정도 완화되었다. 공개초안은 비업무목적의 조달자금에 대하여 대기업의 경우에만 75%를 적용하고, 기타 법인(금융기관, 국가, 중앙은행, 공공기관, 수탁자, 수탁수익자, 콘듀잇conduits, 특수목적회사spv 등)의 경우에는 100%의 이탈률을 적용하였다. 이에 대하여 한국 등 아시아 국가들은 자국[26]의 정부 관련기관 (국가·중앙은행·공공기관)으로부터의 예치금에 대한 이탈률을 대폭 하향할 것을 주장하였다. 이는 아시아 등 신흥국가의 경우 외국 정부 관련기관으로부터의 예치금이 거의 없는데다 자국의 정부 관련기관 예금은 위기시 인출되는 사례가 거의 없기 때문이었다. 그러나 이

25_2010년 12월에 발표된 기준서는 청산, 보호예수, 현금관리서비스의 개념을 엄밀하게 정의하였다. 한편, 일부 회원국들은 은행간 예금, 부외계정의 금융기관·정부·중앙은행에 대한 약정을 업무목적 예금에 포함할 것을 주장하였으나 수용되지 않았다.

26_여기에서 자국(domestic)이라 함은 당해 은행이 법적 인가를 득하여 설립된 국가를 의미한다.

에 대하여 여타 회원국들은 국적에 따라 이탈률을 다르게 적용하는 것은 형평성에 어긋난다는 이유로 반대하였다. 이에 따라 최종적으로는 자국과 외국을 불문하고 모든 정부 관련기관으로부터의 비업무 목적 예치금에 대하여 75%의 이탈률을 적용하는 것으로 합의되었다.

넷째, 은행시스템에서 협동조합은행(cooperative banks)의 비중이 높은 특정 회원국은 회원은행이 중앙회에 예치한 자금에 대하여도 낮은 이탈률을 적용할 것을 주장하였다. 이에 따라 최종안에서는 회원은행이 중앙회에 예치한 자금 중 (1) 법에 의해 요구되는 최저예치금이나 (2) 유동성 부족 또는 지급불능 등의 사태에 대비하기 위하여 법적으로 또는 계약에 의해 요구된 예치금에 대하여만 25%의 이탈률 적용을 허용키로 하였다. 그리고 자금을 예치한 회원은행은 동 예치금에 대하여 0%의 유입률을 적용토록 하였다.

마지막으로 금융기관, 수탁자, 수탁수익자, 콘듀잇(conduits), 특수 목적회사(SPV), 은행 관계회사 및 기타 법인 등으로부터의 비업무 목적 예금에 대하여는 공개초안에서 규정된 100%의 이탈률이 유지되었다. 한편, 은행이 발행한 채권 및 각종 부채증권의 경우 소매시장에서 발행된 경우를 제외하고는 100% 이탈률 적용의 대상이 된다.

담보부 도매조달자금

환매, 역환매, 기타 증권대차거래 등 단기의 담보부 자금조달 거래와 관련하여서는 담보자산의 범위 및 종류가 쟁점으로 부각되었다. 공개초안은 30일의 스트레스 기간 내에 만기도래하는 자금 중 고유동성 자산에 의해 담보되는 자금에 대하여는 0%의 이탈률을 적용하고, 그 밖의 자금에 대하여는 100%의 이탈률을 적용토록 하였다. 이는 담보자산의 질이 좋으면 위기상황에서도 단기 금융거래를 통한 자금조달능력이 지속될 수 있을 것으로 보았기 때문이다. 여기에서 고유동성 자산은 1등급 자산(자국의 국채와 시장성 유가증권 등)으로 한정되었다.

이에 대하여 회원국들은 고유동성 자산의 정의가 2등급(level 2) 자산을 포함하도록 확대된 만큼 공개초안의 내용을 수정할 필요성을 제기하였다. 이에 따라 최종 기준서에서는 2등급 자산을 담보자산의 범위에 포함토록 하고, 동 자산에 의해 담보되는 단기금융거래에 대하여는 15%(2등급 자산의 할인율)의 이탈률을 적용토록 하였다. 이와 함께 담보자산이 1등급 또는 2등급 자산에는 해당되지 않더라도 자국의 정부 관련기관으로부터 조달된 자금(단, 공공기관은 위험가중치 20% 이하인 경우로 한정)에 대하여는 25%의 이탈률을 적용토록 허용하였다. 이는 이들 정부관련 기관들은 시장 전반적인 스트레스 상황 발생시에도 담보부 자금을 회수할 가능성이 낮은 것으로 보았기 때문이다.

추가 요건

바젤위원회의 유동성규제기준은 부외거래에 대해 항목별로 추가적인 유동성 수요를 상세하게 다루고 있다. 이를 항목별로 간략히 살펴보자.

첫째, 차입은행의 장기신용등급[27]이 하락할 경우 추가적인 담보를 요구하는 트리거조항(downgrade triggers)이 있는 파생 등 금융거래에 대하여는 3개 등급까지의 등급하락(3-notch downgrade)에 따른 추가담보 요구액의 100%를 추가적인 유동성 수요(현금유출액)로 고려할 것을 명시하였다.

둘째, 파생 등 금융거래의 보증을 위해 1등급 자산 이외의 자산을 담보로 제공한 경우에는 담보물의 시가 하락 가능성을 커버하기 위해 담보가치의 20%를 유동성 자산으로 보유토록 하였다.

셋째, 30일의 스트레스 기간 이내에 만기가 도래하는 단기(ABCP, 콘듀잇conduits, 증권투자기구SIV 등) 및 장기(자산유동화증권ABS, 커버드본드 등)의 구조화 금융거래에 대하여는 만기도래 금액 또는 반환대상 자산의 100%를 고유동성 자산으로 보유토록 하였다. 이는 스트레스 상황에서는 이들 시장을 통한 만기연장(refinancing) 등 자금의 조달이 불가능한 것으로 간주하였기 때문이다.

넷째, 부외거래 항목 중에서 회원국 간에 가장 많이 논의된 사항은 신용 및 유동성 공여 약정의 미사용분(currently undrawn portion of facilities)에 대한 자금인출률을 결정하는 문제였다. 여기에서 신용 공여 약정(credit facilities)은 일반적인 미사용 약정, 한도대출 등을 의미하며, 유동성 공여 약정(liquidity facilities)은 고객의 만기도래 부채의 재연장이 안 될 경우 은행에서 해당 금액을 공급하기로 한 약정을 의미한다. 이러한 약정은 미래에 자금제공을 발생시키는 계약상 취소할 수 없는 또는 조건부로 취소가능한 계약만을 포함하며, 은행이 무조건적으로 취소할 수 있는 약정[28]은 포함하지 않는다. 그리고 약정의 미사용분은 거래상대방이 담보로 제공한 고유동성 자산을 차감

27_트리거조항이 단기신용등급에 연결된 경우에는 적절한 장기신용등급으로 환산하여 적용하도록 하였다.

하고 계산한다.

공개초안은 신용/유동성 약정의 미사용분에 대한 인출비율을 개인은 10%/10%, 기업(소·대기업)은 10%/100%, 그리고 금융기관 등 기타 법인은 100%/100%로 규정하였다. 대부분 국가들은 이러한 공개초안의 자금인출률이 지나치게 높게 설정되었다며, 소매, 소기업 및 정부 관련 기관의 인출비율을 하향 조정할 것을 주장하였다. 이에 따라 최종 기준서에서는 소매·소기업 예금은 5%/5%로, 정부 관련 기관은 10%/100%로 하향 조정하는 한편, 대기업과 기타 법인(금융회사 등)은 공개초안과 동일하게 각각 10%/100% 및 100%/100%로 유지하였다.

다섯째, 기타 우발 자금공여 채무(other contingent funding liabilities)는 계약상 채무[29]와 비계약상 채무[30]를 모두 포함하는 것으로 정의되었다. 바젤Ⅲ 기준서는 우발 자금공여 채무가 유발하는 추가적인 유동성 수요에 대해서는 각국 감독 당국이 은행업계의 의견을 수렴하여 재량으로 결정하도록 하였다. 이와 같이 우발 자금공여 채무에 대해 구체적인 규제기준이 제시되지 못하고 개략적으로만 언급한 것은 유동성 규제기준의 흠결 중의 하나라고 판단된다. 향후 유동성

28_무조건적으로 취소할 수 있는 약정은 후술하는 기타 우발 자금공여 채무에 포함된다.

29_이의 예로서는 무조건적 취소가 가능한 구속력 없는(uncommitted) 신용 및 유동성 공여 약정, 보증, 신용장, 기타 무역금융상품 등이 있다.

30_이는 스트레스 상황 하에서 미래에 자금지원 및 제공을 요구할 수 있는 상품 및 서비스를 판매·제공하였을 경우 이러한 상품에 내재된 연계(associations) 또는 보증(sponsorship)을 말한다.

규제기준을 시행해 가는 과정에서 우발 자금공여 채무의 포괄범위와 구체적인 규제기준 등에 대해서는 회원국 간 논의를 거쳐 점차 보완해 나가야 할 부분이라고 하겠다.

마지막으로, 앞에서 제시된 다른 항목에 포함되지 않았으나 100%의 이탈률을 적용하여야 하는 기타 항목들이 명시되었다. 이에는 파생거래 미지급금(미수금을 차감한 순기준으로 계산), 30일 이내의 금융기관에 대한 대출약정, 기타 계약상 현금유출 요인(배당금 등) 등이 있다.

(ii) 현금유입액

현금유입액에는 완전히 정상이고 30일 이내 부도 가능성이 없는 익스포져 잔액으로부터 계약상 유입되는 금액만을 포함할 것을 명시하였다.

첫째, 만기가 도래하는 역환매조건부계약(역RP: reverse Repur-chase Agreement) 및 증권대차거래약정은 담보자산의 등급에 따라 유입률을 달리 적용하였다. 담보자산이 1등급인 경우에는 0%(전액 만기연장), 2등급인 경우에는 15%, 기타 등급인 경우에는 100%의 유입률이 규정되었다. 이와 같은 기준은 현금유출액 계산시의 담보부 대출에 대한 가정과 대칭을 이루는 것이다. 여기에 더하여 기준서에서는 역환매조건부계약(역RP) 등을 통해 제공받은 담보가 재담보(rehypo-thetication) 또는 매도포지션(short position)을 커버하기 위한 목적으로 사용되는 경우에는 담보자산의 등급에 상관없이 0%의 유입률을 적용토록 하였다. 이는 매도포지션의 커버 등의 목적으로 동 담보가 계속 사용될 필요성을 감안한 것이다.

둘째, 은행이 타 금융기관과 체결한 신용·유동성 약정과 기타 우발적 자금조달약정은 사용이 불가능(유입률 0%)함을 명시하였다. 이는 한 은행의 유동성 부족이 다른 은행의 유동성 부족을 유발하는 전염위험을 방지하기 위한 것이다. 또한 다른 은행도 유동성을 공급할 여력이 없거나 자체 유동성 확보를 위해 법률·평판 리스크를 감수하고라도 약정을 불이행할 가능성이 있기 때문이다.

셋째, 공개초안은 만기가 도래하는 정상(fully performing)인 대출채권으로부터의 계약상 현금유입액에 대하여 거래상대방(소매, 소기업, 대기업, 금융기관, 정부관련 기관 등)에 불문하고 100%의 유입률을 적용토록 하였으나, 동 대출채권의 만기연장률을 은행이 재량으로 결정토록 하였다. 공개초안은 대출채권으로부터의 순현금유입률에 대한 결정을 사실상 은행의 재량에 맡기고 있었던 것이다. 이에 대해 회원국들은 만기연장률에 대한 일관된 규제기준을 마련할 필요성을 제기하였다.

그러나 만기연장률의 구체적인 수준에 대하여는 상반된 의견이 제기되었다. 일부 회원국은 극도의 위기상황을 가정하는 것이므로 낮은 만기연장률(즉 높은 순현금유입률)을 적용하여야 한다고 주장한 반면, 다른 일부 회원국은 계속기업의 가정에 따라 높은 만기연장률(즉 낮은 순현금유입률)을 적용할 것을 주장하였다. 이러한 논의 결과를 토대로 기준서는 거래상대방이 금융기관인 경우에는 0%의 만기연장률을, 그리고 그 외의 거래상대방에 대하여는 50%의 만기연장률을 적용하기로 하였다. 이에 따라 순현금유입률은 금융기관은 100%, 기타 거래상대방은 50%로 결정되었다. 한편, 앞에서 설명한 바와 같이 업무목적(보호예수 · 청산 · 결제 · 현금관리 등)으로 타금융기관에 예치한 예금, 조합은행이 중앙회에 예치한 예금 등은 0%의 유입률이 적용된다.

마지막으로, 파생거래 미수금(미지급금을 차감한 순기준으로 계산)에 대해서는 100%의 유입률을 적용토록 하는 한편, 기타 계약상 유입액 등에 대해서는 각국의 재량으로 결정토록 하였다.

LCR의 자금조달 유형별 이탈률

		자금조달유형	비고	공개초안	기준서
유출	무담보부	소매 · 소기업 −요구불 및 30일 이내 정기예금 −정기예금(30일 이상, 원금손실)	안정/불안정	7.5%/15% 0%	5%/10% 0%
		대기업	업무/기타	25%/75%	25%/75%
		금융기관	업무/기타	100%	25%/100%
		국가, 중앙은행, 공공기관	업무/기타	25%/100%	25%/75%
	담보부	담보가 1등급 자산인 경우		0%	0%
		담보가 2등급 자산인 경우		100%	15%
		거래상대방이 자국의 정부관련 기관인 경우		100%	25%
		기타 담보부 자금조달		100%	100%
	미사용약정	소매 · 소기업	신용/유동성	10%	5%
		대기업	신용/유동성	10%/100%	10%/100%
		금융기관 및 기타	신용/유동성	100%	100%
		정부, 중앙은행, 공공기관	신용/유동성	100%	10%/100%

유입					
담보부	담보가 1등급 자산인 경우			0%	0%
	담보가 2등급 자산인 경우			100%	15%
	담보가 기타 자산인 경우			100%	100%
	신용/유동성 약정			0%	0%
	업무목적의 타금융기관 예치금			100%	0%
거래상대방	소매·소기업			재량	50%
	대기업			재량	50%
	금융기관			재량	100%
	파생상품 미수금 등			-	100%

2. 순안정조달비율(NSFR)

(1) 기본 개요

순안정조달비율(NSFR)은 금융기관의 자금조달 구조를 단기의 불안정한 구조에서 중장기의 안정적인 구조로 바꾸도록 유도하기 위하여 바젤위원회가 개발한 것이다. 구체적으로 NSFR은 장기자산(long term assets)의 최소 일정 부분은 안정적인 부채 및 자본으로 조달되도록 함으로써 은행들이 단기의 도매조달자금에 과도하게 의존하는 행태를 제한하는 데 목적을 두고 있다. 또한 NSFR은 금융기관이 LCR에서 정한 만기(30일)를 약간만 초과하는 단기자금으로 유동성을 조달할 유인을 줄임으로써 LCR을 보완하는 기능도 수행한다.

NSFR은 국제영업은행, 애널리스크, 신용평가사 등이 널리 사용하여 온 '순유동성자산(net liquidity asset)', '현금자본(cash capital)' 등과 같은 전통적인 방법론에 기반하고 있다. 나아가 동 지표는 전통적 지표가 간과한 모든 비유동성 자산 및 보유 유가증권, 부외 익스포져 등과 관련된 잠재적 유동성리스크를 고려한다는 점에서 진일보한 것이라고 할 수 있다. NSFR은 다음과 같이 정의된다.

$$가용\ 안정조달액\ /\ 필요\ 안정조달액 > 100\%$$

즉, 필요 안정조달액(자산) 대비 가용 안정조달액(자본 및 부채)의 비율이 100%를 초과하여야 한다.

(2) 가용 안정조달의 정의

가용 안정조달(ASF: Available Stable Funding)은 금융기관이 보유한 다음 항목의 합계로 정의된다: (1) 자본, (2) 만기 1년 이상 우선주, (3) 유효만기 1년 이상 부채, (4) '안정적인' 비만기성 예금 및 만기 1년 미만 정기예금 중 금융회사 고유의 스트레스 사건(idiosyncratic stress event) 발생시에도 일정 기간 유출되지 않을 것으로 기대되는 부분, (5) 만기 1년 미만 도매조달자금 중 금융회사 고유의 스트레스 사건 발생시에도 일정 기간 유출되지 않을 것으로 기대되는 부분. 여기에서 금융회사 고유의 스트레스 사건은 수익성 및 지급능력의 상당한 저하, 신용평가등급의 하향 조정 가능성, 해당 은행의 평판·신용도에 문제를 야기하는 중요 사건 등을 의미한다.

한편, ASF에는 정기적인 공개시장조작을 통한 중앙은행 차입금은 포함되나 그 이외의 중앙은행으로부터의 차입금은 포함하지 않도록 하였다. 이는 NSFR 규제의 도입 취지를 고려할 때 중앙은행에 자금조달을 의존하는 것은 바람직하지 않기 때문이다.

ASF 금액은 금융기관 자본 및 부채의 장부가액(carrying value)을

5개 범주로 분류하고 해당되는 가중치(=1-이탈률)를 각각 적용한 값의 합으로 계산한다. ASF와 관련하여 대부분 회원국들은 공개초안의 가중치, 특히 소매/소기업예금에 대한 가중치가 지나치게 엄격하며 이를 상향 조정할 것을 주장하였다. 이러한 주장의 가장 큰 이유는 NSFR이 투자은행 영업모델에 비해 상업은행 영업모델에 불리하게 작용한다는 점이었다. 투자은행은 채권 및 차입을 통해 자금을 조달(높은 ASF 가중치)하여 유가증권 등으로 운용(낮은 RSF 가중치[31])하고 있는 반면, 상업은행은 단기예금을 통해 자금을 조달(낮은 ASF 가중치)하여 가계·기업에 대출로 운용(높은 RSF 가중치)하고 있어 상업은행은 상대적으로 NSFR 관리가 어렵다는 것이었다.

일부 회원국들은 공개초안에서 예금의 ASF 가중치는 대부분 70-85%인 반면 대출의 RSF 가중치는 대부분 100%로 규정되어 전통적인 상업은행 영업모델을 추구하고 있는 은행의 경우 NSFR 비율을 100% 이상으로 맞추는 것이 원천적으로 불가능하다고 주장하였다.

이러한 이유에 따라 ASF 가중치의 상향 필요성에는 회원국들이 합의하였으나 이를 어느 정도 상향할 것인지에 대하여는 회원국 간 의견이 갈리었다. 한국 등 일부 회원국은 NSFR이 LCR과 달리 완만한 스트레스 상황을 가정하고 있고, 1년의 기간 동안 경영진의 조치에 따른 추가 자금조달이 가능함에도 불구하고 LCR에 비해 높은 이탈률을 적용하는 것은 불합리하므로 가중치(=1-이탈률)를 대폭 상향할 것을 주장하였다.

31_필요안정조달(RSF: required stable funding)을 의미한다. 이에 대해서는 후술을 참조.

이에 반해 다른 회원국들은 LCR과 NSFR의 일관성 유지를 위해 서는 대상기간이 1년인 NSFR의 이탈률이 대상기간이 30일인 LCR 의 이탈률보다는 훨씬 커야 하므로 가중치의 대폭 상향은 바람직하지 않음을 주장하였다. 이러한 상반된 주장들을 절충하여 바젤Ⅲ 기준 서는 소매 및 소기업의 안정/불안정예금에 대한 가중치를 85%/70% 에서 각각 90%/80%로 상향하였다. 그리고 정부 관련 기관 및 다자 간개발은행으로부터의 도매조달자금에 대한 가중치를 0%에서 50% 로 상향하였다.

다음으로, NSFR에 대하여도 LCR에서와 같이 업무목적의 도매 예금을 별도로 취급할 것인지 여부가 이슈로 제기되었다. 다수 회원 국들은 NSFR에 대하여도 업무목적의 도매예금에 대해서는 높은 가 중치를 적용할 것을 제안하였다. 그러나 NSFR의 경우에는 1년간의 위기상황을 가정하고 있으므로 업무목적 자금에 대해 특별한 혜택을 줄 필요가 없다는 일부 회원국의 반대로 인해 동 주장은 최종 기준서 에서 받아들여지지 않았다.

마지막으로, 1년 미만의 예금, 특히 1년 미만의 도매예금에 대하 여 잔존만기에 따라 가중치를 차별화하자는 주장이 제기되었다. 만 기 1개월 예금과 11개월 예금을 동일하게 취급하는 것은 불합리하며, 이는 자산·부채를 만기별로 관리하도록 권고하고 있는 바젤위원회 의 '건전한 유동성리스크 관리 및 감독을 위한 원칙'에도 위배된다는 것이 그 이유였다. 그러나 만기가 짧은 예금에 대하여 더 엄격한 기 준이 적용될 것을 우려한 일부 회원국의 반대로 동 주장은 받아들여 지지 않았다.

ASF 관련 자산분류 및 가중치

자산분류	가중치	
	공개초안	기준서
−자본총액(기본+보완) −보완자본에 포함되지 않는 유효만기 1년 이상의 우선주 및 자본 조달수단 총액 −유효만기 1년 이상의 부채	100%	100%
−소매 및 소기업으로부터 조달된 '안정적인' 비만기성 예금 및 잔존만기 1년 미만의 정기예금	85%	90%
−소매 및 소기업으로부터 조달된 '불안정적인' 비만기성 예금 및 잔존만기 1년 미만의 정기예금	70%	80%
−비금융기업/정부관련 기관 등[1])으로부터 조달한 도매조달자금(비만기성 예금, 잔존만기 1년 미만의 정기예금)	50%/0%	50%
−상기 분류에 포함되지 않은 부채 및 자본	0%	0%

1) 국가, 중앙은행, 공공기관 및 다자간개발은행

(3) 필요 안정조달의 정의

필요 안정조달(RSF: required stable funding) 금액은 금융기관의 보유자산 및 부외거래(또는 잠재적 유동성 익스포저) 항목별로 해당 가중치를 곱한 금액의 합계로 산출한다. 스트레스 환경 하에서 유동성 원천으로 보다 쉽게 활용할 수 있는 자산에는 낮은 가중치를, 현금화 가능성이 떨어지는 자산에는 높은 가중치를 적용한다. 이들 자산 항목별로 부여된 가중치는 1년 동안 지속되는 유동성 사건 발생시 해당 자산의 판매 또는 담보제공을 통한 담보부 차입 등에 의한 현금화가 불가능한 금액을 산정하기 위한 것이다. NSFR은 바로 이 필요조달 금액(RSF)이 분자인 가용안정조달(ASF)에 의해 커버되어야 함을 규정하고 있는 것이다.

아래의 표는 RSF와 관련된 자산의 분류기준과 각각의 범주에 해당하는 가중치를 나타내고 있다. 한편, 기준서는 잔존만기 1년 미만의 자산·부채에 대한 처리에 대해서는 이행기간 동안 추가적인 분석을 실시할 것을 밝혔다. 이는 1년 이내의 기간 중에서도 만기를 보다 길게 하려는[32] 유인을 제공하기 위한 것이며, 또한 자산·부채의 만기가 일치하는 매치거래(matched funding)에 대한 처리방안을 강구하기 위한 것이다.

RSF와 관련하여는 유동화가 가능한 양질의 대출채권에 대한 가중치의 하향 조정 여부가 이슈로 제기되었다. 공개초안은 양질/비양질, 유동화 가능 여부 등을 불문하고 잔존만기 1년 이상 대출채권에 대하여는 100%의 가중치를 적용토록 하고 있었다. 그러나 이는 장기대출을 실행하는 상업은행 모델에 불리하게 작용하므로 완화할 필요가 있다는 주장이 제기되었다. 회원국들은 가중치 하향 조정의 대상이 되는 '양질의 대출채권'의 범위에 대하여 다소 이견이 있었으나, 기준서에서는 신용위험가중치가 35% 이하인 주거용 모기지대출(만기 제한 없음)과 잔존만기 1년 이상의 대출(금융기관에 대한 대출은 제외)에 대한 가중치를 65%로 하향 조정하는 것으로 합의하였다.

32_예를 들어 만기 3개월인 조달보다는 만기 9개월의 조달이 바람직하다.

RSF 관련 자산분류 및 가중치

자산분류	가중치	
	공개초안	기준서
• 즉시 사용 가능한 현금 • 잔존만기 1년 미만의 유동성이 높은 무담보부 단기 증권 • 유효잔존만기 1년 미만의 증권 • 상쇄 역RP거래를 수반하는 동일 식별코드의 증권 • 금융기관에 대한 잔존만기 1년 미만의 만기연장이 안되는 대출잔액	0%	0%
• 잔존만기 1년 이상의 시장성 증권[33]	5%	5%
• 잔존만기 1년 이상이고 2등급 자산의 요건을 충족하는 우량 (AA- 이상) 회사채 · 커버드본드/정부관련 기관 발행 청구권	20%/100%	20%
• 금 • 일정 조건[34]을 만족하는 주식(금융기관 발행 주식은 제외) • 일정 조건[35]을 만족하는 회사채 및 커버드본드	50%	50%
• 비금융회사/정부관련 기관에 대한 잔존만기 1년 미만의 대출잔액	50%/100%	50%

• 바젤II 표준법상 신용위험가중치가 35% 이하인 다음의 대출
  – 주거용 모기지대출(만기 제한 없음)
  – 잔존만기 1년 이상의 기타 대출(금융기관 대출은 제외)
	85~10%	65%

• 소매/소기업 고객에 대한 잔존만기 1년 미만의 대출	85%	85%
• 상기 분류에 포함되지 않은 기타 자산	100%	100%

주: 100% 미만의 가중치를 적용받는 모든 자산은 비구속성(unencumbered) 요건을 충족하여야 한다.

33_국가, 중앙은행, BIS, IMF, EC, 공공기관(PSEs), 다자간 개발은행 등에 대한 청구권으로서 바젤II의 표준법상 0%의 위험가중치가 부여된 증권이며 동 증권에 대한 활발한 RP시장이 존재하는 경우.

34_(1) 금융기관 발행 주식이 아닐 것, (2) 공인된 거래소에 상장되어 있을 것, (3) 대형 시장지수(large cap market index)에 포함되어 있을 것.

35_(1) 관련 국가내에서 일중 및 오버나이트 유동성 부족을 보전하기 위한 중앙은행 담보 적격성, (2) 금융기관 및 관계회사가 발행한 증권이 아닐 것(커버드본드는 제외), (3) 당해 은행 또는 관계 회사가 직접 발행한 증권이 아닐 것, (4) 낮은 신용리스크, (5) 상당한 물량의 매도 · 매수 물량이 상존(deep)하고, 거래가 활발(active)하며 편중도가 낮은 대규모 시장에 거래될 것.

부외계정의 유동성 익스포져는 직접적이고 즉각적인 유동성 수요를 발생하지 않지만 시장 전반적인 또는 개별 금융기관에 고유한 스트레스 상황 발생시에는 심각한 유동성 문제를 초래할 가능성이 있다. 따라서 부외거래항목에 대한 RSF 가중치를 아래의 표와 같이 규정하였다. 기준서는 신용/유동성 공여 약정의 미사용분에 대한 RSF 가중치를 공개초안의 10%에서 5%로 하향 조정하였다. 이는 LCR에서 미사용 약정에 대한 이탈률을 하향 조정한 것과 동일한 논리에 따라 이루어진 것이다.

부외거래항목별 RSF 가중치

	자산분류	가중치	
		공개초안	기준서
(1)	거래상대방에 대한 조건부 취소가능 및 취소불가능 신용 및 유동성 공여 약정	미사용분의 10%	미사용분의 5%
(2)	아래와 같은 항목을 포함하는 기타 우발적인 지급공여 채무 무조건부 취소가 가능한 신용 및 유동성 공여 약정, 보증, 신용장, 기타 무역금융상품, 비계약 채무 등	각국에서 재량으로 결정	각국에서 재량으로 결정

3. 모니터링수단(Monitoring tools)

바젤위원회는 LCR 및 NSFR과 함께 각국 규제 당국이 유동성 감시수단으로 활용할 수 있는 모니터링 지표들을 제시하였다. 모니터링 지표는 국제적인 규제기준으로 도입되지는 않았으나 각국의 감독 당국이 재량적으로 규제·관리할 필요성이 있는 감독수단이라고 할 수 있다. 이러한 지표에는 계약상 만기불일치(contractual maturity mismatch), 자금조달의 편중도(concentration of funding), 가용 미담보제공 자산(available unencumbered assets), 중요 통화별 유동성커버리지비율(LCR by significant currency), 시장 관련 모니터링 수단(market-related monitoring tools) 등이 있다. 이들 지표는 공개초안의 내용이 별다른 이견없이 그대로 최종 기준서에 반영되었다. 따라서 여기에서는 자세한 분석없이 그 내용을 간략히 소개하기로 한다.

첫째, 계약상의 만기불일치란 일정한 기간구간별(예: 1일, 7일, 14일, 1·2·3·6·9개월, 1·2·3·5년 및 5년 초과 등)로 계약상의 유동성 유입액과 유출액간의 차이(gap), 즉 필요 유동성의 양을 의미한다. 여기에서 유동성은 난내 및 난외의 현금과 유가증권을 포괄하는 것이다. 감독 당국은 동 지표를 통해 개별 은행의 영업모델이 만기변환기능에 어느 정도 의존하는지에 대한 통찰력을 얻을 수 있을 뿐만 아니라 시장 전반에 대한 관점을 수립하고 특이치(outlier) 등 시장위험요인을 파악하는 데 도움을 받을 수 있다.

둘째, 자금조달 편중도는 중요한 도매조달자금의 원천을 확인함으로써 자금조달원의 다변화를 장려하기 위한 지표이다. 중요한 도매조달자금이 회수(withdrawal)될 경우에는 은행에 유동성 위기를 촉발할 수 있기 때문이다. 동 지표는 3개 부분으로 구성된다: (1) 은행 총부채 대비 중요 거래상대방으로부터의 조달자금의 비율, (2) 은행 총부채 대비 중요 금융상품으로부터의 조달자금의 비율, (3) 중요 통화별 자산·부채 목록. 여기에서 '중요'의 의미는 총조달자금에서 차지하는 비중이 1%(단, 중요 통화의 경우는 5%)를 상회하는 것으로서 정의되었다. 은행과 감독 당국은 각 기간구간별(1개월 미만, 1~3개월, 3~6개월, 6~12개월 및 12개월 초과 등)로 편중도의 절대수준과 함께 편중도의 현저한 증가를 동시에 모니터링하여야 한다.

셋째, 가용 미담보제공 자산이란 유통시장에서 담보로 제공할 수 있을 만큼 시장성이 있거나 중앙은행의 대기성 여신제도(standing facilities)에 담보로 활용될 수 있는 적격자산을 의미한다. 동 자산은 담보제공을 통해 은행에 추가적인 유동성의 원천으로 활용될 수 있다. 은행은 동 자산의 총액, 유형, 소재, 통화별 내역, 추정 할인율(haircut), 기대 현금화 가치 등을 보고하여야 한다.

넷째, 중요 통화에 대하여는 통화별로 유동성커버리지비율을 모니터링하고 각국의 감독 당국이 자체 설정한 최소 기준을 미달하는 경우에는 경고 등의 조치를 통해 관리토록 하였다. 여기에서 '중요'의 의미는 총부채 대비 해당 통화로 표시된 부채의 비율이 5%를 초과하는 경우를 의미한다. 동 수단은 위기상황에서 발생할 수 있는 통화불일치 문제를 예방하기 위한 것이다.

다섯째, 감독 당국은 은행의 잠재적인 유동성 애로를 모니터링하는 조기경보수단으로서 시장 관련 정보를 활용할 수 있다. 시장정보는 시장전반의 정보(주가, 채권시장, 외환시장, 상품시장 등), 금융 부문의 정보(은행, 증권 등 금융 부문별 주가지수 등), 개별 은행 고유의 정보(주가, CDS 프리미엄, 유통시장에서의 은행채 및 후순위채 금리 등) 등을 포괄한다.

IV. 의의와 한계

앞에서 설명한 바와 같이 2007년의 금융위기 이전까지 글로벌 유동성 규제기준은 도입되지 않고 있었으나 영국, 프랑스, 독일 등 일부 국가들은 각국별로 정량적인 유동성 규제기준을 이미 도입·운용하고 있었다. 여기에서는 바젤위원회가 도입한 바젤Ⅲ 유동성 규제기준이 과거 각국의 유동성 규제와 어떠한 차별성을 갖는지 그 의의와 한계를 간단히 살펴보기로 한다.

첫째, 바젤Ⅲ 유동성 규제기준은 무엇보다 국제적으로 통일된 정량적 규제기준을 처음으로 제시하였다는 점에서 의의가 있다. 앞에서 살펴본 바와 같이 금융위기 이전에 국제기준이 부재한 상황에서 각국은 재량에 의해 각국별로 상이한 유동성 규제를 실시하고 있었으며, 정량적인 규제는 오직 일부 국가에서만 실시하고 있었다. 바젤Ⅲ 유동성 규제기준은 국가 간 규제 차이에서 발생하는 문제점을 해결하여 공정한 경쟁의 장(level playing field)을 제공하는 데 기여할 것으로 보인다.

둘째, 과거 각국별 유동성 규제는 대체로 1개월 이내의 단기 유동성 지표만을 도입하고 있었는데 반해, 바젤Ⅲ 유동성 규제기준은 1개월 이내의 단기 유동성 지표(LCR)와 1년 동안의 중장기 유동성 지표(NSFR)를 동시에 도입하였다는 점에서 차이가 있다. 바젤위원회는 이러한 이중적인 규제체계를 통해 스트레스 상황에 대비한 단기 복원력을 제고함과 아울러 금융기관의 자금조달구조를 단기의 불안정한 구조에서 중장기의 안정적인 구조로의 전환을 유도하고자 하였다.

셋째, 바젤Ⅲ 유동성 규제기준은 유동성리스크 관리의 관건이라고 할 수 있는 유동성 자산을 부외항목까지를 포함하도록 엄격히 정의하는 한편, 그 의무비율을 명확히 설정하였다. 금융위기 이전 각국의 유동성 규제는 유동성 자산의 보유의무를 명확히 설정하지 않았으며, 이에 따라 글로벌 은행들의 유동성리스크 관리 전략이 내부적인 유동성 자산의 준비에 의존하는 방식에서 도매금융시장을 이용하는 방식으로 전환하게 되었던 것이다. 그러나 이러한 방식이 시장유동성리스크를 높임으로써 시장상황 변화에 매우 취약하며, 위기상황에서 급격한 유동성경색을 초래할 수 있음은 앞에서 살펴본 바와 같다. 바젤위원회는 유동성 자산의 보유의무를 명확히 함으로써 기존 유동성 규제의 한계를 보완하고, 은행들의 유동성리스크 관리전략을 근원적으로 되돌리고자 한 것이다. 바젤Ⅲ 유동성 규제기준은 금융기관으로 하여금 충분한 단기 및 중장기 유동성을 보유토록 함으로써 시장 충격 발생시에도 할인매각(fire sale)이나 조달프리미엄의 급등을 예방함으로써 시스템적인 유동성위기의 발생 가능성을 크게 낮출 것으로 기대되고 있다.

그러나 다른 한편 은행업계와 학계 등에서는 바젤Ⅲ 유동성 규제기준의 한계를 지적하는 견해도 제기되고 있다.

첫째, 유동성 규제기준의 도입으로 금융기관의 수익성이 악화되고 위험애호적 행위가 증가하며, 나아가 금융중개 기능이 약화될 수 있다는 우려가 제기되고 있다. 일반적으로 유동성 규제를 강화할 경우 고수익자산을 저수익의 고유동성자산으로 대체하게 됨으로써 은행의 수익률이 낮아질 수 있다. 더욱이 안정적인 자금조달원 확보를 위하여 높은 비용의 장기부채나 자기자본을 발행할 경우 수익성은 더욱 악화될 수 있다.[36] 금융기관은 이러한 상황에서 대출금리를 높이거나 대출규모를 축소하여 대응하게 되므로 전반적인 대출위축과 실물경제활동의 저하가 초래될 수 있다.[37]

물론 유동성 규제기준을 도입한 규제 당국인 바젤위원회는 중장기적으로 유동성의 양적 질적 확충으로 은행산업의 안전성이 제고되어 자본 및 유동성의 조달비용이 하락하고 경제성장이 촉진되는 효과가 발생할 것으로 기대하고 있다.[38] 그러나 은행업계 등에서 제기하고 있는 바와 같이 글로벌 유동성 규제기준의 도입에 따라 적어도 단기적으로는 부정적 영향이 긍정적 영향을 능가할 가능성을 무시할 수 없을 것으로 판단된다.

36_Bordeleau and Graham(2010)은 미국과 캐나다 금융회사의 유동성과 수익성의 관계를 실증분석하여 역U자형 관계가 있음을 주장하였다. 유동성의 증가는 직접적으로 수익성을 감소시키지만 간접적으로 유동성이 높은 금융회사에 대한 신뢰가 증가하여 조달비용을 저하시키는 상반된 효과가 있다. 이들은 실증분석을 통해 유동성이 점차 증가하면서 직접적 효과가 점차 커지는 역U자형의 관계를 갖는다는 것을 보였다.

37_국제금융협회(IIF 2010)는 자본 및 유동성 규제 강화는 대출금리 인상과 대출공급의 감소를 초래함으로써 경제성장률이 저하(2011~15년 G3 국가의 연간 GDP 성장률이 0.6% 포인트 하락)할 것으로 주장하였다.

38_BCBS(2010.8월)는 자본 및 유동성 규제 강화로 인한 연간 금융위기 발생확률의 하락에 따른 긍정적 효과가 대출스프레드 상승 및 대출규모 감소에 따른 부정적 효과를 상쇄하여 경제성장이 촉진(연간 GDP를 0.23~1.90% 증가)하는 결과를 가져올 것이라고 주장하였다.

둘째, 유동성 규제기준의 경기순응성 문제가 지적되고 있다. 금융 불안정 시기에 은행들은 유동성 규제기준의 충족을 위하여 여신의 만기를 단기화하거나 대출을 회수함으로써 실물경제의 위축을 가속화할 수 있다. 따라서 바젤Ⅲ에서 규제자본체계의 경기순응성 완화를 위해 다양한 조치[39]를 도입한 바와 같이 유동성규제에 대해서도 경기순응성 완화를 위한 장치를 도입할 필요성이 제기되고 있다. 예컨대 경기확장기에 유동성 규제를 강화하고, 경기수축기에 완화하여 경기에 대한 완충역할을 하는 방안을 고려할 수 있으나 이러한 고려가 이번 유동성 규제에는 포함되지 않았다.

셋째, 일부에서는 획일적인(one size fits all) 규제기준에 대한 우려를 제기하고 있다. 예컨대 획일적인 규제기준의 도입으로 은행들이 외부충격에 대하여 유사한 행동을 취하는 쏠림현상(herd behaviour)이 증가할 위험성이 지적되었다. 또한 획일적인 규제기준은 각국의 금융관행과 금융회사의 영업모델이 상이하다는 점을 고려하지 않아 금융회사의 경쟁력에 부정적인 영향을 미칠 수 있다는 점도 지적되었다. 예컨대 상업은행모델과 투자은행모델은 자금의 조달·운용구조가 상이함에도 획일적인 기준을 적용받게 됨에 따라 규제준수비용이 달라질 수 있다는 것이다. 그러나 이와 같은 지적은 유동성 규제기준뿐만 아니라 자본규제기준을 포함한 모든 규제기준에 동일하게 적용된다는 점에서 그 타당성이 빈약하다고 할 수 있겠다.

마지막으로, 일부에서는 유동성규제의 필요성에 대한 근본적인

39_경기대응완충자본 도입, 부도율 측정시 장기간 데이타의 사용, 불황기의 부도시 손실률사용 등.

문제를 제기하였다. 만약 은행이 지급불능상태가 아니고 충분한 자본을 갖고 있다면 유동성과 자금조달은 원칙적으로 은행이 스스로 해결해야 될 문제라고 할 수 있다. 즉 은행위기 등 금융위기의 발생은 지급능력(solvency)의 문제이므로 이에 대한 규제로 충분하지 유동성 규제까지 하여 은행의 자율적인 경영을 저해할 필요는 없다는 것이다. 특히 일시적인 유동성 부족 사태에서는 중앙은행이 최후의 유동성 공급기능을 통하여 해결할 수 있으므로 과도한 유동성 규제는 경제에 부정적인 영향만을 줄 수도 있다는 우려이다.

그러나 이론적 논의와는 달리 금융회사의 지급불능(insolvency)과 비유동성(illiquidity)의 구분이 쉽지 않기 때문에 다층의 안정적인 보호장치를 마련할 필요가 있다는 점, 그리고 금융혁신의 진전으로 금융회사의 자산 및 부채의 운용형태가 크게 변화하였고 부외거래, 담보이용의 증가 등으로 인해 다양한 유동성리스크가 증가하는 상황에서 이에 대한 독립적인 규제기준을 마련할 필요성이 있었다는 점을 고려할 때 유동성 규제기준의 도입은 타당성을 가지는 것으로 본다.

제9장

거시건전성 감독의 의의와 실행체계

I. 머리말

2007년 미국의 서브프라임 모기지 부실로부터 시작하여 전 세계로 파급된 금융위기는 시스템 위기 또는 시스템리스크의 중요성을 다시 한번 일깨웠다. 시스템 위기는 그 발생 확률이 높지 않으나 일단 발생하면 금융시스템과 실물경제에 막대한 손실을 초래한다는 점이 다시 한번 입증된 것이다. 국제통화기금(IMF)은 과거 금융위기 사례에 대한 연구를 통해 금융위기 발생으로 인한 누적 GDP 손실규모가 평균적으로 금융위기 발생 직전 연도 GDP의 60%에 이른다는 놀라운 결과를 제시하기도 하였다.[1] 이에 따라 글로벌 규제 당국은 시스템 위기 그리고 시스템 위기를 초래할 수 있는 시스템리스크의 방지 또는 완화를 금융감독정책의 핵심 목표로 간주하게 되었다.

이제까지 금융시스템의 안정성은 거시경제정책과 금융감독정책이라는 양대 축을 통해 달성되어 왔다. 거시경제정책은 통화, 재정 등 거시정책수단을 사용하여 실물경제와 금융의 안정을 도모하여 왔으며, 금융감독정책은 미시건전성 수단을 사용하여 개별 금융회사의 건전성을 확보함으로써 간접적으로 금융시스템의 안정성 제고에 기여하였던 것이다. 그러나 금융위기를 계기로 글로벌 규제 당국은 기존의 감독수단 또는 경제정책수단으로는 시스템리스크를 효과적으

1_IMF(2009.10월) 참조.

로 방지할 수 없다는 점을 인식하게 되었다.[2]

2007년 금융위기가 발생하기 직전까지 글로벌 금융시스템은 장기간 전례없는 안정성을 시현하였다. 이에 따라 미시건전성 감독 당국과 거시정책 당국은 금융안정 확보를 위한 어떠한 정책개입의 필요성도 느끼지 못하고 있었다. 그러나 그 이면에는 감독 당국과 정책 당국이 간과한 거대한 불안요인(vulnerabilities)이 금융시스템에 누적되고 있었다. 장기간의 금융안정으로 경제주체들의 리스크에 대한 인식이 낮아지면서 시스템 전반적으로 레버리지를 이용한 위험자산에 대한 투자의 증가, 신용확대, 자산가격의 상승이 확대재생산되고 있었다. 신용의 팽창과정에서 금융회사들은 전통적인 예금보다는 금융시장을 통한 단기자금조달을 확대하였으며, 이로 인해 레버리지가 크게 증가하고 만기불일치 위험이 심화되었다. 또한 금융기관 간 상호익스포저가 늘어나면서 금융시스템 내 상호연계성과 전염위험이 과도하게 심화되고 있었다.

이러한 불안요인들은 어떠한 충격 발생시 급격한 신용의 위축, 레버리지의 감축, 전염효과를 통해 시스템적 위기로 발전할 수 있는 잠재성을 내포하고 있는 것이었다. 2007년의 글로벌 금융위기는 시스템 전반적으로 누적되고 있던 이러한 불안요인들이 현실화된 것이었다고 할 수 있다. 그리고 이러한 불안요인의 중심에는 대마불사의 시스템적으로 중요한 금융기관(SIFI: systemically important financial institutions)이 있었다. SIFI는 규모, 상호연계성, 낮은 대체도, 복잡

2_Bernake(2011) 참조.

성, 글로벌 영업범위 등 시스템적 중요성으로 인해 금융시스템 전반의 위기를 촉발·심화하는 매개로서 기능하였던 것이다.

이러한 배경 하에 시스템리스크의 방지 또는 완화를 직접적이고 명시적인 목표로 하는 새로운 감독기능을 도입할 필요성이 있다는 주장이 국제금융사회의 광범위한 지지를 받게 되었다. 시스템리스크는 미시건전성 감독과 거시경제정책이 소홀히 한 사각지대(loophole)로서 기존의 감독/정책 수단으로서는 효과적으로 방지할 수 없다는 공감대가 형성된 것이다. 이에 따라 거시건전성 감독은 금융위기 이후 국제금융사회에서 하나의 유행어로 등장하였다. 금융위기에 대한 글로벌 정책대응의 핵심 요소 중 하나가 바로 거시건전성 감독을 강화하는 것이었다.

그러나 거시건전성 그리고 거시건전성 감독이라는 용어는 최근까지 명확히 정의되지도 이해되지도 않아 왔다. 거시건전성 감독이 새로이 등장한 개념으로서 그 의의, 수단, 실행체계 등이 여전히 논의과정에 있는 데다 아직까지 실행 경험이 거의 없기 때문이다. 최근 들어 바젤위원회, 금융안정위원회(FSB), 국제통화기금(IMF) 등은 G20의 요구에 따라 거시건전성 감독의 도입을 위한 구체적인 방안을 마련하려는 노력을 강화하고 있다. 이 장은 글로벌 규제 당국을 중심으로 진행되고 있는 거시건전성 감독에 관한 논의 내용을 정리한 것이다.

Ⅱ. 거시건전성 감독의 의의

1. 개념의 기원과 변천[3]

거시건전성이라는 용어의 등장은 1979년으로 거슬러 올라간다. 당시 바젤위원회 의장이었던 Cooke이 제16차 바젤위원회 회의에서 개도국에 대한 은행 대출이 급증하고 있는 현상과 관련하여 거시건전성이라는 용어를 처음으로 사용한 것이다.[4] 그리고 1980년에 이 문제와 관련한 G10 총재회의 보고서 초안에서 "국제은행시스템에 대한 미시건전성 및 거시건전성 측면에서의 효과적 감독의 중요성"[5]을 언급한 것이 거시건전성 감독이라는 용어가 처음으로 사용된 계기가 되었다. 그러나 바젤위원회는 당시로서는 생소한 '거시건전성 감독'이라는 용어의 사용을 주저하였으며, 따라서 동 보고서의 최종본에는 이 용어가 포함되지 않았다.

거시건전성 용어를 처음 사용한 공식 문건은 파생상품의 위험성을 지적한 1986년 G10 총재회의 보고서였다. 동 보고서는 거시건전성 정책을 "은행시스템과 결제제도의 안전성과 건전성"을 제고하는 정책으로 정의[6]하면서 기능별 감독의 강화, 규제공백의 최소화 등을 거

3_이 절의 내용은 Clemet(2010)를 참조하였다.
4_Clemet(2010)에서 재인용.
5_Clemet(2010)에서 재인용.
6_Clemet(2010)에서 재인용.

시건전성 정책방안으로 제시하였다. 이후 1990년대 중반까지 거시건전성 용어는 파생상품의 위험성과 관련한 바젤위원회의 공식·비공식 문서에서 간헐적으로 그러나 지속적으로 사용되었다.

거시건전성 용어가 바젤위원회의 울타리를 벗어나 보다 광범위한 맥락에서 사용되는 계기가 된 것은 아시아 외환위기였다. 국제통화기금(IMF)은 1998년 보고서[7]를 통해 "효과적인 은행감독은 미시 및 거시건전성 관점에서의 효과적 감시를 통해 달성될 수 있다"고 언급하면서 "거시건전성 분석은 금융시장과 거시경제의 전개과정과 불균형을 모니터링하는 데 기초를 두어야 한다"고 주장하였다. 그리고 국제통화기금(IMF)은 이에 대한 후속 조치로서 금융시스템의 취약성 평가를 위해 '거시건전성 지표(macroprudential indicators)'라고 불리는 '통계'의 확충을 추진하였다.

여기에서 주목할 것은 거시건전성(감독) 용어가 바젤위원회와 국제통화기금(IMF)에서 사뭇 다른 의미로 사용되고 있다는 점이다. 바젤위원회가 주로 개별 은행의 행위가 거시적 시스템 위험에 미치는 효과에 주목한 반면, 국제통화기금(IMF)은 거시경제적 위험요인이 개별 은행의 건전성에 미치는 효과에 주목하고 있는 것이다. 그리고 이러한 차이는 거시건전성 정책의 차이로 이어지고 있다. 바젤위원회가 권고한 거시건전성 정책이 거시적 함의를 갖는 미시적 수단(예: 기능별 감독)의 개발/강화인 데 반해 국제통화기금(IMF)이 권고한 거시건전성 정책은 미시적 함의를 갖는 거시적 수단(예: 거시경제분석)의 개

7_"Toward a framework for a sound financial system," IMF, 1998.

발/강화인 것이다.

2000년대에 들어 국제결제은행(BIS) 내 일군의 경제학자들은 거시건전성 개념에 대하여 엄밀한 정의를 내리고자 시도하였다. 그 첫 시도는 2000년에 개최된 제11차 국제은행감독자회의에서 당시 국제결제은행(BIS) 사무총장이던 Crockett이[8] 한 연설문에서 나타났다. Crockett은 이 연설문에서 금융안정성의 달성을 위해서는 거시건전성과 미시건전성의 결합(marriage between the micro-prudential and macro-prudential deimensions)이 필요함을 주장하였다. 달리 말하면 미시건전성에만 치중하였던 기존의 관점으로부터 거시건전성 관점으로 이동함으로써 미시건전성과 거시건전성의 균형을 도모할 필요가 있다는 것이었다. Crockett은 감독규제에서 이러한 관점의 변화는 20세기에 들어 경제학에서 거시경제학이 태동한 현상과 비견되는 의미있는 것이라고 주장하였다.

Crockett은 거시건전성 감독이 금융시스템의 실패, 즉 시스템리스크(systemic risk)의 방지를 목적으로 한다는 점에서 개별 금융회사의 부실(idiosyncratic risk) 방지를 목적으로 하는 미시건전성 감독과 구별된다고 주장하였다. 그리고 Crockett은 시스템리스크가 시계열 차원(time dimension)과 횡단면 차원(cross-sectional dimension)의 두 가지 경로를 통해 발생할 수 있음을 주장하였다. 시계열 경로란 시간이 지남에 따라 리스크가 축적되어 시스템리스크로 발현되는 경기순응성의 문제를 의미하며, 횡단면 경로란 특정 시점에서 금융기관 간

8_"Marrying the micro- and macro- prudential dimensions of financial stability," Crockett, BIS Speeches, 21 September 2000.

유사한 익스포져의 공유 또는 상호연계성으로 인해 시스템리스크가 발생하는 것을 의미한다.

국제결제은행(BIS) 내의 후속하는 연구들은 Crockett의 이러한 거시건전성(감독) 개념을 계승하여 보다 정교화함과 동시에 정책적 함의를 도출하기 위해 노력하였다. 금융위기 이전까지는 주로 시계열 차원, 즉 경기순응성의 완화를 위한 정책수단의 개발에 논의가 집중되었다. 그러나 금융위기 이후에는 횡단면 측면이 전면으로 부상하여 시스템적으로 중요한 금융회사(SIFI)에 대한 규제방안에 글로벌 규제당국의 관심과 논의가 집중되었다.

〈참고〉 시스템리스크의 두 가지 차원

(1) 시계열 차원: 경기순응성

경기순응성(procyclicality)이란 금융시스템이 실물경제와 상호작용하면서 경기진폭을 증대시키고 금융불안정을 야기 또는 악화시키는 것을 말한다.[9] 호황기에는 경제주체의 리스크에 대한 인식이 낮아지면서 신용확대, 금융회사의 레버리지 증가와 만기불일치 심화, 자산가격의 상승이 확대재생산되면서 금융시스템과 실물경제가 내부 또는 외부 충격에 취약해지게 된다. 불황기에는 그 반대로 경제주체가 리스크에 극도로 민감해지면서 신용위축과 자산가

9_BIS(2008) 참조.

격의 하락이 가속화되고 금융불안과 실물경제의 침체가 심화된다.

경기순응성을 초래하는 근본 원인[10]으로는 우선 경제주체들의 리스크 인식상의 오류를 들 수 있다. 단기변동성(σ), 자산상관계수(ρ), 부도확률(PD) 등 각종 리스크 평가지표들은 호황기에는 하락하고, 불황기에는 상승하는 속성을 갖고 있다. 따라서 이러한 지표에 의존하여 의사결정을 하는 경제주체들은 호황기에는 잠재 리스크에 대해 낙관적으로, 불황기에는 비관적으로 평가하는 경향을 보이게 된다. 그리고 이러한 낙관주의/비관주의는 곧 호황기의 과도한 신용확대와 불황기의 급격한 신용위축 등 과도한 경기순응성으로 이어지는 것이다.

다음으로 집단행동도 경기순응성을 심화시키는 요인이다. 개별 경제주체의 입장에서는 합리적인 선택이 집합적으로는 불합리한 선택이 되어 경기순응성을 심화시킨다. 예를 들어 경기침체기에 개별 경제주체의 입장에서는 자산을 매각하여 유동성을 확보하는 것이 바람직하다. 그러나 이러한 행위가 집단적으로 이루어지게 되면 자산의 헐값 매각과 유동성경색을 초래하게 되는 것이다. 동일한 논리로 경기확장기에는 경제주체들이 시장점유율 확대를 위해 대출을 확대하거나 위험자산에 대한 투자를 증대하는 것이 합리적이라고 할 수 있다. 그러나 이러한 행위가 집단적으로 이루어지게 되면 시스템 전체적으로 리스크의 과도한 증가가 이루어지게 된다.

마지막으로 제도적 장치들도 경기순응성을 확대하는 요인으로

10_경기순응성의 원인에 대한 논의로는 Borio, Furfine and Lowe(2001) 참조.

작용한다. 대표적으로 자기자본규제를 들 수 있다. 금융기관들은 경기수축기에 최저자본비율의 위반을 우려하여 자금공급을 축소함으로써 경기의 위축을 가속화시키는 경향이 있다. 또한 시가평가 회계제도는 경기주기에 따라 장부상 자산가치를 변동시킴으로써 경기순응성을 악화시킨다. 이와 같은 예는 개별 금융기관의 건전성 제고를 위한 미시건전성 규제가 경제시스템의 동태적 안정화라는 거시건전성 목적과 상충될 수 있음을 보여주는 것이라고 하겠다.

경기순응성으로부터 비롯되는 시스템리스크의 방지를 위해서는 호황기에 리스크의 과도한 축적을 방지하고 불황기에 금융불안을 흡수하는 장치를 도입하여야 한다. 그리고 보다 근본적으로는 경제주체들의 리스크 인식의 오류와 집단행동을 시정하고, 경기순응성을 악화시키는 각종 미시건전성 제도를 보완하여야 한다.

(2) 횡단면 차원: 리스크의 연계성

횡단면 차원은 어느 특정 시점에서 금융시스템 내에 리스크가 어떻게 분포되어 있는가 또는 금융기관들이 얼마나 상호연계되어 있는가 하는 문제이다. 횡단면적 리스크의 연계성은 구체적으로 금융기관 간 익스포져의 상호보유, 공통된 익스포져에 대한 노출,[11] 특정 익스포져에 대한 편중 등의 형태로 나타날 수 있다. 리스크가 밀접히 상호연계되어 있다면 특정 부문(금융기관 또는 금융시장)에서

11_공통의 익스포져는 동일한 개별 거래상대방에 대한 익스포져 또는 동일한 거래 상대방 집단에 대한 익스포져(예: 주택담보대출, 중소기업대출)의 형태로 나타날 수 있다.

발생한 위기가 시스템 내의 여타 부문으로 전염되어 시스템적 위기를 유발할 가능성이 높아지게 된다.

시계열 차원의 경기순응성이 주로 금융불안을 촉발하는 요인으로 작용한다고 한다면, 횡단면 차원의 리스크 연계성은 금융불안을 전파시키는 역할을 한다. 달리 표현하면 경기순응성이 부도확률(PD)에 영향을 미친다고 한다면, 리스크의 연계성은 부도시 손실률(LGD)에 영향을 미친다고 할 수 있다. 또한 시계열 차원의 시스템리스크 증가는 횡단면 차원의 시스템리스크 증가를 초래한다는 점을 주목할 필요가 있다. 예컨대 시계열 차원에서 신용의 팽창은 은행 간 익스포져의 증가를 초래함으로써 리스크의 상호연계성을 심화시킨다.[12]

여기에서 특정 부문에서 발생한 위기가 다른 부문으로 전염되는 정도, 즉 시스템적 리스크를 유발하는 정도를 '시스템적 중요성'이라고 한다. 금융위기 이후 시스템적 중요성을 어떻게 측정하고, 시스템적으로 중요한 요소(금융기관 또는 금융시장)에 대한 감독규제를 어떻게 강화할 것인가가 중요한 문제로 등장하였다. 그 중에서도 특히 '시스템적으로 중요한 금융기관(SIFI)'에 대한 감독규제의 강화가 핵심 이슈로 등장하였다. 시스템적 중요성과 SIFI 감독규제 강화에 대하여는 제10장에서 상세히 다루었다.

12_Shin(2010) 참조.

2. 거시건전성 감독의 의의

금융안정위원회(FSB)는 2011년 2월 '거시건전성 정책의 수단과 체계'[13]라는 보고서를 통해 거시건전성 정책을 다음과 같이 공식적으로 정의하고자 하였다. 즉 거시건전성 정책이란 "시스템적 또는 시스템 전반의 금융리스크를 제한·방지하기 위해 주로 건전성 수단(prudential tools)을 사용하는 정책"을 의미한다. 이 정의는 거시건전성 정책의 목표를 시스템리스크의 방지로, 그리고 주된 정책수단을 건전성 수단으로 제시하고 있다. 여기에서 금융안정위원회(FSB)가 '거시건전성 감독'이라는 표현 대신에 '거시건전성 정책'이라는 표현을 쓰고 있는 점에 주의할 필요가 있다. 이는 거시건전성이 금융감독 당국을 포함하는 보다 광범위한 의미의 정책 당국이 추진하여야 할 목표임을 나타내고 있는 것이다. 이 글에서는 거시건전성 감독과 정책이라는 용어를 혼용하기로 한다.

위의 정의를 중심으로 거시건전성 정책이 미시건전성 감독 또는 거시경제정책과 어떻게 차별성을 갖는지 살펴보기로 하자.

첫째, 거시건전성 정책은 시스템적 또는 시스템 전반의 금융리스크를 제한하는 것을 직접적 목표로 한다는 점에서 여타 정책과 차이가 있다.[14] 미시건전성 감독은 개별 금융회사의 건전성 제고를, 재정

13_"Macroprudential policy tools and frameworks – update to G20 Finance Ministers and Central Bank Governors," FSB, February 2011.

14_거시건전성 정책의 목표에 대한 논의로는 Bank of England(2009), Borio(2003, 2009) 등을 참조.

정책은 경기조절을, 통화정책은 물가안정을 우선적인 목표로 하며, 이들 정책에 있어 시스템리스크의 방지는 다른 정책목표를 통해 간접적으로 달성되어야 할 목표 또는 부차적인 목표로서만 간주되어 왔던 것이다.

여기에서 시스템적 리스크란 금융시스템의 전반적 또는 부분적 손상으로 인해 금융서비스의 공급에 중단(disruption)이 발생하고, 이로 인해 실물경제에 심각한 손실이 초래될 수 있는 리스크를 의미하는 것으로 엄밀히 정의되었다.[15] 따라서 거시건전성 감독은 직접적으로는 시스템적 위기를 초래할 수 있는 위험요인을 통제하는 것을 목표로 하며, 이를 통해 궁극적으로는 실물경제(GDP)의 손실 최소화를 목표로 한다고 할 수 있다.

둘째, 거시건전성 정책은 정책목표의 달성을 위해 주로 건전성 수단을 활용한다. 거시건전성 정책은 바로 이 점에서 거시경제정책과 명확히 구별됨과 동시에 미시건전성 감독과 친화력을 갖는다고 할 수 있다. 건전성 수단이 아닌 다른 정책수단도 시스템리스크의 방지/완화를 목적으로 하며, 거시건전성 유지에 책임을 지는 정책 당국에 의해 사용되는 경우에는 제한적으로 거시건전성 수단에 포함될 수 있

15_시스템적 리스크에 대한 이러한 정의는 IMF/BIS/FSB(2009)의 정의를 따른 것이다. IMF/BIS/FSB(2009)는 G20의 요청에 의해 시스템리스크를 처음으로 공식적으로 정의하였다. 이러한 정의에 따르면 금융회사의 결제불능 또는 파산 등으로 인하여 금융시스템 전반에 걸쳐 광범위한 부정적 영향이 발생하더라도 실물경제에 중대한 손실이 초래되지 않는 경우는 시스템리스크에 포함되지 않는다. 이러한 정의는 실물경제의 중대한 손실 발생 여부와 상관없이 시스템리스크를 정의하였던 기존의 통상적인 관점(예: IMF 2008.4월)과는 다소 구별되는 것이다.

다(이에 대한 상세한 논의는 제4절 참조).

셋째, 거시건전성 수단은 시스템리스크의 제한·방지를 목표로 한다는 점에서 예방적인 수단이다. 그리고 이 점에서 위기가 발생한 이후에 그 파급효과를 최소화하는 데 목적을 둔 위기관리정책(crisis management framework)과 구분된다. 각종의 금융안정장치(예금보험제도 등)와 정리제도도 뱅크런 등 금융위기의 가능성을 낮춘다는 측면에서 위기예방 기능을 일부 수행한다고 할 수 있다. 그러나 그 주된 목적은 사후적인 위기관리기능이라고 할 수 있으며 따라서 거시건전성 수단에는 포함되지 않는다.

넷째, 거시건전성 감독은 금융시스템 전체의 리스크를 대상으로 한다. 이에 반해 미시건전성 감독은 개별 금융회사의 리스크를 대상으로 한다. 예컨대 미시건전성 감독이 개별 금융회사가 보유한 익스포져의 리스크 수준과 편중도 등을 감독대상으로 하는 데 반해 거시건전성 감독은 시스템 전체에 걸쳐 익스포져의 상호연관성과 편중도 등을 감독대상으로 한다.

이와 관련하여 거시건전성 감독과 미시건전성 감독은 시스템 내 총위험(aggregate risk)을 보는 시각에서 차이가 있다는 점을 지적할 필요가 있다. 즉 미시건전성 감독이 총위험을 외생변수로 간주하는 데 반해 거시건전성 감독은 이를 내생변수로 취급한다는 것이다.[16] 거시건전성 감독은 개별 금융회사의 집단적 행동에 의해 총위험이 결정되는 것으로 간주하며, 감독정책의 수행 과정에서 이를 명시적으로

16_Boiro(2003, 2009) 참조.

반영한다. 예컨대 거시건전성 감독은 금융회사들의 집단적 행동이 자산가격, 신용거래규모 나아가 실물경제의 활력에 영향을 미치고, 이는 다시 금융회사의 건전성에 강력한 피드백 작용을 한다는 점을 명시적으로 고려한다. 반면 미시건전성 감독은 이러한 피드백 작용을 고려하지 않으며, 총위험을 외생적(exogenous) 변수로 취급한다. 개별 금융회사의 행동이 자산가격, 시장 유동성, 경제활동 수준 등에 거의 영향을 미치지 않는 것으로 간주하는 것이다.

마지막으로, 거시건전성 감독은 동태적 특성을 가진다는 점에서 정태적 특성을 갖는 미시건전성 감독과 구별된다. 미시건전성 수단은 일단 규제수단으로서 도입되면 경제상황 여부에 상관없이 획일적으로 적용된다. 예컨대 BIS 자본비율은 8%로 고정되어 있다. 이에 반해 거시건전성 수단은 경기상황, 시스템리스크의 축적 정도 등에 따라 지속적으로 조정되어야 한다. 경기상황이나 시스템리스크 수준에 상관없이 획일적으로 감독수단을 적용할 경우에는 의도한 규제의 효력을 달성할 수 없거나 부작용이 발생하기 때문이다.

거시건전성 감독수단과 여타 정책수단의 비교

	거시건전성	미시건전성	거시경제정책
감독목표 (최종 목표)	시스템리스크 방지 (총생산의 손실 방지)	개별 금융기관 부실 방지 (금융소비자 보호)	거시목표의 달성: 경제성장, 물가안정
부차적 목표	개별 금융회사 건전성	금융시스템의 안정	금융안정
감독수단	주로 건전성 수단 일부 거시정책수단	건전성 감독수단	거시정책수단
감독대상	금융시스템 전체	개별 금융기관	거시경제
위험의 성격	총위험을 내생변수로 취급	총위험을 외생변수로 취급	–

금융기관 간의 연관성	중요함	중요하지 않음	–
건전성 감독방식	하향식 접근 동태적 접근	상향식 접근 정태적 접근	하향식 접근 동태적 접근

이상의 논의를 종합해 볼 때 감독목표와 감독수단의 측면에서 거시건전성 정책(감독)은 한쪽 끝은 거시경제정책이고 다른 쪽 끝은 미시건전성 감독인 스펙트럼의 중간에 위치하고 있는 것으로 생각해 볼 수 있다. 거시건전성 감독은 목표와 수단 등의 측면에 있어 미시건전성 감독과 거시경제정책의 중간적이면서도 새로운 영역이라고 할 수 있는 것이다.

거시건전성 감독의 개념도

3. 거시건전성 감독의 실행과정

거시건전성 감독은 거시환경의 변화에 대응하여 시스템리스크의 형성을 방지함으로써 금융시스템의 안정성을 확보하기 위한 동태적 과정이라고 할 수 있다. 구체적으로 거시건전성 감독은 거시건전성

분석, 시스템리스크의 평가, 감독수단의 실행, 감독효과의 평가 등 4단계로 구분할 수 있다.[17]

제1단계인 분석(analysis) 단계는 거시경제와 금융부문의 동향에 대한 면밀한 모니터링과 함께 거시건전성지표, 조기경보시스템, 스트레스테스트 등 분석수단을 활용하여 금융시스템 내의 잠재적 취약성을 식별하는 단계이다. 금융안정성의 확보를 위한 적기의 개입이 이루어지기 위해서는 시스템리스크를 조기에 인식하는 것이 무엇보다 중요하다. 따라서 시스템적 잠재위험요인에 대한 모니터링/분석은 거시건전성 감독의 출발점을 이룬다고 할 수 있다. 거시건전성의 분석은 과도한 자산가격의 상승, 신용의 팽창, 레버리지의 증가 등 거시경제의 불균형(imbalances) 뿐만 아니라 금융혁신과 금융제도의 변화로 인한 불안요인, 지급결제 등 금융인프라상의 문제 등 시스템리스크로 발전할 수 있는 모든 위험요인을 대상으로 하여야 한다.

제2단계인 평가(assessment) 단계는 거시건전성에 대한 분석 결과를 토대로 시스템리스크의 수준을 평가하고 대응방안을 강구하는 단계이다. 평가단계는 거시건전성 감독과정 중에서 가장 중요한 단계라고 할 수 있다. 금융시스템 내의 다양한 위험요인 중에서 시스템리스크로 발전할 가능성이 높은 위험요인을 식별하고, 이에 대하여 어떠한 감독수단을 적용할지를 결정하는 것이 이 단계에서 이루어지기 때문이다.

이러한 결정에 있어서는 각 위험요인의 파급영향, 대응수단 강구

17_De Nederlandsche Bank(2010)을 참고하여 작성하였다.

의 긴급성 정도, 타 위험요인과의 상호관계 등 다양한 요소들을 종합적으로 고려하여야 한다. 평가단계는 분기, 반기 등 정기적으로 이루어져야 하며, 시스템리스크의 누적이 현저한 경우 등에는 비정기적으로도 이루어질 필요가 있다. 평가단계는 매우 중요한 과정일 뿐만 아니라 종합적이고도 주관적인 판단이 개입하는 어려운 과정이기 때문에 거시건전성 당국의 고위급 간부로 구성된 위원회 등에서 최종 판단이 이루어질 필요가 있다.

제3단계인 실행(implementation) 단계는 거시건전성 감독수단을 적용하여 시스템리스크를 완화·방지하는 단계이다. 여기에서 주의할 점은 특정 불안요인의 제거를 위해 하나 이상의 거시건전성 감독수단이 적용될 필요성이 있다는 것이다. 예를 들어 주택담보대출의 급격한 증가를 억제하기 위해서는 주택담보대출비율(LTV), 총부채상환비율(DTI), 경기대응완충자본, 신용증가율에 대한 상한 설정 등 다양한 감독수단을 동시에 또는 단계적으로 적용할 필요가 있는 것이다. 따라서 다양한 거시건전성 감독수단을 체계적으로 실행하기 위한 실행체계를 구축할 것이 요구된다고 하겠다. 실행단계에서 고려하여야 할 사항 중의 하나는 거시건전성 감독수단의 실행 여부를 공개할 것인지 여부이다. 공개 시에 시장참가자로부터 금융불안정을 부추기는 행위를 유발할 우려가 있는 경우에는 공개하지 않는 것이 바람직하다. 반면 시장규율기능의 강화와 금융현실에 대한 시장참가자의 인식 제고 등을 위해 필요한 경우에는 공개하는 것이 바람직하다.

마지막 단계는 감독효과의 사후평가(evaluation) 단계이다. 금융시스템상의 불안요인에 비추어 감독수단의 선택이 적정하였는지, 감독수단이 계획한 대로 실행되었는지, 그리고 실행된 감독수단이 의도한 효과를 거두었는지를 평가하는 단계이다. 거시건전성 감독수단의 실행에도 불구하고 금융시스템상의 취약성이 제거되지 않았다고 판단하는 경우에는 거시건전성 감독의 전 과정을 다시 시작하여야 한다. 이와 같이 거시건전성 감독은 분석 – 평가 – 실행 – 사후평가가 지속적으로 반복되는 과정이라고 할 수 있다.

III. 거시건전성의 분석

오늘날 거시경제와 금융시장은 급속히 변화하고 있으며, 그에 따라 시스템리스크의 원천과 발현형태도 끊임없이 바뀌고 있다. 따라서 시스템적 위험요인의 조기 식별을 위해서는 다양하고 폭넓은 정보를 대상으로 지속적으로 모니터링/분석을 하는 것이 중요하다고 하겠다. 금융위기 이전부터 국제통화기금(IMF) 등의 국제기구와 각국의 정책당국은 거시건전성의 모니터링/분석을 실시하고, 그 결과를 '금융안정보고서(Financial Stability Report)' 등의 형태로 정기적으로 발간하여 왔다.[18] 글로벌 규제 당국이 금융안정보고서의 형태로 거시건전성 분석결과를 정기적/비정기적으로 공표하여 온 것은 시스템적 위험요인에 대한 시장참가자들의 인식을 제고하고 시스템리스크를 누적시키는 행동을 자제하도록 유도하기 위한 것이다.

금융위기 이후에는 시스템적 위험요인의 조기 인식을 위한 거시건전성 모니터링/분석의 중요성이 더욱 강조되었다. 이에 따라 금융안정위원회(FSB)는 산하에 취약성평가위원회(SCVA: Standing Com-

---

18_예컨대 IMF는 매년 4월과 10월에 '글로벌 금융안정보고서'를 통해 신용위험, 시장 및 유동성위험, 리스크 태도, 통화 및 금융위험, 거시경제위험, 신흥시장위험 등 6개 부문에 대한 위험수준을 평가하고 있다. 중앙은행 중에서는 베어링스 사태(1995년) 등을 계기로 1990년대 중반 영란은행이 가장 먼저 금융안정보고서를 공표하기 시작하였으며, 2005년 현재로는 전세계 약 40개 중앙은행이 금융안정보고서를 공표하고 있다. Oosteroo, Haan, and Jong-A-Pin(2007) 참조.

mittee for Vulnerabilities Assessment)를 설치하고, 거시경제, 금융시장, 금융상품 등 시스템적 위기를 초래할 수 있는 모든 잠재적인 위험요인을 분석하여 대응방안을 강구토록 하였다. 거시건전성 분석을 위한 수단으로서 거시건전성 지표, 조기경보시스템, 스트레스테스트 등을 들 수 있다.

1. 거시건전성 지표

거시건전성 지표는 시스템리스크의 수준 또는 금융안정성을 측정/평가하기 위한 일련의 지표라고 할 수 있다. 금융안정성 평가 목적으로 거시건전성 지표가 활용되기 시작한 것은 1990년대로 거슬러 올라간다. 국제통화기금(IMF)은 1990년대 초중반의 금융위기를 계기로 금융안정성지표(FSI: Financial Soundness Indicators)를 작성하고 있으며, 2007년에 처음으로 62개 국가의 FSI를 공표한 바 있다. 유럽중앙은행(ECB)은 EU 역내의 금융안정성을 평가하기 위해 1990년대 말부터 거시건전성지표(MPI: Macro Prudential Indicators)를 발표하고 있다.[19] 또한 각국의 중앙은행은 자국의 금융안정성 평가를 위해 자국

19_IMF가 발표하는 FSI와 ECB가 발표하는 MPI는 금융안정성을 평가하기 위한 지표라는 점에서는 공통점을 가지나 FSI가 거시경제 전반의 건전성 평가를 위한 지표를 포괄하고 있는데 반해 MPI는 은행 부문을 중심으로 하는 금융 부문의 건전성을 평가하는 데 중점을 두고 있다는 점에서 차이가 있다. FSI는 예금취급기관, 비은행 금융기관, 비금융 기업, 가계, 시장유동성, 부동산시장 등 6개 부문에 대한 27개 지표로 구성되어 있으며, MPI는 EU 회원국의 감독 당국이 CAMELS 평가를 위해 사용하는 수익성, 자본적정성, 자산건전성, 유동성 등 대차대조표 지표 위주로 구성되어 있다. Agresti, Baudino and Poloni(2008) 참조.

실정에 맞는 거시건전성 지표를 개발·사용하고 있다.

금융위기를 계기로 글로벌 규제 당국은 시스템리스크를 엄밀히 정의하고, 이를 측정하기 위한 거시건전성 지표의 개발 노력을 강화하고 있다. 국제통화기금(IMF)은 2011년 보고서[20]를 통해 거시건전성 지표가 갖추어야 할 요건으로서 (1) 시계열 및 횡단면 차원에서 시스템리스크가 누적되고 있는지 여부를 평가할 수 있을 것, (2) 최소한의 시차로 시스템리스크의 수준을 정확히 측정할 수 있을 것, (3) 시스템적 위기에 대한 예측 능력을 가질 것 등을 제시하였다. 국제통화기금이 제시한 거시건전성 지표는 아래와 같다.

거시건전성 지표(예시)

시계열 차원의 지표 (경기순응성 관련)	횡단면 차원의 지표 (리스크의 분포 및 상호연계성)
−경기주기 관련 지표 (경기선행지수 등) −가계/기업의 레버리지비율 −신용/GDP 갭 −은행 대차대조표 관련 지표 　(비핵심부채/핵심부채비율 등) −각종 자산 가격 −각종 VaR 측정 값	〈리스크의 집중도 측정 지표〉 −총자산/GDP 비중 −총여신/GDP비중 −총예금/GDP비중 등
	〈리스크의 연계성 측정 지표〉 −금융기관 간 신용공여 규모 −금융기관의 결합부도율 −시스템리스크 기여도 −시장변동성 측정을 위한 시장지표 등

자료: IMF(2011)

다양한 거시건전성 지표들은 시스템리스크의 수준에 대하여 반드시 일관된 정보를 제공하지는 않는다. 이들 지표들은 때때로 상

20_"Macroprudential Policy: An Organizing Framework," IMF, March 2011.

이한 심지어는 상반된 신호를 제공하기도 한다. 따라서 시스템리스크 수준에 대하여 직관적이고도 종합적인 판단을 내리기 위하여 이들 다양한 거시건전성 지표들을 하나의 지표로 종합한 "통합시스템리스크지표(IRM: integrated systematic risk measures)"를 구축하고자 하는 노력이 이루어져 왔다. 국제통화기금(IMF)의 글로벌 금융안정지도(Global Financial Stability Map)와 글로벌 리스크태도지수(Global Risk Appetite Measures), 유럽중앙은행(ECB)의 종합시스템스트레스지수(Composite Indicator of Systematic Stress), 메릴린치사의 글로벌금융스트레스지수(Global Financial Stress Index), 피치사의 거시건전성 지수(Macro Prudential Indicators) 등이 이에 해당한다. 그러나 이들 통합지표들은 아직까지 시스템리스크의 측정/예측 능력이 충분하지 못한 것으로 평가받고 있다. 따라서 앞으로 국제기구 등에서 거시건전성 감독 목적으로 활용하기 위한 통합지표의 개발노력이 지속될 것으로 예상된다.

2. 조기경보시스템

조기경보시스템은 정형화된 계량적 모형을 이용하여 금융위기 또는 금융회사의 부실위험을 예측하기 위한 기법이라고 할 수 있다. 조기경보시스템은 크게 금융위기 예측모형과 금융산업의 부실징후를 조기에 파악하기 위한 모형으로 구분할 수 있다.

금융위기 예측모형은 과거의 금융위기 사례에 대한 분석을 통하여 특정 국가의 장래 금융위기 발생 가능성을 예측하는 모형으로서 1994년 멕시코 외환위기를 계기로 연구되기 시작하였으며, 1997년 아시아 외환위기 이후 본격적으로 연구되기 시작하였다. 그리고 2007년 글로벌 금융위기를 계기로 국제통화기금(IMF) 등 국제기구와 주요국들은 금융위기 예측을 위한 조기경보시스템의 개발 노력을 강화하고 있다. 우리나라의 경우 세계은행(IBRD)과 공동으로 1999년 3월부터 외환위기 예측모형을 개발하여 국제금융센터에서 운용해 오고 있다.

금융산업 조기경보모형은 과거 금융회사의 부실사례에 대한 분석을 통하여 특정 금융회사의 장래 부실 가능성을 예측하는 모형이다. 금융산업 조기경보모형은 부실 징후 금융회사에 대하여 감독과 검사를 집중함으로써 감독역량을 효율적으로 활용토록 하는 한편, 부실 징후 금융회사의 부실화를 억제함으로써 금융회사 도산에 따르는 사회적 비용을 최소한으로 축소하는 역할을 수행하는 선제적 감독수단이라고 할 수 있다. 금융산업 조기경보모형이 1990년대 초반 대량의 은행도산과 이에 따른 막대한 손실을 경험한 미국에서 처음으로 도입되었던 것도 조기경보모형이 가지는 이러한 감독수단으로서의 의의를 잘 나타내는 것이라고 할 수 있겠다. 우리나라는 2004년 정부의 국가위기관리체계 구축계획의 일환으로 금융감독원에서 소수의 간편지표를 활용한 실시간 위기감지수단인 핸디(Handy)지표 평가시스템과 계량모형을 이용한 분기별 평가시스템인 금융산업 조기경보모형을 구축·운영하여 오고 있다.

금융감독원의 조기경보시스템 현황

- 핸디지표: 8개 금융권역에 대하여 위기징후 판단에 유용한 소수의 간편지표(금융권역별로 2~6개)를 설정하고, 각 지표별로 일정한 기준에 따라 '정상', '관심', '주의', '경계', '심각'의 5개 등급으로 일별로 평가한다.

- 금융산업 조기경보모형: 통계적 방법으로 설정된 6개 모형에 기초하여 9개 금융권역의 현재 위험수준과 향후 부실위험을 분기별로 점검하며, 모형 예측오류(모델리스크)를 최소화하기 위해 기초데이터를 여러 모형을 통해 가공하여 다양한 형태의 조기경보지수를 산출하고 위험수준 증가 여부를 종합 평가한다.

모형	추정방법
위험지수 (Risk Index)	일련의 재무변수 및 거시경제지표를 NBER(National Bureau of Economic Research)의 표준지수작성법을 이용하여 하나의 지수로 종합하여 작성하며, 특정 기준시점에 대한 시기별 상대적 위험수준을 제시하는 모형
위험선행지수	미래(6개월 후)의 위험지수 예측 및 위험지수의 상승 확률을 산출하는 모형
통계CAEL	통계적 기법(주성분분석)을 사용하여 CAEL 평가등급을 산출하는 모형
자본적정성 예측모형	미래의 일정기간 후에 금융회사의 자기자본비율이 일정수준 이하로 하락할 확률을 로짓(logit)모형을 활용하여 추정하는 모형
신용등급 예측모형	순위프로빗모형(ordered probit model)을 활용하여 향후 일정기간 후의 금융회사에 대한 신용평가사의 신용평가등급을 예측하는 모형
부도확률모형 (EDF)	옵션가격결정 이론에 근거하여 주식시장의 주가정보와 재무제표 정보를 사용하여 향후 1년 이내 상장 금융기업의 자산가치가 부채가치를 하회할 확률(부도확률)을 예측하는 모형

자료: 금융감독원(2008)

3. 스트레스테스트

스트레스테스트란 주로 '예외적이나 가능한(exceptional, but plau-sible)' 사건의 발생이 금융회사의 건전성에 미치는 영향을 계량적으로 측정하기 위한 위험관리수단의 하나로서 개발·활용되고 있다. 바젤자본체계는 시장리스크에 대한 소요자기자본 산출과 관련하여 VaR을 보완하기 위해 '엄격하고 포괄적인' 스트레스테스트의 실시를 의무화하고 있다. 스트레스테스트는 특히 장기간의 안정적인 시장상황이 지속되고 있는 호황기에 특히 중요한 의미를 가진다. 호황기에는 제반 리스크 측정지표들이 하락하기 때문에 이들 지표에 기반한 VaR이 실제보다 과소하게 측정될 소지가 있기 때문이다.

스트레스테스트는 또한 외생적 충격으로 인한 거시변수(금리, 신용스프레드, 유가 등)의 급격한 변동이 발생할 경우 금융시스템의 안정성을 평가하는 수단으로도 활용되고 있다. 이를 거시스트레스테스트(macro stress testing)라고 하는데, 대표적인 예로서는 1999년 이후 국제통화기금(IMF)과 세계은행이 공동으로 주도하고 있는 금융안정성평가프로그램(FSAP: Financial Stability Assessment Program)을 들 수 있다.[21] 우리나라에서는 한국은행이 대외변수의 충격에 따른 금융회사의 잠재손실을 추정함으로써 금융시스템의 안정성을 평가하는 모형(BOKST)을 2007년 12월 개발하여 운영중에 있다.

금융회사의 위험관리수단으로 활용되는 스트레스테스트가 미시

21_Blaschke, Jones, Majnoni and Peria(2001) 참조.

건전성 수단이라고 한다면, 금융시스템의 안정성을 평가하기 위한 거시스트레스테스트는 거시건전성 수단이라고 할 수 있다. 효과적인 거시건전성의 분석을 위해서는 현재의 금융안정성 정도를 측정하기 위한 거시건전성 지표, 미래의 금융위기를 예측하기 위한 조기경보 시스템, 그리고 예외적인 상황에 대비하는 거시스트레스테스트를 상호보완적으로 활용할 필요가 있다.

IV. 거시건전성 감독수단

어떠한 감독수단을 거시건전성 감독수단에 포함할 것인지, 즉 거시건전성 감독수단의 포괄범위에 대하여는 아직까지 국제적으로 합의된 정의가 존재하지 않는다. 이는 한편으로 거시건전성 감독이 새로이 등장한 개념으로서 그 엄밀한 의의와 기능에 대한 논의가 지속되고 있기 때문이며, 다른 한편으로는 거시건전성 감독의 경험이 일천하여 어떠한 수단을 거시건전성 목적으로 활용하여야 할 것인지에 대한 명확한 기준이 확립되지 않은 데 따른 것이다. 또한 시스템리스크에 영향을 미치는 다양한 정책수단이 반드시 거시건전성 수단에 포함되지는 않는다는 점도 거시건전성 감독수단에 대한 엄밀한 정의를 더욱 어렵게 만드는 요소이다.

금융안정위원회(FSB)와 국제통화기금(IMF)은 거시건전성 감독수단에 포함되기 위한 기준을 다음 두 가지로 제시하였다:[22] (1) 시계열 및 횡단면적 시스템리스크의 방지·완화를 목적으로 개발된 수단일 것, (2) 시스템리스크의 방지·완화를 목적으로 개발된 수단은 아니지만 관련 정책당국에 의해 거시건전성 목적으로 변용되어 활용되는 수단일 것(단 이 경우 시스템리스크의 방지·완화만을 목적으로 활용되며 다른 목적으로는 활용되지 않는다는 점이 명시될 것).

22_FSB(2011), IMF(2011) 참조.

여기에서 거시건전성 수단은 주로 건전성 수단을 활용하며, 따라서 대부분의 미시건전성 수단이 동시에 거시건전성 수단으로 활용될 수 있음을 알 수 있다. 동일한 건전성 수단이 개별 금융회사의 미시건전성 제고를 위해 사용되면 미시건전성 수단이 되며, 시스템리스크의 방지라는 거시건전성 목적으로 사용되면 거시건전성 수단이 되는 것이다.

이에 반해 통화, 환율, 재정 등 거시정책수단들은 이상의 두 가지 기준을 충족하지 않는 한 거시건전성 수단에 포함되지 않는다는 점을 주의할 필요가 있다. 예컨대 한계지준제도(marginal reserve requirement)는 통화정책 목적으로 활용된다면 거시건전성 수단에 포함되어서는 안 된다. 신용규모 또는 신용증가율 상한규제는 통화정책 당국이 아니라 거시건전성 당국에 의해 수행되는 경우에만 거시건전성 수단으로 분류되어야 한다. 자본통제도 명시적으로 시스템리스크 방지를 목적으로 하는 경우에만 거시건전성 수단으로 분류할 수 있다.

거시건전성 감독수단(예시)

	시계열 차원	횡단면 차원
시스템리스크 방지를 위해 개발된 수단	• 경기대응적 완충자본 • 레버리지비율규제 • 특정 익스포저에 대한 경기대응적 위험가중치 부여 • 신축적 증거금 및 할인률 • 비예금채무에 대한 세금부과 • 외화건전성분담금 제도	• 시스템적 추가자본규제 • 시스템적 추가 유동성 규제 • 비예금채무에 대한 세금부과 • 중앙청산소를 이용하지 않는 거래에 대한 추가 자본규제 • 은행간 익스포저 한도규제

| 거시건전성
수단으로 변
용된 수단 | • 장기부도율(PD), 스트레스드 VaR
• 예상손실 기준 대손충당금 규제
• 동태적 LTV, DTI 규제
• 동태적 외화대출한도 규제
• 동태적 예대율 규제
• 동태적 신용규모 및 신용증가율 상
  한 규제
• 한계지준제도 | • 업무범위 제한(예: 볼커룰)
• 편중여신규제
• 시스템리스크 민감형 예금보험요율
  부과
• 시스템리스크를 고려한 금융회사의
  구조변경 요구 권한 |

자료: IMF(2011)

이 글에서는 거시건전성 목적으로 활용되는 건전성 수단을 협의의 거시건전성 감독수단을 지칭하는 용어로, 그리고 거시정책수단 중에서 거시건전성 목적으로 변용된 수단까지를 포함하는 감독수단을 광의의 거시건전성 수단으로 구분하기로 한다. 아래에서는 시계열 차원의 수단과 횡단면 차원의 수단으로 나누어 거시건전성 감독수단을 살펴보기로 한다.

1. 시계열 차원의 감독수단

(1) 경기대응완충자본

경기대응완충자본은 잠재적 시스템리스크가 누적(build up)되는 신용팽창기에 자본버퍼를 적립하고 시스템리스크가 현실화되는 경기침체기에 이를 사용(release)토록 함으로써 경기순응성을 완화하는 기능을 수행한다. 즉 신용팽창기에는 버퍼의 적립(보통주자본의 0~2.5%)으로 신용비용의 상승을 유도하여 신용팽창을 억제하며, 경기침체기에는 버퍼의 사용을 통해 실물경제에 대한 신용공급 기능을 유지케 하는 것이다. 이와 같이 경기대응완충자본은 신용의 과도한 팽창과 위축을 조절하는 자동안정화장치로서 설계되었다(이에 대한 자세한 논의는 제4장 참조).

한편, 경기순응성 완화를 직접적인 목표로 하지는 않지만 부수적으로 경기순응성의 완화효과를 가질 것으로 기대되는 장치로서 자본보전완충자본이 있다. 동 장치는 이익배분에 대한 제한을 통해 자본충실도를 보전하는 것을 일차적 목적으로 하지만 경기침체기에 은행들이 최저자본비율을 위반하지 않으면서도 손실흡수와 신용공급의 지속을 가능하게 하여 경기순응성을 완화하는 부수적인 효과도 거둘 것으로 기대되고 있다.

(2) 레버리지비율규제

레버리지비율규제는 위험기준 자본비율규제의 한계를 보완하기 위한 미시건전성 감독수단임과 동시에 경기순응성 완화를 위한 거시건전성 감독수단으로서 도입되었다. 은행들은 신용의 팽창기에는 자산확대 경쟁을 통한 레버리지 증가로 신용버블을 심화시키는 반면, 신용의 수축기에는 디레버리징을 통해 실물경제에 대한 신용공급의 위축과 자산가격의 급락을 초래함으로써 경기순응성을 심화시키는 경향이 있다. 레버리지비율규제는 레버리지에 내재하는 이러한 경기순응적인 특성을 제한하는 것을 목적으로 하는 것이다(이에 대한 자세한 논의는 제7장 참조).

(3) 바젤자본체계상 신용위험요소의 개선

바젤II는 규제자본의 리스크 민감도를 획기적으로 개선하였는데, 이는 불가피하게 경기순응성을 높이는 결과를 초래하였다. 예컨대 내부등급법은 연간부도율(PD), 부도시 손실률(LGD), 자산상관계수(ρ) 등을 은행 자체적으로 추정하여 사용하도록 하고 있는데, 이들 신용위험요소들은 불황기(호황기)에 상승(하락)하는 경향이 있다. 이에 대한 대응으로 은행들은 불황기(호황기)에 대출규모를 축소(확대)함으로써 결과적으로 경기진폭을 더욱 확대하는 결과를 초래하는 것이다.

바젤위원회는 바젤II 자본체계에 내재하는 이러한 경기순응성을 완화하기 위해 부도율 측정시 장기간 데이타의 사용 의무화, 불황기의 부도시손실률(dowunturn LGD) 사용 등의 장치를 마련하였으며, 이에 더하여 2009년 7월에는 '스트레스드(Stressed) VaR'[23] 개념을 도입하였다. 이와 같은 사례들은 미시건전성 규제를 거시건전성 관점에서 보완한 것이라고 할 수 있다. 또한 바젤위원회는 신용 순환주기 전체에 걸쳐 바젤II 자본체계가 회원국에 미치는 영향을 평가하는 작업을 추진하고 있으며, 동 평가 결과 최저 필요자본의 경기순응성이 감

23_스트레스드 VaR란 시장 변동성이 높았던 과거의 특정 기간(최소 1년 이상) 동안의 역사적 데이타를 사용하여 계산한 VaR 값을 의미한다. 2009년 7월에 개정된 규정에 따르면 시장리스크에 대한 소요자기자본은 기존의 VaR를 사용하여 계산한 소요자기자본에 스트레스드 VaR를 사용하여 계산한 소요자기자본을 더하여 계산하게 된다. 이에 따라 시장리스크에 대한 소요자기자본 산출에 있어 시장변동성이 낮은 시기의 영향이 그 만큼 줄어들게 되어 규제자본의 경기변동성이 줄어 들게 된다.

독 당국들이 생각하는 적정 수준보다 크다고 판명되면 경기순응성을 축소하기 위한 추가적인 수단을 강구할 예정으로 있다.

한편, 일부 국가에서는 바젤자본체계를 경기대응적인 감독수단으로 활용하는 경우가 있다. 예컨대 과도한 신용팽창이 일어나고 있는 부문(예: 외화대출, 부동산대출, 주식시장 등)에 대하여 위험가중치를 상향함으로써 해당 부문에서의 대출을 억제하는 방식을 들 수 있다.

(4) 예상손실 기준 충당금제도

국제회계기준위원회(IASB: International Accounting Standards Board)는 대손충당금제도의 경기순응성 완화를 위하여 예상손실 기준 충당금제도(expected loss approach)를 제시하였다. 기발생한 손실(incurred losses)에 근거하여 대손충당금을 적립토록 하는 기존의 제도는 호황기에는 대손 및 충당금 적립액의 감소로 대출을 더욱 확대하고, 불황기에는 대손 및 충당금 적립액의 증가로 대출축소를 가속화함으로써 경기순응성을 악화시키는 문제가 있다. 이에 반해 IASB가 제안한 예상손실 기준 충당금제도는 호황기에 대손충당금을 많이 적립하고 이를 바탕으로 불황기에는 대손충당금을 적게 적립할 수 있도록 하여 경기순응성을 완화시키는 역할을 한다. 바젤위원회는 바젤Ⅲ 기준서에서 IASB의 이와 같은 미래지향적 대손충당금 적립체계의 도입 방안을 지지하고 회원국이 동 방안을 적극 도입할 것을 촉구하였다.

(5) 신용팽창 억제를 위한 규제

과도한 신용팽창을 억제하기 위해 각국의 감독 당국이 은행 부문에 대하여 재량적으로 도입하고 있는 다양한 건전성 규제도 거시건전성 감독수단으로 분류할 수 있다. 자산시장의 버블방지를 위한 LTV 및 DTI 규제, (외화)대출의 과도한 증가 방지를 위한 예대율 규제와 외화대출한도규제, 신용팽창의 직접적 억제를 목표로 하는 총/부문별 대출 증가율 규제, 예대율 규제 등이 이에 해당한다고 하겠다.

여기에서 LTV, DTI, 예대율 등 규제가 일정 정도 경기순응성을 가진다는 점을 주의할 필요가 있다. 예를 들어 호황기에는 담보가치가 상승함으로써 대출가능 금액이 늘어나게 되며, 불황기에는 그 반대의 현상이 발생하는 것이다. 따라서 이들 규제수단이 경기대응적인 감독수단으로 활용되기 위해서는 경기상황에 따라 신축적으로 조정되는 시간가변적인(time-varying) 특성을 가져야 할 것이다.

한편, 급격한 외화유출입의 차단을 목적으로 우리나라 정부가 도입을 추진중인 외환건전성부담금(Macro-prudential Stability Levy) 제도도 거시건전성 수단으로 분류할 수 있을 것이다.

(6) 자본시장에서의 증거금 및 할인율 관행 개선

지난 금융위기 과정에서 경기순응성을 증폭시키는 중요한 요인의 하나로서 지적된 것이 증권금융거래, 장외파생상품 등 자본시장에서의 증거금 및 담보증권의 할인율 적용과 관련한 관행이었다. 호황기에는 관대한 증거금 및 할인율이 적용되면서 금융시스템 내 레버리지와 신용팽창이 확대되는 반면, 불황기에는 그 반대로 엄격한 증거금/

할인율이 적용되면서 급격한 신용의 위축이 발생하였던 것이다. 이러한 문제 인식 하에 국제결제은행(BIS) 산하의 글로벌금융시스템위원회(CGFS: Committee on the Global Financial System)는 증거금/할인율의 경기순응성을 완화하기 위한 일련의 개선방안을 권고하였다. [24] 이러한 방안에는 경기주기에 따른 할인율/증거금의 신축적 운용, [25] 담보가치 평가 및 할인율 적용 관행의 개선, 중앙청산소의 활용, 증권금융거래와 관련한 모범기준의 개발 등을 포함하고 있다. 이러한 개선방안 중 일부는 바젤Ⅲ 자본체계에 반영되었다.

2. 횡단면 차원의 감독수단

(1) 시스템적으로 중요한 금융기관(SIFI)에 대한 규제강화

금융안정위원회(FSB)는 시스템적 중요 금융기관(SIFI)의 도덕적 해이 축소와 부실화시 파급영향의 최소화를 위해 SIFI에 대한 규제강화 방안[26]을 마련하였다. 금융안정위원회(FSB)의 SIFI 규제강화 방안은 (1) 손실흡수능력 강화, (2) 정리제도 정비, (3) SIFI에 대한 감독 강화, (4) 핵심 금융인프라의 강화 등 4개의 축으로 구성되어 있다. 이에 대한 논의는 제10장에서 상세히 다루기로 한다.

24_"The role of margin requirements and haircuts in procyclicality," CGFS, 2010.

25_예를 들어 호황기에는 높은 할인율/증거금을 적용하고 불황기에는 낮은 할인율/증거금을 적용하는 방식을 말한다.

26_"Reducing the moral hazard posed by systemically important financial institutions," FSB, October 2010.

(2) 장외파생상품시장 관련 규제강화

지난 글로벌 금융위기는 장외파생상품시장의 취약성이 시스템리스크의 잠재적 원천이 될 수 있음을 보여 주었다. 특정 거래상대방에 대한 대규모 익스포져의 누적, 장외파생상품시장의 상호연계성으로 인한 전염위험, 거래상대방 익스포져의 투명성 부족 등으로 인해 금융위기 상황에서 장외파생시장에 대한 시장신뢰가 상실되고 시장유동성이 급격히 소멸되었던 것이다.

이러한 인식에 따라 G20는 2009년 9월 피츠버그 정상회담에서 장외파생시장의 개혁을 요청하였다. 이에 따라 금융안정위원회(FSB)는 2010년 10월 지급결제위원회(CPSS), 국제증권위원회(IOSCO) 및 유럽위원회(EC) 등 국제기구와 공동으로 장외파생시장의 개혁을 위한 권고안을 마련하였다.[27] 동 권고안은 (1) 장외파생계약의 표준화 확대, (2) 중앙청산소의 이용 확대, (3) 거래소 또는 전자플래폼을 이용한 거래 확대, (4) 장외파생계약의 거래정보저장소(trade repository)에 대한 보고 의무 강화 등을 주요 내용으로 하고 있다. 2011년 서울 G20 정상회의는 동 권고안을 승인하였다. 한편, 바젤위원회는 중앙청산소의 이용확대를 유도하기 위해 바젤III의 일환으로 중앙청산소를 이용하지 않은 거래에 대해 보다 높은 자본규제를 부과하는 방안을 마련하였다.

(3) 기타 감독수단

금융위기 이후 일부 국가에서는 금융기관의 업무범위를 직접적으

27_"Implementing OTC Derivatives Market Reforms," FSB, October 2010.

로 제한하는 제도를 도입하려는 움직임을 보이고 있다. 예를 들어 미국의 도드-프랭크법(Dodd-Frank Act)은 부보 예금취급기관의 자기자본매매거래(proprietary trading)를 금지토록 하는 일명 볼커룰(Volcker rule)을 도입하였다. 볼커룰은 금융기관의 위험투자와 대형화를 억제함으로써 시스템리스크의 확대를 방지하는 데 목적이 있다.

국제통화기금(IMF)가 제안한 비예금채무에 대한 세금부과 방안[28]은 도매조달자금에 의존한 신용팽창을 억제하는 수단임과 동시에 리스크의 연계성으로 인한 유동성위기의 전염효과를 방지하기 위한 수단이기도 하다. 비예금채무에 대한 세금부과는 단기성자금의 조달비용을 높임으로써 안정적 예금 위주의 자금조달을 유도하는 데 목적이 있다.

또한 은행 간 익스포져에 대한 한도규제, 편중여신규제, 시스템적 중요성에 따른 예금보험료율의 차등화 방안 등도 횡단면적 시스템리스크의 누적을 방지하기 위한 거시건전성 감독수단으로 볼 수 있다.

28_"A Fair and Substantial Contribution by the Financial Sector," IMF, June 2010.

V. 거시건전성 감독의 실행체계

　거시건전성 감독의 효과적 실행을 위해서는 누가 어떠한 거시건전성 감독수단을 행사할 것인지에 관한 실행 주체(institutional archi-tecture)가 명확히 규정되어야 한다. 재정정책의 핵심에 재무부가 있고, 통화정책의 핵심에 중앙은행이 있으며, 미시건전성 감독규제의 핵심에 감독기구가 있듯이 거시건전성 감독의 실행 주체는 거시건전성 감독의 핵심을 구성한다고 할 수 있다. 실행 주체의 구체적인 형태는 국가별로 다를 수 있으며, 국제적으로도 바람직한 실행체계에 관한 논의가 아직 진행되고 있는 상황이다.

　거시건전성 감독의 경우에는 통화정책, 재정정책, 감독정책 등 여타 정책과 달리 수행 주체를 명확하게 규정하기 어려운 측면이 있다. 거시건전성 감독은 미시건전성 감독과 거시경제정책의 중간적 영역으로서 여러 정책당국이 관여하기 때문이다. 거시건전성 감독은 주로 건전성 수단을 활용하기 때문에 금융감독기구는 거시건전성 감독에 어떠한 형태로든 중추적인 기능을 수행할 것이 요구된다. 또한 중앙은행의 경우에도 정책목표의 하나로 금융안정을 포함하고 있을 뿐만 아니라 금융위기 발생 시에는 최종대부자로서 관여가 불가피하기 때문에 거시건전성 감독에 참여할 필요가 있다. 또한 국가경제와 금융시스템의 안정에 책임을 지는 재무부도 시스템리스크의 방지를 위한 거시건전성 감독의 일부를 구성한다고 할 수 있다.[29]

이 글에서는 건전성 감독의 담당 기관인 금융감독기구를 협의의 거시건전성 당국으로, 중앙은행과 재무부 등을 포함하는 일련의 거시건전성 관련 기관을 광의의 거시건전성 당국으로 구분하기로 한다. 광의의 거시건전성 당국과 관련하여서는 거시건전성 감독의 효율적인 실행을 위한 체계를 수립할 필요가 있다. 구체적으로 (1) 거시건전성 감독을 위한 최고의사결정기구의 설립, (2) 거시건전성 감독 수단별 감독 주체의 명확화, (3) 관련 정책당국간 협조와 조정체계의 확립이 이루어져야 한다.

1. 거시건전성 감독을 위한 최고의사결정기구의 설립

시스템리스크의 방지에 최종 책임을 지는 거시건전성 감독의 최고의사결정기구를 설립하는 방안을 고려할 필요가 있다. 국제통화기금(IMF)은 금융감독기구와 중앙은행이 분리되어 있는 국가의 경우에는 거시건전성 감독에 대한 최고의사결정기구로서 금융감독기구와 중앙은행을 포함하는 여러 정책당국이 참여하는 위원회(예: 금융안정위원회)를 설치하는 것이 바람직하다고 주장하였다.[30] 그러나 중앙은

29_국제통화기금(IMF)이 거시건전성 감독의 실행현황에 관해 전세계 47개 국가들을 대상으로 실시한 설문조사에 따르면 거시건전성 감독의 수행주체는 중앙은행(19개국)인 경우가 가장 많고, 은행·증권·보험 등 금융감독기구(10개국)와 여러 기관이 참여하는 금융안정위원회(9개국)가 그 다음이며, 그 밖에 재무부(5개국), 예금보험공사(2개국) 등으로 나타나고 있다. 여기에서 거시건전성 감독의 수행주체가 중앙은행이라고 답변한 국가는 대부분 중앙은행이 은행감독기능을 수행하고 있는 것으로 나타났다. IMF(2011) 참조.

30_IMF(2011) 참조.

행이 은행감독기능을 수행하는 국가의 경우에도 거시건전성 감독과 통화정책의 상충관계를 방지하고 재무부 등 여타 기관과의 정책협조를 위해 중앙은행의 내부 또는 외부 조직으로서 거시건전성 감독을 담당하는 별도의 위원회 설치를 고려할 필요가 있다(아래 박스의 영국의 예를 참조).

동 위원회는 금융감독기구, 중앙은행, 재무부, 예금보험공사 등 금융시스템의 안정에 관여하는 정책당국의 대표로 구성되며, (1) 시스템적 위험요인의 모니터링 및 분석, (2) 시스템리스크 수준에 대한 최종 평가, (3) 거시건전성 감독관련 정책 권고, (4) 거시건전성 감독 유관기관 간 정보교환 및 정책조율 등의 기능을 수행할 것이 요구된다.

실제로 금융위기 이후 미국과 EU 등 주요국들은 거시건전성 감독 기능을 담당할 최고의사결정기구로서 여러 기관이 참여하는 형태의 위원회를 신설하고 있는 추세이다(세부 내용은 아래의 박스 참조). 우리나라도 거시건전성 감독을 담당할 최고의사결정기구로서 금융감독기구, 중앙은행, 재무부 등 관련 기관이 참여하는 (가칭)시스템위험관리위원회의 신설을 적극 추진할 필요가 있다고 하겠다.[31]

31_윤석헌 · 정지만(2010)과 이태규(2010)은 거시건전성 감독기능을 담당할 기구로 서 여러 기관이 참여하는 금융안정위원회(가칭)의 신설을 주장하였다.

주요국의 거시건전성 전담기구 설립 현황

(1) 미국: 도드–프랭크법(Dodd–Frank Act)은 '금융안정감시위원회 (FSOC: Financial Stability Oversight Council)'를 도입하였다. 동 위원회는 연방감독기구의 수장 등 투표권을 가진 10인의 위원과 투표권을 갖지 않고 자문 기능만을 수행하는 5인의 위원으로 구성된다. 동 위원회의 가장 중요한 기능은 금융시스템의 안정성을 위협할 수 있는 시스템적 리스크 요인을 모니터링하는 것이며, 그 밖에 감독기구에 대한 정책권고, 감독기구 간 정보공유 및 정책조정 등의 기능도 수행한다. 시스템적 리스크의 모니터링 기능을 개별 연방감독기구가 아닌 FSOC에 부여한 것은 개별 연방감독기구의 경우 관할 영역만을 대상으로 하기 때문에 시계가 좁아져 감독의 사각지대가 발생할 수 있는 점을 고려한 것이다. 또한 FSOC를 보좌하고 거시건전성 분석 및 모니터링을 담당할 기구로서 '금융분석청 (OFR: Office for Financial Research)'을 재무부 내에 설치하였다.

(2) 유럽연합(EU): 역내 금융시스템에 대한 거시건전성 감시 기능을 담당할 '유럽시스템리스크위원회(ESRB: European Systematic Risk Board)'를 2011년 1월 설립하였다. 동 위원회는 유럽중앙은행 (ECB), 역내 각국 중앙은행 및 감독기구, 새로이 설립된 유럽은행/증권/보험감독청 등 3개의 유럽감독기구, 유럽위원회(EC) 등으로 구성되며, 역내 지역에서 발생한 각종 금융위험의 분석, 조기경보

발동, 각국 당국에 대한 필요 조치의 권고 등을 통해 시스템적 리스크를 방지 또는 완화하는 기능을 수행한다.

(3) 영국: 영란은행 내에 '금융정책위원회(FPC: Financial Policy Committee)'를 신설하기 위한 공개초안을 2010년 7월 발표하였다. 금융정책위원회는 영란은행 총재가 의장을 맡으며, 다수의 '통화정책위원회(MPC: Monetary Policy Committee)' 위원, 신설 '건전성감독청(PRA: Prudential Regulatory Agency)'의 수장, 신설 '소비자보호 및 시장감독청(CPMA: Consumer Protection and Markets Authority)'의 수장 등으로 구성된다. 재무부 대표도 동 위원회에 참석하나 투표권은 행사하지 못한다. PRA와 CPMA가 규정의 제·개정 시 금융안정성에 중대한 영향을 미칠 수 있는 경우에는 반드시 FPC의 심의를 거쳐야 한다. 또한 FPC는 소속 기관에 대하여 거시건전성 정책 관련 권고를 할 수 있다.

2. 감독수단 및 감독주체의 명확화

금융시스템상의 취약성에 효율적으로 대응하기 위하여는 어떠한 상황에서 어떠한 감독수단을 거시건전성 목적으로 사용할 것인지에 대한 원칙이 사전적으로 명확히 설정되어 있어야 한다. 각국의 거시건전성 당국은 금융안정위원회(FSB)와 국제통화기금(IMF)이 제시한 기준을 참고로 하여 자국의 실정에 맞도록 거시건전성 감독수단의 종류와 시나리오별 활용방안을 규정할 필요가 있다. 특히 기존의 거시정책수단을 관련 정책당국이 거시건전성 감독목적으로 변용하여 활용하고자 하는 경우에는 시스템리스크의 방지·완화만을 목적으로 하며 다른 목적으로는 활용하지 않는다는 점을 명시하여야 할 것이다.

또한 거시건전성 감독수단별로 실행 주체를 명확히 할 필요가 있다. 대부분의 경우 감독수단의 성격에 따라 실행 주체를 구분할 수 있다. 예컨대 경기대응완충자본, 레버리지비율, 시스템적 추가자본 규제 등 시스템리스크 방지를 위해 새로이 도입된 건전성 수단은 금융감독기구에서 담당하는 것이 바람직하다. 또한 한계지준율제도 등과 같은 전통적인 통화정책수단은 중앙은행에서 담당하는 것이 바람직할 것이다.

그러나 감독수단의 실행 주체가 명확하지 않은 경우도 있다. 예컨대 신용 규모 또는 신용증가율 상한규제를 거시건전성 목적으로 수행하는 경우에는 통화당국 이외의 거시건전성 당국에서 수행하는 것이 바람직할 수 있다. 또한 비예금채무에 대한 세금부과도 조세수입 목적이 아닌 시스템리스크의 완화를 목적으로 하는 경우에는 재정당국이 아닌 금융감독기구에서 수행하는 것이 바람직할 수 있다. 이와 같이 감독수단의 실행 주체가 명확하지 않은 경우에는 최고의사결정기구인 (가칭)시스템위험관리위원회의 협의·조정을 거쳐 실행 주체를 결정하면 될 것이다.

거시건전성 감독수단별 실행 주체(예시)

감독수단			감독기구	통화당국	재정당국
시계열차원	바젤규제 체계	경기대응완충자본	○	△	
		자본보전완충자본	○		
		레버리지비율규제	○		
	은행규제	예상손실 기준 충당금제도	○		
		동태적 LTV, DTI 규제	○		
	자본시장	증거금 및 할인율 제도 개선	○		
	거시정책 수단	한계지준제도		○	
		신용증가율 상한제도	○	△	
		외환건전성부담금제도	△	△	○
		비예금채무 세금부과	△		○
횡단면차원	은행규제	시스템적 추가자본 규제	○		
		SIFI 감독 및 정리제도 강화	○		
		비CCP 파생거래 자본규제강화	○		
		금융기관 업무범위 제한	○		
	자본시장	장외파생시장 인프라 강화	○	△	△
	금융 인프라	결제시스템 등 금융인프라 강화	○	△	△

○는 주기관, △는 부기관을 의미

3. 관련 정책당국 간 협조와 조정체계

국가경제와 금융시스템의 전반에 영향을 미치는 시스템리스크의 효율적 관리를 위한 거시건전성 감독은 본질적으로 다수의 정책당국 간 긴밀한 협조 또는 조정을 필요로 한다. 거시건전성 감독과 관련하여 정책당국 간 협조/공조가 필요한 것은 다음과 같은 이유때문이다.

첫째, 정책목표의 상충 가능성이다. 예컨대 물가안정을 목표로 하는 긴축적 통화정책은 불황기 신용공급의 원활화를 목표로 하는 거시건전성 정책과 상충될 수 있다. 따라서 거시건전성 당국은 통화정책기조가 거시건전성에 미치는 영향을 고려하여야 하며, 마찬가지로 통화당국도 통화정책의 수립·운용시 거시건전성 당국의 정책방향을 고려하여야 한다.

둘째, 여러 정책당국이 거시건전성 감독수단을 나누어 갖고 있기 때문이다. 따라서 금융시스템상의 특정 취약 요인에 대응하기 위해 어떠한 정책수단을 적용하는 것이 바람직한지에 대하여 협의/조정할 필요성이 제기된다. 이러한 협의/조정은 또한 정책의 과도대응(overshhoting)을 방지하는 데에도 기여할 수 있다. 예컨대 신용팽창에 대응하기 위해 건전성 당국과 통화당국이 사전협의 없이 각각 건전성 수단(경기대응완충자본, 동태적 LTV 등)과 통화정책수단(한계지준율제도 등)을 사용하는 경우에는 적정 수준 이상의 과도한 규제가 이루어질 수 있다.

셋째, 일부 거시건전성 감독수단의 경우 시스템리스크 뿐만 아니라 여타 정책목표에도 영향을 미칠 수 있다. 예컨대 거시건전성 감독수단으로 새로이 도입된 경기대응완충자본은 경기순응성의 완화를 목표로 하지만 통화정책과도 밀접한 연관성을 갖는다. 따라서 경기대응완충자본의 관할 당국인 금융감독 당국은 제도 운용과 관련하여 통화 당국과 긴밀히 협의할 필요가 있다고 하겠다.

정책 당국 간 효율적 협조/조정이 이루어지기 위해서는 (가칭)시스템위험관리위원회를 중심으로 중층적인 협조/조정체계를 수립할 필요가 있다. 예컨대 다양한 차원의 정기적/비정기적 실무협의회, 정보공유를 위한 정책 당국 간 양해각서(MOU)의 체결, 금융시스템상의 잠재적 위험요인에 대한 분석수단(조기경보시스템 등)의 공동 개발·운용, 금융안정보고서의 공동 작성 등 다양한 방안을 강구할 필요가 있다.

4. 감독기구 내부의 실행체계 확립

협의의 거시건전성 당국, 즉 거시건전성 감독의 중추적인 기능을 담당하는 금융감독기구의 내부적인 거시건전성 감독체계를 확립할 필요가 있다. 금융감독기구 내부의 거시건전성 감독체계를 설계함에 있어서는 다음과 같은 점이 중요하다.

첫째, 시스템적 리스크 요인은 은행, 자본시장 등 어떤 특정 부문이 아닌 금융시스템 내의 모든 부문에서 발생할 수 있다. 따라서 시스템리스크의 방지를 목표로 하는 거시건전성 감독은 금융감독기구의 특정 부서가 아닌 전체 금융감독기구에 의해서 수행되어야 한다. 거시건전성 감독은 미시건전성 감독과 분리되어 독립적으로 실행될 수 없으며, 감독기구 내부의 모든 부서는 미시건전성 감독과 거시건전성 감독을 동시적으로 수행하여야 하는 것이다.

둘째, 거시건전성 목적으로 활용할 감독수단과 실행방안을 명확히 하여야 한다. 기존의 미시건전성 감독수단을 거시건전성 관점에서 재해석하고, 거시건전성 목적으로 사용할 감독수단과 그 활용방안에 대하여 사전적으로 규정할 필요가 있다. 또한 거시건전성 목적으로 새로이 도입된 감독수단(예: 경기대응완충자본, 레버리지비율규제)에 대하여도 구체적인 실행방안을 마련할 필요가 있다. 그리고 순수하게 미시건전성 목적으로 사용하는 감독수단에 대하여도 시스템리스크에 미치는 영향 등을 고려하여 거시건전성 목적과 상충되지 않도록 제도를 변경하여야 한다.

셋째, 감독기구 내의 거시건전성 감독기능을 조정·총괄함과 아울러 시스템리스크의 평가와 감독수단의 결정 등 거시건전성 감독과 관련한 감독기구 내 최고의사결정 기능을 수행하는 위원회 형태의 기구(예: 거시건전성 위원회)를 설치할 필요가 있다. 동 기구는 감독기구 내 부서장급 이상의 고위간부로 구성되며, 정기적(분기/월) 또는 비정기적 회의를 통해 효과적인 거시건전성 감독기능을 수행하여야 한다. 동 위원회는 거시건전성 감독 관련 국가 차원의 최고의사결정 기구인 '(가칭)시스템위험관리위원회'에 비견되는 기능을 감독기구 내에서 수행한다고 할 수 있다.

넷째, 거시건전성 위원회의 기능을 실무적으로 보좌함과 아울러 감독기구 내 거시건전성 감독기능의 허브 역할을 수행할 별도의 전담부서(예: 거시감독국)를 설치할 필요가 있다. 거시감독국의 기능은 크게 다음의 세 가지로 나누어 볼 수 있다.

우선, 거시경제와 금융부문의 잠재적 리스크 요인에 대한 면밀한 모니터링 등 거시건전성 분석을 토대로 한 시스템리스크의 분석/평가이다. 앞에서도 언급한 바와 같이 거시건전성 분석은 거시건전성 감독의 출발점을 이룬다는 의미에서 동 분석 업무는 거시감독국의 가장 중요한 기능이라고 할 수 있다. 거시건전성 분석과 시스템리스크의 평가를 위해 모니터링체계를 구축함은 물론 거시건전성지표, 조기경보시스템, 거시스트레스테스트모형 등 다양한 분석기법을 개발·운용할 필요가 있다.

다음으로 거시감독국은 감독기구 내 거시건전성 감독기능을 총괄·조정하는 거시건전성 감독의 허브로서의 기능을 수행하여야 한다. 감독기구 내 각 부서에서 이루어지는 거시건전성 감독 관련 정보를 종합하여 전반적인 시스템리스크 평가에 활용하는 한편, 시스템리스크 평가 결과의 신속한 공유를 통해 선제적인 거시건전성 감독이 이루어질 수 있도록 해야 한다. 또한 각 부서에서 이루어지는 주요한 건전성 감독정책에 대한 파급영향 평가 등을 통해 감독정책이 거시건전성 목적과 상충되지 않도록 하는 기능도 수행할 필요가 있다.

마지막으로 거시감독국은 감독기구와 금융시장 참가자를 연결하는 의사소통채널로서의 기능을 수행할 필요가 있다. 시스템리스크의 형성과 발현은 시장참가자의 집단행동, 리스크인식 오류 등 불합리한 행동에 기인하는 경우가 많다. 따라서 거시감독국은 금융리스크분석, 금융안정보고서 등을 정기적으로 발간함으로써 시스템리스크의 수준에 대한 시장참가자의 올바른 인식을 유도할 필요가 있다.

거시건전성 감독체계(예시)

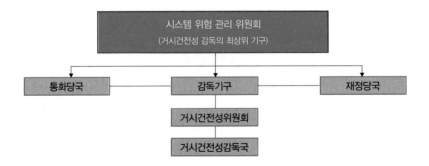

VI. 맺음말

　금융위기 이후 글로벌 금융규제개혁을 위한 핵심 의제 중의 하나로 추진되고 있는 거시건전성 감독 기능의 강화는 금융감독정책에 있어 일대 패러다임의 전환을 불러 오고 있다. 거시건전성 감독은 감독정책의 초점을 개별 금융회사의 건전성이 아닌 시스템 차원의 불안요인에 맞춤으로써 시스템리스크의 형성 나아가 시스템적 금융위기의 재발 가능성을 획기적으로 낮추는 데 기여할 것으로 기대되고 있다. 그러나 거시건전성 감독이 기대하는 효과를 거두기 위해서는 넘어야 할 산이 많은 것으로 생각된다.

　첫째, 거시건전성 감독은 새로운 감독개념으로서 아직 실행경험이 거의 없다는 점이 문제이다. 이때까지 주요국 또는 국제기구에서 실행된 거시건전성 감독은 시스템적 불안요인에 대한 모니터링 등 거시건전성 분석에 한정된 것이 사실이다. 시계열 및 횡단면 차원의 시스템리스크 방지를 위한 다양한 거시건전성 감독수단이 새로이 개발되고 있지만 이들 감독수단의 실제 운용 경험이 없는 것이다. 따라서 거시건전성 감독이 효과적으로 실행되기까지는 당분간 학습기간이 필요할 것으로 예상된다. 이러한 학습기간을 줄이기 위해서는 바젤위원회 등 국제기구를 중심으로 거시건전성 감독의 실행과 관련한 국제표준 또는 모범관행을 구체적이고 명확하게 제시하기 위한 노력이 필요할 것이다.

둘째, 거시건전성 감독의 실행체계, 특히 수행주체가 명확하지 않다는 점이 거시건전성 감독의 효과적 실행을 제한하는 주요 요인이 될 것으로 예상된다. 거시건전성 감독의 핵심 역할을 담당하여야 할 금융감독기구는 미시건전성 목표와의 상충 가능성 또는 거시건전성 감독기능에 대한 인식부재 등으로 인해 거시건전성 감독에 소홀히 할 개연성이 있다. 중앙은행도 물가안정 목표와의 상충 가능성으로 거시건전성 목표를 등한시하거나 거시건전성 정책에 비협조적인 태도를 취할 수 있다. 바젤위원회 등 국제규제기구는 거시건전성 감독의 실행체계, 수행주체의 결정 문제를 각국의 재량에 맡겨 두고 있다. 그러나 각국에서는 법적 또는 관행적 요인, 정치적 문제 등으로 인해 효율적인 실행체계의 구축이 지연되거나 어려울 수 있다. 따라서 거시건전성 감독의 실행체계에 관한 국제적 모범기준을 제시함과 아울러 국가 간 상호점검(peer review) 등을 통해 효율적 실행체계의 구축을 장려할 필요가 있다고 본다.

마지막으로 감독수단의 유효성 문제이다. 거시건전성 감독수단으로는 대표적으로 경기대응완충자본과 시스템적 추가자본규제가 제시되고 있다. 이들 감독수단은 각각 시계열 차원의 시스템리스크와 횡단면 차원의 시스템리스크에 대응하기 위한 수단이라는 점에서 차이가 있지만 자기 자본에 의존하고 있다는 점에서는 공통점을 가진다. 전통적으로 은행 자본은 개별 은행의 손실흡수능력 확충 수단으로서 사용되어 왔지만, 거시건전성 감독의 도입으로 인해 이제 손실흡수기능뿐만 아니라 시계열적, 횡단면적 시스템리스크의 형성을 방지하는 삼중의 기능을 요구받게 되었다.

앞에서 살펴본 바와 같이 시스템리스크는 근본적으로 경제 주체의 잘못된 유인(부적절한 리스크인식, 집단 행동, 대마불사 등)으로부터 비롯된다. 따라서 시스템리스크의 방지를 위해서는 자본에 의존하는 규제 수단 이외에 경제 주체의 잘못된 유인을 시정할 수 있는 다양한 감독 수단을 개발·사용하여야 할 것이다.

제10장

시스템적 중요 은행(SIB)에
대한 감독규제 강화

I. 머리말

지난 금융위기의 와중에서 대형 글로벌 금융기관의 파산 또는 부실화는 금융시스템과 실물경제로 파급되어 심대한 손실을 초래하였다. 감독 당국을 비롯한 관련 정책 당국은 대형 금융기관의 파산에 따른 파급영향을 효과적으로 제어할 수 있는 정책수단을 보유하지 못하였으며, 따라서 금융시스템의 안정성 회복을 위해 불가피하게 대규모의 공적자금 투입에 나서지 않을 수 없었다. 그러나 대규모의 공적자금 투입은 그 자체로서 엄청난 경제적 비용일 뿐만 아니라 금융회사와 시장참가자의 도덕적 해이를 조장하여 궁극적으로는 미래 금융위기의 재발 가능성을 높이는 부작용을 초래하는 문제가 있다.

금융위기를 통해 드러난 이러한 문제를 계기로 G20 등 글로벌 규제 당국은 시스템적으로 중요한 금융기관[1](SIFI: systemically important financial institutions)에 대하여는 추가적인 규제수단을 동원하여 강화된 감독규제를 실시할 필요성을 인식하였다. G20는 우선 2009년 4월 런던 정상회의에서 국제통화기금(IMF)과 금융안정위원회(FSB)에 대하여 시스템적 중요성의 측정방법과 SIFI의 식별방안을 강구할 것을 촉구하였다. 또한 2009년 9월 피츠버그 정상회의

1_이 글에서는 시스템적으로 중요한 금융기관(SIFI: systemically important financial institutions) 또는 은행(SIB: systemically important banks)을 문맥에 따라 혼용하기로 한다.

에서는 SIFI에 대한 추가자본규제(capital surcharge), 추가유동성규제(liquidity surcharge), 기타 강화된 건전성기준의 적용 등 감독강화 방안을 마련하도록 금융안정위원회(FSB)에 요구하였다. 금융안정위원회(FSB)는 다시 바젤위원회에 SIFI 규제를 위한 구체적인 방안의 마련을 요청하였으며, 바젤위원회는 산하에 거시건전성그룹(MPG: Macroprudential Group)을 창설하고 SIFI 규제방안을 집중적으로 논의하였다.

금융안정위원회(FSB)와 바젤위원회는 SIFI에 대한 감독규제 강화를 크게 두 가지 방향에서 추진하고 있다. 하나는 계속기업 관점에서 파산확률을 축소하기 위한 규제강화이며, 다른 하나는 청산관점에서 SIFI 파산시 파급영향을 축소하기 위한 규제강화이다. 전자에는 바젤위원회를 중심으로 논의되고 있는 SIFI에 대한 시스템적 추가자본규제 방안이 대표적이며, 후자는 금융안정위원회(FSB)를 중심으로 논의되고 있는 글로벌 정리제도의 개혁이 대표적이다. 금융안정위원회(FSB)는 2010년 10월 SIFI 규제강화의 기본틀을 제시한 보고서[2]를 발표하였으며, 바젤위원회는 2011년 7월 '시스템적 중요성의 측정방법과 시스템적 추가자본 부과방안'[3]을 제시한 공개초안(이하 SIFI 공개초안)을 발표하였다. 이 장은 바젤위원회와 금융안정위원회(FSB)를 중심으로 이 때까지 논의된 SIFI 감독규제 강화방안의 주

2_"Reducing the moral hazard posed by systemically important financial institutions: FSB Recommendations and Time Lines," FSB, October 2010.

3_"Global systemically important banks: Assessment methodology and the additional loss absorbency requirement," BCBS, Consultative Document, July 2011.

요 내용을 정리한 것이다. 금융안정위원회(FSB)는 2011년 11월 프랑스 칸 G20 정상회의를 거쳐 "글로벌 SIFI 규제기준"을 공식 발표할 예정으로 있다.

II. 시스템적 중요성의 의의와 측정

1. 시스템적 중요성의 의의

시스템적 중요성이라는 개념은 2007년부터 시작된 금융위기를 겪으면서 처음으로 제기되었다. 시스템적 중요성은 시스템리스크(systemic risk)와 밀접히 관련되는 개념이다. 특정 금융회사가 시스템리스크를 초래할 가능성이 있으면 시스템적 중요성이 있다고 평가하는 것이다. 달리 표현하면 특정 금융회사의 시스템적 중요성은 당해 금융회사가 전체 시스템의 리스크에 기여하는 정도에 따라 결정된다고 할 수 있다.

따라서 시스템적 중요성을 정의하기 위해서는 시스템리스크를 먼저 엄밀히 정의하여야 한다. 이때까지 시스템리스크는 일반적으로 금융회사의 지급불능 또는 파산 등으로 인하여 금융시스템(또는 실물경제) 전체에 걸친 광범위한 부정적 영향이 초래될 리스크를 의미하는 것으로 이해되어 왔다. 그런데 시스템리스크가 초래하는 부정적 영향의 범위에 관하여는 통일된 견해가 존재하지 않았다. 일부는 금융시스템의 붕괴가 실물경제로까지 파급되는 경우만을 시스템리스크로 정의하는 데 반하여, 다른 일부는 실물경제로 부정적 영향의 파급 여부에 불문하고 금융시스템의 붕괴가 발생하는 경우를 모두 시스템리스크로 정의하였다.[4]

시스템리스크에 대한 엄밀하고도 공식적인 정의는 G-20의 요청에 의해 이루어진 IMF/BIS/FSB(2009)[5]에 의해 처음으로 이루어졌다. 이에 따르면 시스템리스크는 다음 두 가지 요건을 동시에 충족한 경우를 의미한다: (1) 금융시스템의 전반적 또는 부분적 손상으로 인해 금융서비스의 공급에 중단(disruption)이 발생하고, (2) 이로 인해 실물경제에 심각한 부정적 영향이 초래된 경우. IMF/BIS/FSB(2009)는 실물경제에 부정적 영향이 초래되지 않은 단순한 금융서비스의 중단 또는 손상은 시스템리스크로 규정하지 않았다. 이와 같은 정의에 기초하여 바젤위원회는 시스템적 중요성을 특정 금융회사의 파산이 글로벌 금융시스템과 실물경제에 미치는 영향의 크기에 따라 측정되어야 한다고 주장하였다.[6]

IMF/BIS/FSB(2009)와 그 밖의 문헌들, 그리고 바젤위원회는 시스템적 중요성 평가에 있어 다음과 같은 점들을 고려하여야 함을 지적하였다.

첫째, 시스템적 중요성의 평가가 이분법적으로 이루어져서는 안 된다는 것이다. 이는 시스템적으로 중요한 금융회사(SIFI)와 그렇지 않은 금융회사(Non-SIFI)를 엄격히 구분하는 것이 실무적으로 매우

4_예컨대 IMF(2010.4월)는 시스템리스크에 대한 유일한 정의는 존재하지 않음을 지적하면서 시스템리스크를 특정 금융회사의 파산시 상호연계성으로 인해 여타 금융회사에 대규모의 손실을 초래하는 것으로 정의하였다.

5_"Guidance to assess the systemic importance of financial institutions, markets and instruments: Initial considerations," IMF/BIS/FSB, September 2009.

6_BCBS(2011.7월) 참조.

어려운 문제이기도 하지만, 사실상 대부분의 금융회사가 시스템리스크를 초래할 잠재적 가능성을 어느 정도는 내포하고 있기 때문이다.[7] 또한 특정 금융회사를 SIFI로 분류할 경우에 초래될 수 있는 도덕적 해이도 고려되었다. 즉 대마불사의 SIFI로 분류된 은행들은 위기시 정부 지원을 기대하면서 오히려 위험추구를 확대할 개연성이 있으며, 시장참가자들도 SIFI로 분류된 은행에 대해서는 시장규율의 유인이 현저하게 저하될 수 있는 것이다.[8]

둘째, 실물경제 및 금융시장의 상황에 따라 시스템적 중요성이 달라질 수 있다는 것이다. 이는 경제상황이 취약하거나 금융위기의 기간 중에는 금융회사의 파산 등으로 인한 파급영향이 정상적인 상황에서보다 훨씬 크게 나타날 수 있기 때문이다. 예를 들어 금융시스템 내에서 중요성이 상대적으로 낮은 금융회사의 경우에도 취약한 경제상황 하에서는 도산 또는 부실화시 금융시스템의 건전성에 대한 일반의 신뢰상실을 촉발하는 중요한 사건이 될 수 있는 것이다. 이와 같은 시스템적 중요성 개념의 시간적 가변성(time-varying nature)은 시스템적 중요성에 대한 평가가 주기적으로, 특히 금융시스템에 위

7_Brunner, Crockett, Goodhart, Persaud and Shin(2009)(일명 제네바 보고서)는 시스템적 중요도에 따라 금융회사를 다음과 같은 네 가지 종류로 구분하였다. (1) 규모가 크고 상호연계되어 항상 시스템적으로 중요한 금융회사, (2) 개별적으로는 시스템적 중요도가 낮으나 집합적으로는 시스템적 중요성이 높은(systemic as part of a herd) 금융회사(헤지펀드 등), (3) 규모는 크나 레버리지가 낮아 시스템적 중요성이 낮은 금융회사(보험회사 및 연기금 등), (4) 시스템적 중요성이 거의 없는 소규모 금융회사 등.

8_예를 들어, 1984년에 미국의 통화감독청(OCC)이 11개 은행을 대마불사(too big too fail)로 지정을 하자 이들 은행의 주가가 정부의 암묵적 보증에 대한 기대로 인해 급등한 사례가 있다.

기 징후가 있는 경우에는 빈번히 이루어져야 함을 시사하는 것이다.

셋째, 시스템적 중요성 개념은 지역, 국가, 또는 국제금융시스템 등 다양한 지리적 차원(geographical context)에서 정의될 수 있다. 이는 시스템적 중요성에 대한 논의 과정에서 중요한 이슈의 하나로 부각되었다. 일부에서는 절대규모가 작은 경우 글로벌 차원의 시스템리스크를 초래할 위험성이 크지 않으므로 국제적 대형 금융회사로 규제대상을 한정해야 한다고 주장한 반면, 다른 일부에서는 해당 국가의 경제력으로 손실을 흡수할 수 있는지 여부가 중요하므로 개별 국가 내 대형 금융회사도 규제대상에 포함할 필요가 있음을 주장하였다. 이에 대한 논의 결과 바젤위원회는 시스템적 중요성 개념이 국제금융시스템의 차원에서 정의되어야 하며, 개별 국가 내 대형 금융회사에 대하여까지 국제적인 규제기준을 설정할 필요는 없는 것으로 결론을 내렸다. 이에 따라 바젤위원회는 글로벌 차원에서 시스템적 중요성을 갖는 G-SIFI(Glogal-SIFI)에 대하여만 논의를 집중하였다.

넷째, 규모, 상호연계성 등의 지표상으로는 SIFI에 해당되더라도 국제영업(international activities)을 활발히 영위하지 않는 은행, 즉 해외 지점이나 자회사가 거의 없는 은행의 경우에는 국제금융시스템상의 SIFI에서 제외하여야 한다는 견해를 일부에서 제기하였다. 이러한 견해는 이들 은행의 경우 국제영업을 영위하지 않아 국제금융시스템에 미치는 파급효과가 매우 제한적일 것으로 예상된다는 점과 함께 바젤협약이 전통적으로 국제업무를 영위하는 은행에만 적용되어 왔다는 점을 근거로 한 것이다. 그러나 바젤위원회는 논의과정에서 이러한 예외를 인정하지 않고 규모, 상호연계성 등 지표에 의해 SIFI로 선정되는 모든 은행을 규제대상에 포함하는 것으로 협의하였다. 국내 영업만을 영위하는 은행의 경우에도 해외자금조달 및 해외자산운용 등으로 국제적 상호연계성이 높은 경우에는 파산시 국제금융시스템에 미치는 파급효과가 클 수 있다는 점을 고려한 것이다.

2. 시스템적 중요성의 측정

개별 금융회사의 시스템적 중요성의 측정은 SIFI에 대한 감독규제, 나아가 거시건전성 감독의 출발점을 이루는 것이라고 할 수 있다. 시스템적 중요성이 측정되지 않고서는 금융회사별로 시스템적 중요도에 따른 차별적인 규제가 이루어질 수 없기 때문이다. 시스템적 중요성의 측정은 SIFI에 대한 규제와 관련하여 바젤위원회 내부에서 가장 많은 논의가 이루어진 주제이다.

(1) 모형법과 지표법

시스템적 중요성 측정 방식으로서 계량모형을 활용하는 방안(모형법, Model-based approach)과 소수의 지표를 활용하는 방안(지표법, Indicator-based approach)이 검토되었다. 모형법은 금융시스템 전체의 리스크 총량[9]과 이에 대한 개별 금융회사의 기여도를 측정[10]하는

9_금융시스템의 리스크 총량을 측정한 연구로는 Kuritzkes, Schuermann and Weiner(2005), Segoviano and Goodhart(2009) 등이 있다.

10_금융시스템의 총리스크에 대한 개별 금융회사의 기여도를 측정한 연구로는 Acharya., Pedersen, Philippon, and Richardson(2009), Adrian and Brunnermeier(2009), Tarashev(2010) 등이 있다.

방식으로서 이론적으로 엄밀하다는 장점은 있으나 이들 모형들이 아직 개발의 초기 단계에 있고 복잡하며 추정 결과의 신뢰도가 낮아 현 단계에서는 적용하기 어려운 것으로 판단되었다. 지표법은 시스템적 중요성을 나타내는 소수의 지표를 선정하고 이들 지표에 점수를 부여한 후 이를 합산(또는 가중평균)하는 방식으로서 계산 방식이 간단하다는 장점이 있다. 따라서 바젤위원회는 당분간 지표법을 사용하여 시스템적 중요도를 측정하되 향후 모형법을 더욱 개발하여 지표법을 보완하거나 대체하는 등의 방안을 고려할 것으로 예상된다.

(2) 시스템적 중요성의 측정지표와 측정방법

IMF/BIS/FSB(2009)는 각국의 중앙은행 및 감독 당국 등을 대상으로 한 설문조사를 토대로 시스템적 중요성을 판단하는 기준으로서 규모(size), 대체도(lack of substitutability) 및 상호연계성(interconnectedness)을 제시하였다. 여기에서 규모는 특정 금융회사가 제공하는 금융서비스의 크기를 의미하며, 대체도는 특정 금융회사가 금융서비스를 제공하지 못할 경우 다른 회사가 동일 서비스를 제공하기 어려운 정도를 의미하며, 상호연계성은 특정 금융회사의 파산이 타 금융회사와의 계약 관계 등을 통해 시스템 전체에 미치는 연쇄효과(chain effect)의 정도를 의미한다.

이후로 바젤위원회는 지표법 개발을 위한 오랜 논의[11] 끝에 글로

11_지표법 개발을 위한 바젤위원회의 논의는 적절한 지표 선정의 어려움, 데이타 갭(데이타의 부재 · 획득 곤란 · 시의성 부족 · 국제표준화 부족 등)의 문제, 가중치에 대한 각국의 이견 등의 문제로 난항을 거듭하였다.

벌 활동성(cross-jurisdictional activity)과 복잡도(complexity)를 시스템적 중요성의 판단기준에 추가하기로 하였다. 글로벌 활동성은 국제금융시장을 무대로 활동하는 글로벌 SIB의 특성을 반영하기 위한 것이고, 복잡도는 그룹구조가 복잡할수록 정리가 어려워지고 금융시스템과 실물경제에 미치는 파급영향이 커지는 점을 고려한 것이다.

이에 따라 시스템적 중요성은 규모, 연계성, 대체도, 상호연계성, 글로벌 활동성, 복잡도 등 총 5개 부문의 12개 지표에 의해서 측정하는 것으로 최종 합의되었다. 바젤위원회는 'SIFI 공개초안'에서 은행별로 시스템 중요성을 측정하는 구체적인 방식으로서 (1) 각 지표별로 글로벌 은행시스템의 전체 총량(실무적으로는 73개 글로벌 표본 은행의 총계치)에서 차지하는 비중[12]을 산출하고, (2) 동 지표별 비중을 단순평균하여 부문별 점수를 산출하며, (3) 동 부문별 점수를 다시 단순평균하여 종합점수를 산출하는 방식을 제시하였다. 이와 같은 방식을 따를 경우 예컨대 규모를 나타내는 지표인 '총익스포져'는 20%

12_바젤위원회는 지표들의 명목금액이 아니라 글로벌 은행시스템의 전체 총량에서 차지하는 비중을 사용하는 방식이 다음과 같은 이점이 있는 것으로 판단하였다. 첫째, 시스템적 중요성의 구조적 특성을 반영하되 경기적 특성을 반영하지 않는 이점이 있다. 만약 총익스포져의 명목금액을 그대로 사용하게 되면 경기상승기에는 신용팽창으로 인해 은행들의 시스템적 중요성이 상승하고, 경기후퇴기에는 그 반대의 현상이 나타나게 된다. 이는 경기후퇴기에 시스템 전체의 리스크가 증가하고 이에 따라 은행들의 시스템적 중요성이 상승한다는 직관과 상충하는 것이다. 다음으로, 명목금액을 그대로 사용하는 경우 발생하는 문제, 즉 총익스포져의 영향이 지나치게 커지는 문제를 방지할 수 있다. 이 문제는 시스템적 중요성과 관련되는 대부분의 지표가 총익스포져와 높은 상관관계를 가질 뿐만 아니라 다른 변수에 비해 총익스포져의 절대규모가 훨씬 크기 때문에 발생하는 것이다. 명목금액을 그대로 사용할 경우 실질적으로 총익스포져 규모에 따라 시스템적 중요성이 결정되어 버리는 결과가 초래된다.

의 가중치를 적용하게 되며, 상호연계성을 나타내는 지표인 '금융시스템 내 자산'은 6.67%의 가중치를 적용받게 된다.

시스템적 중요성 측정지표

부문	개별 지표	산출 방법	비중
국경 간 거래규모 (20%)	국경간 채권	총해외채권 − 은행내 채권 + 해외점포의 현지 채권	10%
	국경간 부채	총해외부채 − 은행내 부채 + 해외점포의 현지 부채	10%
규모 (20%)	총익스포저 규모	레버리지비율 산출시 적용되는 익스포저 (자산총계 + 부외항목 − 공제항목)	20%
상호연계성 (20%)	금융시스템 내 자산	금융기관간 대출 + 다른 금융기관 발행 보유증권 + 순역RP +금융기관간 순증권대여 +금융기관간 순장외파생채권	6.67%
	금융시스템 내 부채	금융기관간 예금 + 발행증권 중 다른 금융기관 보유분 + 순RP + 금융기관간 순증권차입+ 금융기관간 순장외파생부채	6.67%
	도매자금조달비율	(총부채 − 소매조달) / 총부채	6.67%
대체도 (20%)	코스터디 업무 규모	다른 금융기관에 대한 코스터디업무 목적으로 보유한 자산	6.67%
	지급결제 거래금액	주요 지급결제시스템으로 거래한 금액	6.67%
	자본시장의 증권인수금액	자본시장에서의 연간 증권인수 금액	6.67%
복잡도 (20%)	장외파생상품 명목금액	장외파생상품의 잔존 명목가치(보고일 기준)	6.67%
	레벨3 자산규모	레벨3 자산의 보유규모	6.67%
	트레이딩계정 및 매도가능증권	트레이딩계정 증권의 장부가액 및 매도가능증권의 평가액	6.67%

(3) 연속법과 구간법

지표법과 관련하여 제기된 실무적인 이슈 중의 하나는 시스템적 중요도를 어느 정도 세분화하여 측정할 것인가 하는 점이다. 앞에서 설명한 바와 같이 시스템적으로 중요한 은행(SIB)과 그렇지 않은 은행(non-SIB)으로 구분하는 이분법은 도덕적 해이의 초래 가능성 등의 문제가 있음이 지적이 되었다. 이에 따라 은행별로 시스템적 중요도를 지수화하여 연속적으로 측정하는 연속법(continuous measure)과 일정 구간별로 나누는 구간법(bucketing approach)이 검토되었다.

연속법은 은행별로 정밀하게 시스템적 중요도를 측정함으로써 절벽효과(cliff effect; 지표값의 소폭 변화로 인해 시스템적 중요도가 크게 달라지는 문제)와 도덕적 해이를 최소화할 수 있다는 장점이 있으나 데이타갭의 존재 등으로 완벽한 측정이 어려운 데다 감독 당국의 재량이 작용할 여지가 적다는 문제가 지적이 되었다. 구간법은 이분법과 연속법의 장점을 취합한 현실적인 방법으로 고려되었으나 구체적으로 구간을 어느 정도로 세분화할 것인지가 쟁점으로 부각되었다.

바젤위원회는 2009년 말 현재 총자산 등을 기준으로 하여 73개 은행을 G-SIB의 후보은행군으로 선정하고, 동 후보은행군에 대하여 지표법을 이용하여 시범적으로 시스템적 중요도를 분석하였다. 동 분석결과를 토대로 바젤위원회는 28개[13] 은행을 G-SIB로 식별하기로 하였으며, 동 28개 은행에 대하여 5개의 구간으로 세분화하여 시스템적 중요도를 차별화하는 것이 가장 현실적이며 바람직한 것으로 판단하였다. 그리고 은행들에게 시스템적 중요도를 낮추도록 하

13_28개는 고정된 것이 아니라 은행의 영업행태 변화 등에 따라 변동할 수 있는 것이다. 후술하는 바와 같이 바젤위원회는 G-SIB의 수를 3~5년 단위로 재평가하기로 하였다.

는 유인을 제공하기 위하여 시스템적 중요도가 가장 높은 최상위 구간(5번째 구간)은 어떤 은행도 배속시키지 않고 항상 공백으로 남겨두도록 하였다.

(4) 제한적 재량의 원칙

시스템적 중요도 측정과 관련하여 각국 감독 당국에 재량(discretion)을 어느 정도 허용할 것인가 하는 문제가 제기되었다. 이 문제는 바젤위원회 내에서 상당히 비중있게 검토되었다. 당초에는 시스템적 중요도 측정에 있어 국제적 일관성 및 공정경쟁 여건 확보를 위해 정량적이고 준칙적인 측정 방식을 제시한다는 방침이었으나 각국 감독 당국에 일정 정도 재량을 부여하는 방향으로 선회하였다. 지표법만으로는 시스템적 중요성의 완벽한 측정이 어려우므로 각국의 특수한 사정을 고려하여 각국 감독 당국이 전문적인 판단(expert judgment)에 의해 지표법을 보완할 필요성이 제기된 것이다. 이에 따라 바젤위원회는 각국 감독 당국이 일련의 보조지표와 질적 판단 등을 고려하여 지표법에서 산출된 정량적 평가지수(benchmark guide)를 상하향 조정할 수 있는 길을 열어 놓았다.

그러나 바젤위원회는 국제적 일관성과 공정경쟁 여건 확보를 위해 각국 감독 당국의 재량적 개입을 최소화하는 장치를 마련하고자 하였다. 즉 각국의 감독 당국이 지표법에 의한 평가지수를 조정하고자 하는 경우에는 바젤위원회의 권고에 의해 금융안정위원회(FSB)가 관련 국제기구의 폭넓은 의견을 수렴하여 최종 결정토록 하는 등 까다로운 절차를 거치도록 하였다(절차 요건 consultation requirement).

또한 특정 은행에 대하여 시스템적 추가자본 부과의 변경 등 중대한 결과가 초래되는 경우에만 조정이 이루어지도록 하였다(중대성 요건 materiality requirement). 이와 같은 절차 요건 및 중대성 요건에 더하여 모국 감독 당국이 관할 은행에 대하여 평가지수를 하향 조정하고자 하는 경우와 주재국 등 기타국의 감독 당국이 특정 은행에 대하여 평가지수를 상향 조정하고자 하는 경우에는 그 타당성 등에 대한 더욱 엄격한 심사를 거치도록 하였다.

보 조 지 표

부문	개 별 지 표
글로벌 활동성	해외수익/총수익 비중
	해외채권/총자산비중 및 해외부채/총부채 비중
규모	총수익 또는 순이익
	시가총액
대체도	시장참여도 1. 환매조건부채권매매(RP), 역환매조건부채권매매(역RP), 증권대출거래의 총 공정가액 2. 장외파생거래의 총공정가액
복잡도	진출 국가(jurisdictions)의 수

(5) 시스템적 중요도의 정기적 재측정 및 조정

바젤위원회는 G-SIB 후보은행군을 대상으로 시스템적 중요도를 매년 측정하기로 하였다. 또한 지표법의 측정방식, G-SIB 후보은행군(2011년 현재 73개), G-SIB의 수(2011년 현재 28개), 구간의 수(2011년 현재 5개)와 구간을 나누는 절사점 등을 3~5년을 주기로 조정하기로 하였다. 이와 같은 측정방식의 주기적 조정은 은행업에 있어 발생한 주요 변화들을 반영함과 아울러 은행들로 하여금 영업모델 변경 등을 통해 시스템적 중요도를 줄이도록 하는 유인을 제공하기 위한 것이다.

시스템적 중요도 측정 및 조정의 주기

지표법에 의한 중요도 측정	지표법의 측정 방식 개선	G-SIB 후보 은행군 선정	G-SIB의 수 결정	구간의 수 및 절사점 결정
매년	3~5년	3~5년	3~5년	3~5년

III. 시스템적 중요은행에 대한 감독규제 강화

금융안정위원회(FSB)는 시스템적 중요 금융기관(SIFI)의 도덕적 해이 축소와 부실화시 파급영향의 최소화를 위해 SIFI에 대한 규제강화를 위한 규제체계[14]를 마련하였다. SIFI 규제체계는 (1) 손실흡수능력 확충, (2) 정리제도 정비, (3) SIFI에 대한 감독강화, (4) 핵심 금융인프라의 강화 등 4개의 축으로 구성되어 있다. 2010년 11월 서울에서 개최된 G20 정상회의는 금융안정위원회가 마련한 동 SIFI 규제체계를 승인하였다. 아래에서는 이들 4개 축을 자세히 살펴보기로 한다.

1. 손실흡수능력의 확충

금융안정위원회(FSB)는 G-SIB에 대하여 바젤Ⅲ의 최소자본 규제기준보다 높은 수준의 손실흡수능력(loss absorption capacity)을 보유하도록 하였다. 그리고 손실흡수능력의 제고는 시스템적 추가자본 규제, 조건부자본, 부실 시점에서 규제자본의 손실흡수능력 강화 등의 조합을 통해 달성되도록 하였다. 이 밖에도 금융안정위원회는 추가유동성규제, 거액여신규제, 은행세, 금융그룹구조에 대한 규제 등이 손실흡수능력 제고 목적으로 활용될 수 있음을 인정하였다. 이러

14_"Reducing the moral hazard posed by systemically important financial institutions," FSB, October 2010.

한 손실흡수능력 확충 방안 중에서 가장 심도있게 논의된 것이 시스템적 추가자본규제이다.

(1) 시스템적 추가자본규제의 근거

바젤Ⅲ는 시스템적으로 중요하지 않은 은행(non-SIB)보다 SIB에 더 많은 영향을 미칠 것으로 예상되는 다수의 요소들을 포함하고 있다. 예컨대 소수주주지분에 대한 공제강화, 재증권화/트레이딩계정/파생상품거래/은행간 신용공여 등에 대한 자본규제 강화, 레버리지비율규제 도입, 부실 시점의 조건부자본제도 도입(non-viability contingent capital) 등은 SIB의 자본보유 부담 또는 손실흡수능력을 상대적으로 더 많이 증가시킬 것으로 기대되는 조치들이다.

이에 따라 SIB에 대하여 별도의 시스템적 추가자본(systemic capital surcharge)을 부과할 필요가 없다는 견해가 바젤위원회 회원국 내부에서도 제기되었다. 그러나 이와 같은 견해는 논의의 초기 과정에서 제외되었으며, SIB의 시스템적 중요성을 고려한 거시건전성 목적의 추가자본규제가 별도로 필요하다는 견해가 우세를 점하게 되었다. 바젤Ⅲ 자본규제강화는 특정 부문의 영업행위와 관련된 리스크를 축소하기 위한 미시건전성 목적으로 도입된 것으로서 SIB의 파산에 따른 보다 광범위한 경제적 비용을 축소하는 데에는 불충분하다는 공감대가 형성된 것이다. 특정 영업행위와 관련되지 않은 광의의 시스템적 추가자본을 부과함으로써 SIB에 대하여 규모, 상호연계성 등 시스템적 중요성을 축소토록 유도하고 이를 통해 SIB 파산에 따른 파급영향을 줄이도록 할 필요성이 인식된 것이다.

바젤Ⅲ 자본규제 강화의 SIB에 대한 영향

• 재증권화 및 트레이딩 계정에 대한 자본규제 강화: 바젤위원회는 2009년 7월 세 개의 보고서[15]를 통해 재유동화증권, 신용파생상품, 주식 등에 대한 자본요구량을 상향 조정하였다. 트레이딩 계정 거래는 주로 대형의 선진화된 SIB에 의해 수행되고 있으며, 따라서 동 규제강화는 SIB의 자본보유 부담을 더 많이 증가시키는 효과를 가져올 것으로 예상된다.

• 장외파생상품거래의 거래상대방 리스크와 관련한 자본규제 강화: 바젤Ⅲ 자본규제강화의 일환으로 중앙청산소(CCP)를 통하지 않은 장외파생상품거래에 대하여 자본규제를 대폭 강화하였다. 장외파생상품거래는 대부분 SIB에 의해 수행되고 있으며, 복잡성 및 상호연계성의 주요 원인이 된다.

• 소수 주주지분에 대한 공제기준 강화: 바젤Ⅲ 자본규제 강화의 일환으로 소수 주주지분의 자본공제기준을 대폭 강화하였는데, 이는 자회사 및 특수목적회사(SPV)를 보유한 SIB의 자본보유 부담을 크게 증가시킬 것으로 예상된다.

15_"Enhancements to the Basel II framework," "Guidelines for computing capital for incremental risk in the trading book," "Revisions to the Basel II market risk framework – final version,"

- 은행간 신용 공여에 대한 자산상관 계수의 상향: 바젤Ⅲ 자본규제강화의 일환으로 자산규모가 1,000억 달러를 초과하는 거래상대방과의 은행 간 신용 공여시 자산상관 계수를 상향(1.25배의 배수 적용)토록 함으로써 은행 간 신용 공여와 관련된 요구자본규모가 증가하는 결과가 초래되었다.

- 부실 시점 조건부자본제도: SIB의 경우 부실화시 구제금융이 지원되는 관행으로 인해 이때까지 후순위채권 등 청산자본(gone concern capital)의 손실흡수능력이 제로(0)에 가까웠다. 바젤위원회는 2010년 12월 부실 시점 조건부자본제도를 도입함으로써 SIB가 발행한 청산자본이 보통주 전환 또는 상각을 통해 실질적인 손실흡수능력을 가지도록 하였다.

- 레버리지비율에 대한 규제강화: 고급측정법(advanced approach)을 사용하여 위험가중자산을 축소하는 은행(대부분 SIB)의 경우 표준법 (standardarized approach)을 사용하는 은행(대부분 비SIB)에 비해 레버리지비율 규제강화에 따른 영향을 더 많이 받을 것으로 예상된다. 이는 트레이딩 계정의 자산규모가 클수록 위험가중자산과 대차대조표상 자산의 차이가 크기 때문이다.

(2) 시스템적 추가자본의 부과방식

바젤위원회는 시스템적 추가자본의 부과방식과 관련하여 두 가지

방안을 검토하였다: (1) 최저규제자본의 일부로 부과하는 방안(Pillar 1 방식), (2) 완충자본의 형태로 부과하는 방안(자본보전완충자본과 동일한 메커니즘).

당초에는 최저규제자본의 일부로 부과하는 방안(Pillar 1 방식)에 무게 중심[16]을 두었으나, 일부 회원국의 반대와 은행업계의 반발 등으로 인해 동 방안은 논의대상에서 제외되었다. Pillar 1 방식으로 할 경우 은행별 시스템적 추가자본규제 내용을 일반에 공개해야 하기 때문에 SIB에 대한 시장규율이 현저히 저하되는 도덕적 해이가 초래될 수 있고, 감독 당국이 재량에 의해 추가자본규제를 신축적으로 조정할 수 있는 여지가 크게 줄어들게 되며, 또한 사실상 최저규제비율을 상승시키는 결과를 가져올 수 있다는 우려가 제기되었던 것이다.

시스템적 추가자본의 도입 목적은 SIB에 추가적인 자본버퍼를 보유토록 하고, 위기상황에서 동 자본버퍼로 손실을 흡수토록 함으로써 자본비율이 최저규제비율 이하로 하락할 확률을 감축시키는 데 있다. 만약 시스템적 추가자본을 최저규제자본으로 규정하게 되면 위기상황에서 손실을 흡수하는 추가적인 자본버퍼로서의 기능을 수행하지 못하게 되는 것이다.

이러한 논의에 따라 바젤위원회는 G-SIB에 대한 시스템적 추가

16_예를 들어 위험가중자산 또는 자기자본비율에 일정한 승수(multiplier)를 곱하는 방안, 양질의 자본을 보유토록 자본구성을 강화(보통주자본비율의 상향 등)하는 방안, 시스템리스크를 증가시키는 영업행위 또는 익스포져에 대하여 위험가중치를 상향하는 방안 등이 검토되었다.

자본규제를 자본보전완충자본의 버퍼구간을 확장하는 형태로 도입하기로 하였다. G-SIB가 시스템적 추가자본규제를 위반할 경우에는 자본보전완충자본에서 사용되는 배당제한 등 자동적이고 즉각적인 자본확충제도(capital retention mechanism)가 발동된다. 또한 G-SIB가 시스템적 중요도 상승으로 인해 상위의 버퍼구간으로 이동할 경우에는 12개월 이내에 그에 따른 추가적인 자본규제를 충족토록 하였다. 동 유예기간(grace period) 이내에 동 추가자본규제를 충족하지 못하는 경우에는 역시 배당제한 등 자본확충제도가 발동된다.

(3) 시스템적 추가자본의 충족을 위한 자본수단

바젤위원회는 시스템적 추가자본의 충족을 위한 자본수단으로서 (1) 보통주자본, (2) 베일인(Bail-in) 채권(부실 시점 조건주자본 포함), (3) 계속기업 관점의 조건부자본(going concern contingent capital) 등 세 가지 방안을 고려하였다.

바젤위원회는 우선 시스템적 추가자본이 계속기업관점의 손실흡수능력 강화를 목적으로 하기 때문에 청산관점의 손실흡수능력 확보를 목적으로 하는 베일인 채권(부실 시점 조건부자본 포함)에 의해서는 충족될 수 없다는 점에 대해 합의하였다. 그리고 베일인 채권은 금융안정위원회(FSB)가 추진하고 있는 보다 광의의 G-SIFI 정리제도 개선 논의의 일환으로 검토되어야 한다는 데 인식을 같이 하였다.

바젤위원회는 다음으로 제1안과 제3안에 대하여 장단점을 심도있게 검토하였다. 보통주자본은 바젤Ⅲ 자본정의 강화의 핵심적인 부문을 차지하는 요소로서 은행이 계속기업으로서 존속하는 데 필요한 완전한 손실흡수능력을 갖는 가장 양질의 자본이다. 따라서 보통주자본은 G-SIB의 시스템적 추가자본 충족을 위한 가장 단순하면서도 효과적인 수단이라고 할 수 있다. 반면 보통주자본은 조달비용이 가장 높은 자본조달수단이라는 점이 단점으로 지적되었다.

계속기업관점의 조건부자본은 은행이 계속기업으로서의 지위를 유지하는 기간 동안 보통주로 전환되는 자본조달수단을 의미하는 것이다. 계속기업관점의 조건부자본은 대리인 문제의 완화, 시장규율 기능의 제공, 상대적으로 낮은 조달비용 등의 장점을 갖는 반면 트리거 작동의 불확실성, 복잡성, 부정적 시그널의 제공 가능성 등의 단점을 가지는 것으로 분석되었다.

이러한 장단점을 종합적으로 고려하여 2011년 6월 GHOS 회의는 조건부자본을 허용하지 않고 보통주자본으로만 시스템적 추가자본을 충족토록 하는 것에 최종 합의하였다.[17] 그러나 바젤위원회는 각국의 감독 당국이 국제기준보다 더 엄격한 기준으로 G-SIB에 대한 추가손실흡수능력을 강화하고자 할 경우 조건부자본의 사용도 인정할 수 있도록 재량권을 부여하였으며, 장기적으로 조건부자본의 손실흡수능력과 그 사용 여부를 지속적으로 검토해 나갈 계획임을 밝혔다.

17_"Group of Governors and Heads of Supervision agree on measures for global systematically important banks," BCBS, Press release, 25 June 2011.

계속기업관점 조건부자본의 적격요건

트리거조건 등

1. G-SIB의 보통주자본비율이 최소 7% 이하로 하락시 보통주 전환 또는 영구상각을 통해 보통주자본으로 전환된다는 조항을 조건부자본의 트리거조건에 반드시 포함할 것

2. 트리거 발동시 발행될 수 있는 신주의 수에 대한 상한(cap)을 자본증권의 약관에 명시하여야 하며, 트리거 발동시 약관에 명시된 해당 보통주를 즉각적으로 발행할 수 있도록 사전적인 인가(prior authorization)를 항상 획득·유지할 것

3. 보완자본(Tier 2)의 모든 적격요건(부실 시점 조건자본 요건 포함)을 충족할 것

금융그룹에 대한 처리

4. 금융그룹에 속한 은행이 조건부자본증권을 발행할 경우, 동 조건부자본의 상각/전환으로 발생한 보통주는 금융그룹의 보통주로 인식될 것

발행자 및 투자자에 대한 처리

5. 시스템적 추가자본 충족을 위한 조건부자본은 다른 규제자본의 충족을 위해서는 사용될 수 없음. 또한 은행이 조건부자본증권에 투자하는 경우, 동 투자분은 바젤Ⅲ의 공제기준에 따라 보통주자

본으로부터 공제하여야 함

계속기업 관점 조건부자본의 장단점

장점

(1) 대리인 문제의 완화: 조건부자본은 부채증권이 갖는 규율기능을 통해 주식에 내재하는 대리인 문제[18]를 완화할 수 있다.

(2) 주주에 대한 규율기능: 트리거의 발동으로 인해 조건부자본이 보통주로 전환될 경우 기존 주주의 소유권이 희석된다. 이를 인식한 은행주주는 트리거의 발동을 방지하기 위해 과도한 위험추구의 자제 또는 신주발행 등을 통한 선제적인 자본확충의 유인을 갖는다.

(3) 조건부자본증권의 투자자에 대한 규율기능: 조건부자본에 대한 투자자는 조건부자본의 보통주 전환시 투자원금의 손실 가능성으로 인하여 은행 리스크에 대한 모니터링 유인을 갖는다.

(4) 은행 건전성에 대한 시장평가정보의 제공: 대마불사의 대형은행이 발행하는 증권의 시장가격(리스크프리미엄)은 부실화시 구제금융 지원의 가능성을 반영하여 적정 수준보다 높은(낮은) 수준에서 결정되는 경향이 있다. 조건부자본증권은 투자원금의 손실 가능성으로 인하여 시장가격(리스크프리미엄)에 이러한 왜곡이 발생하지 않는다. 따라서 조건부자본증권의 시장가격은 은행 건전성에 대한

18_하방리스크는 제한된 반면 상방이득은 무한대인 주식의 특성으로 인해 주주가 과도한 위험추구 유인을 갖게 되는 문제를 말한다.

올바른 시장평가를 반영할 수 있다.

(5) 비용 효율성: 조건부자본은 보통주자본에 비하여 상대적으로 낮은 비용으로 조달이 가능한 비용 효율성이 높은 자본조달수단이다. 따라서 은행은 보통주자본에 비하여 많은 양의 조건부자본을 발행함으로써 손실흡수능력을 확충할 수 있다.

단점

(1) 트리거 발동의 불확실성: 조건부자본은 트리거가 의도한 대로 잘 작동할 경우에만 효력을 발휘한다. 조건부자본이 새로운 자본조달수단인 점을 고려할 때 트리거가 잘 작동할 수 있을지 여부가 불확실하다.

(2) 복잡성: 조건부자본의 도입은 G-SIB의 자본구조를 복잡하게 만들며, 시장참가자, 감독 당국, 은행 경영진 등이 G-SIB의 자본구조를 이해하는 것을 어렵게 한다.

(3) 부정적 시그널의 가능성: 트리거의 발동은 은행 건전성 등에 대한 부정적 시그널을 제공하여 금융시장 불안을 촉발할 수 있으며, 특히 스트레스 기간 중에는 새로운 '이벤트리스크(event risk)'로 인식되어 시장불안이 더욱 증폭될 수 있다. 또한 트리거조건으로서 보통주자본비율 7%를 설정하는 경우 자본보전완충자본이 사실상의 최저규제자본으로 인식되어 스트레스 기간 중에 은행이 자본보전완충자본을 사용하기 어려워질 수 있다.

(4) 은행주주에 대한 부정적 유인: 조건부자본의 보통주 전환으로 초래되는 소유권 희석은 은행주주에 부정적 유인을 제공할 수 있

다. 예컨대 보통주자본비율의 7% 근접으로 트리거의 발동 가능성이 높아질 경우 은행주주는 이를 회피하기 위해 고수익을 겨냥한 투기적인 거래로 은행의 부실위험을 높일 가능성이 있으며, 또한 위험가중자산의 축소를 위해 대출축소, 자산의 헐값매각 등을 시도할 가능성이 있다.

(4) 시스템적 추가자본의 규모

바젤위원회는 G-SIB에 대하여 부과하는 시스템적 추가자본의 규모를 결정하기 위해 다양한 분석방법을 활용하였다. 그 중에서 대표적인 것이 기대영향법(Expected Impact Approach)이다. 기대영향법이란 SIB와 비SIB(non-SIB)의 파산에 따른 기대파급영향이 같아지도록 시스템적 추가자본을 부과하는 방법이다. 기대파급영향은 파산확률에 파산시 파급영향을 곱한 값으로 정의된다. SIB의 파산에 따른 파급영향이 비SIB보다 훨씬 크기 때문에 두 은행그룹 간에 기대파급영향이 동일해지기 위해서는 SIB의 파산확률이 비SIB보다 크게 낮아야 한다. 바젤위원회는 옵션가격결정모형(Merton option pricing model) 등을 이용하여 두 은행그룹 간에 기대파급영향이 동일해지도록 하는 추가자본 규모를 추정하였다. 옵션가격결정모형을 사용한 것은 바젤 II 내부모형법을 도입한 은행들이 신용리스크 측정과 관련하여 동 모형을 광범위하게 활용하고 있는 점을 고려한 것이다.

이러한 분석을 토대로 하여 바젤위원회는 G-SIB에 대한 시스템적 추가자본 규모를 1~2.5%로 결정하였다. 구체적으로 시스템적 중요도를 5개의 구간으로 구분하고, 시스템적 중요도가 가장 낮은 최하위 구간에 대하여는 1%의 추가자본을, 시스템적 중요도가 가장 높은 은행이 속한 구간(4번째 구간)에 대하여는 2.5%의 추가자본을 부과토록 하였다. 그리고 3.5%의 추가자본이 부과되는 최상위 구간(5번째 구간)은 공백으로 남겨 두었다.

시스템적 중요도의 평가결과에 따른 추가자본 부과 방안

구간	시스템적 중요도 점수	시스템적 추가자본
5(공백)	D -	3.5%
4	C - D	2.5%
3	B - C	2.0%
2	A - B	1.5%
1	절사점 A 이하	1.0%

2. 정리제도의 정비

금융안정위원회(FSB)는 '대마불사'의 문제를 근원적으로 해결하기 위해서는 효과적인 정리제도의 구축이 선결조건임을 인식하였다. 여기에서 정리(resolution)란 정부의 지원없이는 자생(viability)이 어려운 부실(우려) 금융회사를 지원하는 정부와 감독 당국의 일체의 활동을 의미한다. 그리고 효과적인 정리제도란 금융시스템의 안정성을 저해하지 않고, 납세자 부담없이 대형 금융회사를 신속하고 안전하게 정리할 수 있는 제도를 의미한다.

효과적 정리를 위해서는 무엇보다 정리 당국이 금융회사의 핵심기능을 유지하고 자산의 매각/이전을 위해 신속히 개입할 수 있는 권한과 정책수단을 보유할 것이 요구된다. 그러나 금융안정위원회는 대부분의 정리 당국이 이와 같은 핵심적인 권한과 정리수단을 갖지 못하고 있다는 점에 주목하였다. 또한 각국 간 정리제도의 차이, 모국과 주재국간 협조의 부재, 금융그룹의 복잡성 등으로 인해 신속하고 질서있는 국경 간 정리가 매우 어렵다는 점을 인식하였다.

이에 따라 금융안정위원회(FSB)는 효과적인 SIFI 정리를 위한 일련의 권고사항을 제시하였다. 권고사항에는 각국별 종합적 정리제도의 구축 및 정리 당국의 지정, 효율적인 국제적 조정제도를 마련할 수 있는 권한 확보, 금융회사의 지속성장을 위한 정리계획의 마련 등을 포함하고 있다. 금융안정위원회(FSB)는 특히 G-SIFI에 대하여는 국제적인 회생 및 정리계획(RRP: Recovery and resolution plan)을 의무적으로 마련토록 함과 아울러 개별 금융회사별로 본국/주재국 간 협약을 체결토록 권고하였다.

금융안정위원회(FSB)의 SIFI 정리관련 권고사항[19]

(1) 종합적 정리제도의 구축

권고1 | 각국은 자국 내에서 시스템리스크를 유발할 소지가 있는 대형금융회사를 정리할 수 있는 정리제도(resolution regime)를 마련

19_금융안정위원회(FSB)가 2010년 10월 작성한 "Reducing the moral hazard posed by systemically important financial institutions" 중 정리제도 관련 권고사항을 요약한 것이다.

하여야 한다. 정리는 주주 및 채권자(비부보 예금자 등)에 대한 손실 분담을 통해 공적자금의 손실을 초래하지 않아야 하며, 금융회사의 핵심기능이 유지될 수 있는 방식으로 이루어져야 한다.

권고2 | 각국은 금융회사에 대한 정리권한을 행사할 수 있는 정리 당국(resolution authority)을 지정하여야 한다. 정리 당국은 금융 안정위원회(FSB)의 "효율적 정리제도의 핵심원칙(Key Attributes of Effective Resolution Regimes)" 및 바젤위원회 산하의 은행정리 그룹(CRBG: Cross-border Bank Resolution Group)의 "권고사항[20] (Recommendations)"에서 제시된 권한과 수단을 보유하여야 하며, 이를 금융기관의 국내·국제 업무의 특성을 고려하여 신축적으로 적용할 수 있어야 한다.

권고3 | 각국은 자국의 법제 및 시장상황을 고려하여 계약/법규 (contractual/statutory)에 의한 부채의 자본전환 또는 상각을 통해 계속기업으로서의 자본확충을 달성할 수 있는 구조조정 방식을 고려하여야 한다.

(2) 효율적인 국제적 조정제도의 마련

권고4 | 각국 정리 당국은 외국 정리 당국과 최대한 협조할 수 있는 충분한 권한을 보유하여야 한다. 각국은 외국 정리 당국과 협력하고 정보를 공유할 수 있는 법적 능력을 정리 당국에 부여하여야 한다. 각국은 공정한 국경한 정리를 저해하는 국내법 규정*을 삭

20_"Report and Recommendations of the Cross-border Bank Resolution Group," BCBS, Consultative Document, September 2009.

제하되, 협조와 정보공유가 없을 경우 자국의 의지에 따라 조치하여야 한다. 모국의 정리 당국(home authority)은 시스템적 중요 금융회사(SIFI)의 정리시 현지국(host country)에 미치는 영향을 고려하여야 한다.

* 해외 예금자들에 비해 자국의 예금자들에게 우선적 권한을 부여하는 규정 등

권고5 │ 글로벌 시스템적 중요 금융회사(G-SIFI)에 대해서는 본국과 진출국 간 개별 금융회사별로 협약(institution-specific cooperation agreements)을 체결하여야 한다. 동 협약은 본국과 진출국 간 금융기관 정리에 관한 역할 · 책임을 명확히 하여야 한다. 그리고 국내법에 본국/진출국의 감독 당국, 중앙은행, 정리 당국 간 협력강화 및 정보공유에 관한 의무 · 권한을 명시함으로써 동 협약의 근거를 마련하여야 한다. 각국은 이러한 협약이 향후 보다 공식화되고 구속력을 가지도록 노력하여야 한다. 동 협약은 특히 다음 사항들을 포함하여야 한다:

- 위기관리그룹(crisis management group)을 통한 협력의 목적과 절차
- G-SIFI 구제 및 정리계획의 적정성 평가를 위해 본국/진출국 감독 당국 간 최고위층회의를 매년 최소 1회 이상 개최
- 위기의 진행단계별 관련 당국의 역할 · 책임
- 정상/위기시 정보공유의 법적 근거와 양식. 특히 위기관리그룹에 포함되지 않은 진출국과의 정보공유에 관한 사항

(3) 지속성장과 정리계획

권고6 │ 모든 금융회사는 공적자금 투입없이 체계적으로 정리될 수 있어야 한다. G-SIFI의 회생 및 정리계획(RRP: Recovery and resolution plan)은 의무적으로 마련되고 지속적으로 운용되어야 한다.

권고7 │ 정리 당국은 효과적인 회생·정리를 위해 금융회사의 조직구조와 업무관행의 변경을 요구할 수 있는 권한을 보유하여야 한다. 해외 감독 당국의 요구에 의해 금융회사의 조직구조 및 업무관행에 변경이 발생한 경우에는 관련 해외 감독 당국과 적절히 협의하여야 한다.

권고8 │ 현지 감독 당국이 현지 금융회사의 업무 범위 등을 결정함에 있어서는 기존 정리제도에 의한 정리가능성과 본국/현지 감독 당국 간 협력수준 등을 고려하여야 한다. 현지 당국은 다국적 금융회사가 국내 금융시스템에 미치는 영향, 적용가능한 정리수단 등을 고려하여 다국적 금융회사의 자국 진출형태를 지점 또는 현지법인으로 할 것인지 여부를 결정하여야 한다. 현지국은 모국 정리 당국과의 협력 하에 당해 지점·현지법인의 정리에 대한 책임을 부담하여야 한다.

권고9 │ SIFI가 다층적인 복잡한 법적 실체로 구성된 경우, 법적 실체를 기준으로 정보가 제공되고, 그룹내 지급보증(특히 백지보증)은 최소화되며, 그룹 내 계약은 문서화되고, 글로벌 지급결제서비스는 법적으로 분리가능하고 지속적으로 제공되어야 한다.

3. SIFI 감독의 강화

금융안정위원회(FSB)는 SIFI에 대한 효과적인 규제를 위해서는 새로운 제도를 도입하고 규정을 바꾸는 것만으로는 충분하지 않으며, SIFI에 대한 감독강화가 병행되어야 한다는 점을 인식하였다. 이에 따라 금융안정위원회(FSB)는 각국 감독 당국이 SIFI의 시스템적 중요성에 상응하는 차별화된 감독을 할 수 있는 권한과 독립성, 자원 등을 보유할 것을 권고하였다. 또한 복합 금융그룹에 대하여는 통합감독 등을 통해 책임 소재 등을 명확히 할 것을 권고하였으며, G-SIFI에 대하여는 국제적인 감독자 협의체(supervisory colleages)를 통한 정보공유와 철저한 위험측정 및 협력이 중요함을 강조하였다.

4. 핵심 금융인프라의 강화

금융안정위원회는 SIFI의 부실로 인한 전염효과를 방지하기 위해서는 핵심 금융인프라가 강화되어야 할 필요성을 인식하였다. 이에 따라 지급결제시스템, 증권결제시스템, 중앙청산소(CCP) 등 핵심 금융인프라의 국제기준을 개선할 것을 권고하였다. 또한 표준화된 장외파생상품의 중앙청산소를 통한 거래, 모든 장외파생상품의 거래정보저장소(trade repository)에 대한 보고 의무화 등을 권고하였다.

Ⅳ. 맺음말

　자본주의 역사에서 시스템적 금융위기의 배후에는 항상 대형 금융
회사의 부실이 존재하고 있었다. 특히 2000년대 들어 금융의 글로벌
화, 대형화, 복잡화 현상이 가속화되면서 상호연관된 고레버리지의
대형복합금융회사(SIFI)의 부실이 전체 금융시스템의 안정에 미치는
파급효과가 더욱 커지고 있다. 2008년 9월 리먼브라더스 파산으로
인해 글로벌 금융위기가 급격히 악화된 것은 이의 단적인 예라고 할
수 있을 것이다. 금융시스템의 안정에 대한 SIFI의 이 같은 중요성을
고려할 때 금융위기 이후에야 비로서 SIFI에 대하여 강화된 감독규제
움직임이 나타나고 있는 것은 다소 뒤늦은 감이 없지 않다고 하겠다.

　이때까지 SIFI 감독규제 강화를 위한 바젤위원회와 금융안정위원
회(FSB)의 논의 내용은 주로 시스템적 추가자본과 글로벌 정리제도의
개선에 집중되었다. 자본규제와 정리제도는 금융기관의 손실흡수능
력을 확보하고 파산시 부정적 파급영향을 축소하기 위한 가장 중요한
감독수단이기 때문이다. 그러나 금융안정위원회(FSB)의 SIFI 규제체
계에서도 제시되었듯이 앞으로는 유동성규제, 거액여신규제를 비롯
하여 건전성규제 전반에 걸쳐 SIFI 감독규제 강화방안이 논의될 가
능성이 높은 것으로 예상된다.

　바젤위원회와 금융안정위원회(FSB)에서 마련 중인 SIFI 규제기
준은 G-SIFI를 대상으로 하고 있다. 그러나 각국은 앞으로 자국

내에서 시스템적으로 중요한 금융기관(D-SIFI: domestic systemically important financial institutions)을 식별하고, 동 D-SIFI에 대하여 G-SIFI와 유사한 방식으로 추가자본규제 등 강화된 감독규제를 시행해야 할 암묵적인 압력에 직면할 가능성이 있다고 하겠다. 글로벌 금융시스템의 차원에서는 중요성이 낮으나 특정 국가 내에서 중요성이 높은 금융기관의 파산시에는 당해 국가에 중대한 위협 요소로 작용하고, 나아가 국제금융시스템의 불안요소로 작용할 가능성이 있기 때문이다. 이에 따라 주요국에서는 G-SIFI 규제기준 도입과 맞추어 자국의 D-SIFI에 대한 규제기준 도입 노력을 기울이고 있는 추세이다. 예컨대 미국은 2010년 7월 도드-프랭크법(Dodd-Frank Act)에서 총자산 500억 달러 이상인 은행지주회사를 SIFI로 지정[21]하고 미 연준(FRB)으로 하여금 강화된 건전성규제를 실시하도록 하였다. 또한 스위스는 Credit Suisse와 UBS를 자국의 D-SIFI로 선정하고 추가자본규제를 실시하기로 한 바 있다. 이와 같은 국제적 동향을 고려할 때 우리나라도 바젤위원회와 금융안정위원회(FSB)를 중심으로 이루어지고 있는 SIFI 규제기준 도입 논의를 면밀히 모니터링하고, 이를 국내 실정에 맞게 도입하는 방안을 미리미리 강구해 나가야 할 것으로 보인다.

21_그 밖의 금융회사의 경우에도 금융안정감시위원회(FSOC)의 의결이 있는 경우에는 SIFI로 지정이 가능하다.

약어표 · 참고문헌

1. 국제기구 및 감독기구 관련

- BCBS: Basel Committee on Banking Supervision(바젤은행감독위원회)
- BIS: Bank for International Settlement(국제결제은행)
- CRBG: Cross-border Bank Resolution Group(바젤위원회 산하의 은행정리그룹)
- CGFS: Committee on the Global Financial System(BIS 산하 글로벌금융시스템위원회)
- CPMA: Consumer Protection and Markets Authority(영국 소비자보호 및 시장감독청)
- CPSS: Committee on Payment and Settlement Systems(BIS 산하 지급결제위원회)
- EC: European Commission(유럽위원회)
- ECB: European Central Bank(유럽중앙은행)
- EU: European Union(유럽연합)
- ESMA: Europeans Securities and Marker Authorities(유럽증권시장감독청)
- FPC: Financial Policy Committee(영국 금융정책위원회)
- FRB: Federal Reserve Bank(미국 연방준비은행)
- FRB: Federal Reserve Board(미국 연준이사회)
- FSB: Financial Stability Board(금융안정위원회)
- ESRB: European Systematic Risk Board(유럽시스템리스크위원회)
- FSOC: Financial Stability Oversight Council(미국 금융안정감시위원회)
- IAIS: International Association of Insurance Supervisors(국제보험감독기구)
- IASB: International Accounting Standards Board(국제회계기준위원회)
- IMF: International Monetary Fund(국제통화기금)
- IOSCO: International Organization of Securities Commissions(국제증권감독기구)
- MPC: Monetary Policy Committee(영국 통화정책위원회)
- MPG: Macroprudential Group(바젤위원회 산하의 거시건전성그룹)
- OCC: Office of the Controller of the Currency(미국 통화감독청)
- OFR: Office for Financial Research(미국 금융분석청)
- PRA: Prudential Regulatory Agency(영국 건전성감독청)
- SCVA: Standing Committee for Vulnerabilities Assessment(FSB 산하의 취약성평

가위원회)
- SEC: Securities and Exchange Commission(증권거래위원회)
- TCG: Top-down Calibration Group(바젤위원회 산하의 캘리브레이션그룹)

2. 바젤자본체계 관련

- CCP: central counterparty(중앙청산소 또는 중앙거래상대방)
- CCR: counterparty credit risk(거래상대방 신용리스크)
- CE: current exposure(커런트익스포져)
- CEM: current exposure method(커런트익스포져 방식)
- CVA: credit valuation adjustment (신용평가조정)
- ECAI: external credit assessment institution(외부신용평가기관)
- EE: expected exposure(예상익스포져)
- EEE: effective EE(유효예상익스포져)
- EEPE: effective expected positive exposure(유효기대익스포져)
- EPE: expected positive exposure(기대익스포져)
- IAA: internal assessment approach(내부평가법)
- IMM: internal model method(내부모형법)
- PEE: potential future exposure(잠재익스포져)
- RBA: ratings-based approach(신용등급법)
- RRP: recovery and resolution plan(회생 및 정리계획)
- SFA: supervisory formula approach(함수법)
- SM: standardized method(표준방식)

3. 금융시장 관련 및 기타

- ABS: asset-backed securities (자산담보부증권)
- ABCP: asset-backed commercial paper (자산담보부기업어음)
- CDO: collateralized debt obligation(부채담보부증권)
- CDS: credit default swap(신용부도스왑)
- DTI: debt-to-income ratio(총부채상환비율)
- FSAP: Financial Stability Assessment Program(금융안정성 평가프로그램)
- FSI: Financial Soundness Indicators(금융안정성지표)
- IRM: Integrated Systematic Risk Measures(통합시스템리스크지표)

- LTV: loan-to-value ratio(주택담보대출비율)
- MMF: money market fund
- MPI: Macro Prudential Indicators(거시건전성지표)
- NRSRO: Nationally Recognized Statistical Ratings Organization(공인신용평가기관)
- SFT: securities financing transactions(증권금융거래 또는 증권담보부거래)
- SIV: securities investment vehicles(증권투자기구)
- SPV: special purpose vehicles(특수목적회사)

● 참고문헌 ●

1. 국내 문헌

- 권세훈, 2010, "Bail-in과 조건부자본의 비교," 자본시장 Weekly, 2010-29호, 07.20~07.26., pp.1~4.
- 금융감독원, 2008, 금융감독원 조기경보시스템 해설, 거시감독국.
- 금융위원회·금융감독원·한국은행, 2011, 바젤III 기준서: 글로벌 자본 및 유동성 규제체계, 1월.
- 이태규, 2010, "거시건전성 감독체계 강화 논의와 정책적 시사점," 정책연구 2010-02, 한국경제연구원.
- 윤석헌·정지만, 2010, "시스템리스크와 거시건전성 정책체계," 금융학회지, 제24권 제22호.
- 정신동, 2005, "은행 자기자본 규제제도의 유효성에 관한 문헌연구," 금융안정연구 제6권 제2호, 예금보험공사, 12월, pp.80-113.
- 한국은행, 2010, "은행부문의 복원력 강화를 위한 바젤위원회의 최근 논의내용 및 제안(초안)," 금융안정분석국, 1월.

2. 바젤위원회 발간자료

- BCBS(Basel Committee on Banking Supervision), 1998, "Instrument eligible for inclusion in Tier 1 capital," Press lease, October.
- ──────, 2000, "Sound Practices for Managing Liquidity in Banking Organizations," February.
- ──────, 2004, "Regulatory capital in light of forthcoming changes in accounting standards," Press lease, June.
- ──────, 2005, "Credit risk transfer," The Joint Forum, March.
- ──────, 2005, "The Application of Basel to Trading Activities and the Treatment of Double Default Effects," April.
- ──────, 2006, "The management of liquidity risk in financial groups," The Joint Forum, May.
- ──────, 2008, "Liquidity risk: Management and supervisory challenges," February.

- ──────, 2008, "Principles for Sound Liquidity Risk Management and Supervision," September.

- ──────, 2009, "Stocktaking on the use of credit ratings," The Joint Forum, June.

- ──────, 2009, "Comprehensive response to the global banking crisis," Press lease, July.

- ──────, 2009, "Enhancements to the Basel II framework," July.

- ──────, 2009, "Guidelines for computing capital for incremental risk in the trading book," July.

- ──────, 2009, "Revisions to the Basel II market risk framework – final version," July.

- ──────, 2009, "Report and Recommendations of the Cross-border Bank Resolution Group," Consultative Document, September.

- ──────, 2009, "Strengthening the resilience of the banking sector," Consultative Document, December.

- ──────, 2009, "International framework for liquidity risk measurement, standards and monitoring," Consultative Document, December.

- ──────, 2010, "The Group of Governors and Heads of Supervision reach broad agreement on Basel Committee capital and liquidity reform package," Press release, July.

- ──────, 2010, "Countercyclical capital buffer proposal," Consultative Document, July.

- ──────, 2010, "Proposal to ensure the loss absorbency of regulatory capital at the point of non-viability," Consultative Document, August.

- ──────, 2010, "An assessment of the long-term economic impact of stronger capital and liquidity requirements," August.

- ──────, 2010, "The Group of Governors and Heads of Supervision announces higher global minimum capital standards," Press release, September.

- ──────, 2010, "Calibrating regulatory minimum capital requirements and capital buffers: a to-down approach," October.

- ──────, 2010, "The Basel Committee's response to the financial crisis: report to the G20," October.

- —————, 2010, "Results of the comprehensive quantitative impact study," December.
- —————, 2010, "Basel III: A global regulatory framework for more resilient banks and banking systems," December.
- —————, 2010, "Basel III: International framework for liquidity risk management, standards and monitoring," December.
- —————, 2010, "Guidance for national authorities operating the countercyclical capital buffer," December.
- —————, 2010, "Capitalisation of bank exposures to central counterparties," December.
- —————, 2011, "Group of Governors and Heads of Supervision agree on measures for global systematically important banks," BCBS, Press release, 25 June 2011.
- —————, 2011, "Global systemically important banks: Assessment methodology and the additional loss absorbency requirement," Consultative Document, July.

3. 국제기구(BIS, EC, FSB, IMF) 발간 자료

- BIS(Bank for International Settlements), 2008, "Addressing financial systematic procyclicality: a possible framework," Note for the FSF Working Group on Market and Institutional Resilience, September.
- —————, 2008, Annual Report.
- —————, 2009, Annual Report.
- —————, 2010, "Final Report: Assessing the macroeconomic impact of the transition to stronger capital and liquidity requirements," MAG, December.
- CGFS(Committee on the Global Financial System), 2009, "The role of valuation and leverage in procyclicality," CGFS Papers, no.34, Bank for International Settlements, April.
- —————, 2010, "The role of margin requirements and haircuts in procyclicality," CGFS Papers No 36, Bank for International Settlement, March.
- European Commission, 2008, "Commission staff working document accompanying the proposal for a regulation o the European Parliament and of the

Council on Credit Rating Agencies – Impact assessment," SEC/2008/2746 final, November.

- FSB(Financial Stability Board), 2010, "Principles for reducing reliance on CRA ratings," October.

- ----------, 2010, "Implementing OTC Derivatives Market Reforms," October.

- ----------, 2010, "Reducing the moral hazard posed by systemically important financial institutions: FSB Recommendations and Time Lines," October.

- ----------, 2011, "Macroprudential policy tools and frameworks – update to G20 Finance Ministers and Central Bank Governors," February.

- IMF(International Monetary Fund), 1998, "Toward a framework for a sound financial system."

- ----------, 2008, Global Financial Stability Report, April.

- ----------, 2009, Global Financial Stability Report, April.

- ----------, 2009, World Economic Outlook, October.

- ----------, 2010, "A Fair and Substantial Contribution by the Financial Sector: Final report for the G20," June.

- ----------, 2011, "Macroprudential Policy: An Organizing Framework," March.

- IMF/BIS/FSB, 2009, "Guidance to assess the systemic importance of financial institutions, markets and instruments: Initial considerations", September.

- ----------, 2009, "Guidance to assess the systemic importance of financial institutions, markets and instruments: Initial considerations– Background paper," September.

- IOSCO(International Organization of Securities Commissions), 2003, "Report on the activities of credit rating agencies," September

- ----------, 2003, "IOSCO Statement of Principles Regarding the Activities of Credit Rating Agencies," Technical Committee, September.

- ----------, 2004, "Code of Conduct Fundamentals for Credit Rating Agencies," Technical Committee, December.

- ----------, 2009, "International cooperation in oversight of credit agencies," Technical Committee, March.

4. 기타 해외문헌

- Accenture, 2009, "Banking 2012 research findings – Time for bold moves," December.

- Acharya V., L. Pedersen, T. Philippon, and M. Richardson, 2009, "Measuring systemic risk," mimeo, New York University.

- Adrian, T., and M.K. Brunnermeier, 2009, "CoVar", Staff Report No. 348, Federal Reserve Bank of New York, August.

- Agresti, A.M., P. Baudino and P. Poloni, 2008, "The ECB and IMF indicators for the macro-prudential analysis of the banking sector: A comparison of the two approaches," Occasional Paper series No 99, European Central Bank, November.

- Algorithmics, 2007, "Liquidity Risk: Comparing Regulations Across Jurisdictions and the Role of Central Banks: Establishing the Foundation for Global Collaboration," December.

- Allen, F., and E. Carletti, 2008, "The Role of Liquidity in Financial Crises," Second Draft, September.

- Avery, R. and A. Berger, 1991, "Risk-based capital and deposit insurance reform," Journal of Banking and Finance 15, 847-874.

- Bair, S., 2006, "Interagency proposal regarding the Basel Capital Accord and commercial real estate lending concentrations," Senate Hearing, 14 September.

- Bank of England, 2009, "The role of macro-prudential policy: A discussion paper," November.

- Benjamin, N., 2010, "The Basel Committee's December 2009 Proposals on Counterparty Risk," International Workshop on Counterparty Credit Risk Management and Application of CVA, Bank of Japan, June.

- Bernake, B.S., 2011, "Implementing a Macroprudential Approach to supervision and Regulation," At the 47th Annual Conference on Bank Structure and Competition, Chicago, Illinois, May.

- Bichsel, R. and J. Blum, 2005, "Capital regulation of banks: Where do we stand and where are we going? ," Swiss National Bank, Quarterly Bulletin, 42051.

- Blaschke, W.J., M.T. Jones, G. Majnoni, and S.M. Peria, 2001, "Stress Testing of Financial Systems: An Overview of Issues, Methodologies, and FSAP Experience," IMF Working Paper, June.

- Blum, J., 2008, "Why 'Basel II' may need a leverage ratio restriction," Journal of Banking & Finance 32, 1699–1707.
- Blundell-Wignall, A. and P. Atkinson, 2010, "Thinking beyond Basel III: Necessary solution for capital and liquidity," Financial Market Trends, Volume 2010, Issue, OECD
- Bordeleau, E. and C. Graham, 2010, "The Impact of Liquidity on Bank Profitability," Bank of Canada Working Paper 2010–38.
- Borio, C., 2003, "Towards a macroprudential framework for financial supervision and regulation? ," CESifo Economic Studies, Vol 49, no 2/2003, 181–216.
- ──────────, 2009, "Implementing the macroprudential approach to financial regulation and supervision," Financial Stability Review, Bank of France, September.
- ──────────, 2010, "Ten propositions about liquidity crises," CESifo Economic Studies, Vol. 56, 1/2010, 70–95.
- Borio, C., C. Furfine, and P. Lowe, 2001, "Procyclicality of the financial system and financial stability: issues and policy options," BIS Papers 1, March
- Cinquegrana, P., 2009, "The Reform of the Credit Rating Agencies: A Comparative Perspective," ECMI Policy Brief No. 12, Centre for European Policy Studies, February.
- Citi, 2010, "The big picture – Banking markets in central eastern Europe, south Africa and Turkey," March.
- Clemet, P., 2010, "The term "macroprudential": origins and evolution," BIS Quarterly Review, March, 59–67.
- Crockett, A., 2000, "Marrying the micro– and macro– prudential dimensions of financial stability," BIS Speeches, 21 September.
- Curry, T., 2005, "Statement on Basel II: Capital Changes in the US Banking System and the Results of the Impact Study," House of Representatives Hearing, 11 May.
- De Nederlandsche Bank, 2010, "Towards a more stable financial system: Macroprudential supervision at DNB," July.
- Drehmann, M., C. Borio, L. Gambacorta, G. Jimenez and C. Trucharte, 2010, "Countercyclical capital buffers: Exploring options," BIS Working paper 317,

July.

- Estrella, A., S. Park, and S. Peristiani, 2000, "Capital ratios as predictors of bank failure," Economic Policy Review, pp 33–52, Federal Reserve Bank of New York, July.

- Flannery, M.J., 2002, "No Pain, No Gain? Effecting Market Discipline via Reverse Convertible Debentures," University of Florida.

- FSA, 2009, The Turner Review: A regulatory response to the global banking crisis.

- ──────────, 2009, "A regulatory response to the global banking crisis: systemically important banks and assessing the cumulative impact," Turner Review Conference Discussion Paper 09/04.

- Gregory, J., 2010, Counterparty Credit Risk: The New Challenge for Global Financial Markets, Wiley.

- Hildebrand, P.M., 2008, "Is Basel II enough? The benefits of a leverage ratio," Financial Markets Group, London School of Economics, December.

- Hulster, K.D., 2009, "The leverage ratio: A new binding limit on banks," Crisis Response Policy Briefs, Public Policy Journal, December.

- IIF(Institute of International Finance), 2010, "Interim Report on the Cumulative Impact on the Global Economy of Proposed Changes in the Banking Regulatory Framework," June.

- ──────────, 2010, "Current Industry Views on Capital and Liquidity Reforms," June.

- Jeitschko, T.D., and S.D. Jeung, 2005, "Incentives for Risk-Taking in Banking: A Unified Approach," Journal of Banking and Finance, 29(3), 759 - 777, March.

- ──────────, 2007, "Do Well-Capitalized Banks Take More Risk? Evidence from the Korean banking system," Journal of Banking Regulation; 8(4), 291 - 315, August.

- ──────────, 2008, "The Effect of Capitalization on Bank Risk in the Presence of Regulatory and Managerial Moral Hazards," The UIP Journal of Bank Management, 12(2), May.

- Katz, J. 2009, "Credit Rating Agencies: No easy regulatory solutions," Crisis Response Policy Briefs, Public Policy Journals, World Bank, September.

- Kuritzkes A., T. Schuermann, and S. Weiner, 2007, "Deposit insurance and risk management of the U.S. banking system: What is the loss distribution faced by the FDIC?," Journal of Financial Services Research 27:3, 217–242.
- Lopez, J., 2004, "The empirical relationship between average asset correlation, firm probability of default and asset size," Journal of Financial Intermediation 13(2), 265–283.
- Merill Lynch, 2010, "Manageable Basel III impact," January.
- Morgan Stanley, 2010, "Banks regulation: European banks most challenged – dividends at risk," January.
- Oosteroo, A., J. Haan, and R. Jong–A–Pin, 2007, "Financial stability reviews: A first empirical analysis," Journal of Financial Stability 2, 337–355.
- Partnoy, F. 2006, "How and why credit agencies are not like other gatekeepers," Financial Gatekeepers: Can They Protect Investors?, Yasuyuki Fuchita, Robert E. Litan, eds., Brookings Institution Press and the Nomura Institute of Capital Markets Research.
- Peek, J. and S. Rosengren, 1997, "How well capitalized are well-capitalized banks?," New England Economic Review, Sept–Oct.
- Segoviano, M., and C. Goodhart, 2009, "Banking stability measures," IMF Working Paper 09/04.
- Shin, H.S., "Macroprudential Policies Beyond Basel III," Policy Memo, November.
- Tarashev, N., C. Borio and K. Tsatsaronis, 2010, "Attributing systemic risk to individual institutions," BIS Working Papers, No. 308, May.
- Thomson, J.B., 2009, "On systematically important financial institutions and progressive systemic mitigation," Federal Reserve Bank of Cleveland Policy Discussion Papers, No.27.
- Tirole, J., 2010, "Illiquidity and all its Friends," BIS Working Paper 303, March.
- Walter, S., 2010, "Basel III and Financial Stability," Keynote address at the 5th Biennial Conference on Risk management and Supervision, Financial Stability Institute, Bank for International Settlements, November.
- Vasicek, O., 1977, "An Equilibrium Characterisation of the Term Structure," Journal of Financial Economics 5 (2): 177–188.